21 世纪普通高等教育规划教材·公共基础课系列

经 济 法

（第二版）

主　编　陈子清
副主编　刘梦玮　龚　峰　高艳莉
参　编　鲁　汇　孙　超　王红焱

上海财经大学出版社

图书在版编目(CIP)数据

经济法/陈子清主编．—2 版.—上海：上海财经大学出版社，2017.6
(21 世纪普通高等教育规划教材·公共基础课系列)
ISBN 978-7-5642-2728-9/F·2728

Ⅰ.①经…　Ⅱ.①陈…　Ⅲ.①经济法-中国-高等学校-教材
Ⅳ.①D922.29

中国版本图书馆 CIP 数据核字(2017)第 103022 号

□ 责任编辑　黄　芸
□ 封面设计　晨　宇

JING JI FA
经济法
(第二版)

主　编　陈子清
副主编　刘梦玮　龚　峰　高艳莉
参　编　鲁　汇　孙　超　王红焱

上海财经大学出版社出版发行
(上海市中山北一路 369 号　邮编 200083)
网　址：http://www.sufep.com
电子邮箱：webmaster @ sufep.com
全国新华书店经销
上海叶大印务发展有限公司印刷装订
2017 年 6 月第 2 版　2018 年 9 月第 2 次印刷

787mm×1092mm　1/16　14.5 印张　371 千字
印数：16 001—20 000　定价：37.00 元

第二版前言

对第一版教材进行修订，主要原因有以下三方面：

第一，由于第一版教材出版时间比较仓促，书中存在不太严谨的用语没有及时校正，通过本次修订规范用语。

第二，教材出版后，有些经济法律法规作了修改，本次修订结合新法规定加以完善。

第三，为了更加突出实用性、时效性特点，对教材中的部分内容做了增减，修改了作业案例。

本书第二版由陈子清主持并完成修订工作，由陈子清担任主编，刘梦玮、龚峰、高艳莉担任副主编，鲁汇、孙超、王红焱参与了编写。由于水平有限，书中难免存在疏漏甚至错误之处，敬请读者批评指正。

编　者

2017年3月

前　言

经济法是商品经济发展到一定阶段的必然产物。随着我国改革开放的深化与市场经济的快速发展，人们越来越深刻地认识到市场经济就是法治经济。在此背景下，经济立法也得到了迅速发展，国家制定和修改了一系列新的法律法规，使人们从事各项经济工作有法可依。由于每年都有新的法律法规出台，一些原有的法律法规进一步修订，经济法的内容变化较大，使得原有的教材内容相对滞后，迫切需要一部反映经济法新思想、涵盖经济法新内容的教材。为了满足经济法教学和广大经济工作者学习经济法律知识的需要，我们在深入研究最新经济法律制度的基础上，精心编写了本书。

本书以市场经济法律体系的基本要素为主线，以经济法的基本理论为基础，对我国现行的经济法律法规进行了比较系统的阐述。在编写的过程中，我们力求突出以下特点：(1)新颖性。本书以新颁布或新修订的法律法规为依据，反映最新的经济立法理念。(2)科学性。本书每一章节的内容、结构都经过了精心策划和编排，具有科学的理论根基。(3)实用性。本书主要针对经管类专业教学及各种职业资格证书考试需要而编写。(4)通俗性。本书在介绍有关理论时，力求言简意赅、通俗易懂。

本书由陈子清担任主编，主持全书的大纲、内容简介和前言的撰写，负责对本书各章节稿件的修改、审阅和总纂，刘梦玮、龚峰、高艳莉担任副主编，鲁汇、孙超参与了编写。

本书的编写参考了大量的法律类专著、教材及刊物等文献，已尽可能地在参考文献中列出，在此谨对这些文献的作者表示感谢！由于编者水平有限，书中难免存在不足之处，恳请广大读者批评指正。

编　者

2014年6月

目　录

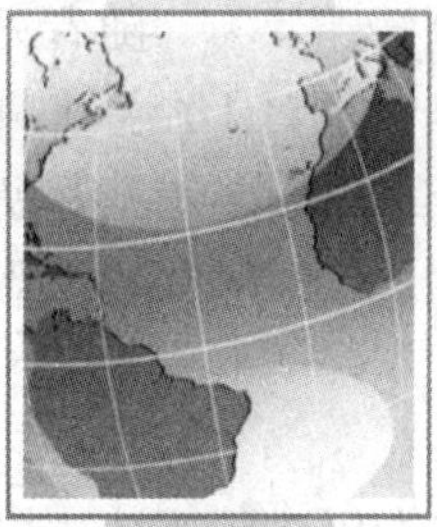

第一章 经济法总论

第一节　经济法概述

一、经济法的概念

经济法最早产生于资本主义国家。19 世纪末 20 世纪初，资本主义国家为了克服经济发展过程中市场调节的盲目性与滞后性，排除市场竞争障碍，制定了现代意义上的“经济法”，其功能就是对付社会经济发展中因市场失灵引发的经济危机，用强制的手段调整经济秩序。由此可见，经济法是国家干预经济而产生的法律体系。

在我国，自从 1979 年以来，在全国人民代表大会的文件和中共中央、国务院的文件中，以及在第九届、第十届全国人民代表大会常务委员会制定的五年立法规划中，都使用了“经济法”这一概念。经济法的概念至今尚无定论。一般认为，我国经济法是调整特定的经济关系的法律规范的总称，即调整国家在调控经济运行过程中所发生的经济关系的法律规范的总称。

二、经济法的调整对象

经济法的调整对象是确定经济法是否为独立的部门法的主要依据。

我国经济法的调整对象是国家在调控经济运行过程中所发生的经济关系，它具体包括以下内容：

(1)市场主体调控关系：是指国家在对市场主体的活动进行管理，以及市场主体在自身运行过程中所发生的社会经济关系。

(2)市场运行调控关系：是指国家在培育和发展市场体系过程中，为了维护国家、生产经营者和消费者的合法权益而进行必要干预所发生的经济关系。

(3)宏观经济调控关系：是指国家从全局和社会公共利益出发，在对关系国计民生的重大经济因素实行全局性的调控过程中与其他社会组织所发生的经济关系。

(4)社会分配调控关系：是指国家在对国民收入进行初次分配和再分配过程中所发生的经济关系。

三、经济法的形式

经济法的形式即经济法的存在方式。它因创制不同，分为制定法形式和非制定法形式。

我国经济法形式的制定法主要由下列规范性文件组成：

(一)宪法

宪法作为国家的根本大法，由全国人民代表大会制定和修改，具有最高法律效力。随着宪法的"经济性"的突出，许多宪法规定都与经济法直接相关。其中，有些宪法规范对于经济法具有总体上的意义，而有些宪法规范甚至就是某些经济法领域的法律的直接立法依据，这些都使宪法成为经济法的立法基础。例如，我国《宪法》第十五条规定，"国家加强经济立法，完善宏观调控"。这一规定对于经济法特别是宏观调控法就具有整体上的意义。

(二)法律

法律是由全国人民代表大会及其常务委员会制定的规范性文件，其效力仅次于宪法。以法律形式表现的经济法律规范是经济法的主体组成部分，它规定的大多是基本的经济法律关系，如《中华人民共和国预算法》、《中华人民共和国个人独资企业法》、《中华人民共和国合伙企业法》、《中华人民共和国公司法》、《中华人民共和国证券法》等。

(三)法规

法规包括行政法规、地方性法规、自治条例和单行条例。

行政法规是我国最高行政机关国务院根据宪法和法律，或者根据国家立法机关的授权决定依法制定的规范性文件，其效力仅次于宪法和法律。经济法以大量的该种形式存在，法规的形式主要有条例、规定、办法等，如《中华人民共和国外汇管理条例》、《中华人民共和国公司登记管理条例》等。从数量上看，相对于法律而言，经济法方面的行政法规是更多的。由于我国正处于改革、转型时期，在许多情况下，先制定法律可能条件并不成熟，往往需要先制定行政法规，待条件成熟后再制定法律。因此，在经济法的许多领域，行政法规扮演着重要角色。

地方性法规是省、自治区、直辖市以及较大的市的人民代表大会及其常务委员会依据本行政区域的具体情况和实际需要，在不与宪法、法律、行政法规相抵触的前提下制定的规范性文件，其效力次于宪法、法律和行政法规。地方性法规的种类和数量很多，在此不予列举。

自治条例和单行条例是民族自治地方(自治区、自治州、自治县)的人民代表大会根据当地民族的政治、经济和文化特点制定的规范性文件，其效力次于宪法、法律和行政法规。民族自治地方的自治条例和单行条例也是经济法的表现之一，主要适用于民族自治的地方。

(四)规章

规章包括国务院部门规章和地方政府规章。

国务院部门规章是由国务院所属的各部委依据法律和行政法规，在本部门的权限范围内制定的规范性文件，其效力次于宪法、法律和行政法规。如财政部颁发的《会计从业资格管理办法》、中国人民银行颁布的《人民币银行结算账户管理办法》等都是经济法的重要形式。近些年来，为了更好地进行宏观调控和市场规制，多个部门还经常协调联合发布部门规章，以更好地解决经济和社会生活中突出的热点问题和难点问题。如对房地产市场、证券市场等领域的调控以及对市场秩序的整顿等，经常由多个部委联合发布规章。在许多情况下，部门规章的内容更专业、更细致，制定程序更灵活、更便捷，从而更能及时地体现国家的经济政策和社会政策。由于部门规章的具体实施与市场主体、国家和社会的联系更为密切，因而其作用也更为直接而具体。

地方政府规章是由省、自治区、直辖市以及较大的市的人民政府根据法律和行政法规以及本省、自治区、直辖市的地方性法规制定的规范性文件，地方政府规章除了不得与宪法、法律和行政法规相抵触外，还不得与地方性法规相抵触。地方政府规章的种类和数量很多，在此不予列举。

(五)司法解释

司法解释是指国家的最高司法机关根据法律赋予的职权就具体应用法律问题所制作的具有普遍司法效力的规范性文件,它一经颁布就具有法律约束力。司法解释对法院审判工作有指导意义,对于理解相关法律、法规有帮助,因此也是经济法的重要形式之一,如最高人民法院印发的《关于适用〈涉外经济合同法〉若干问题的解答》等。

(六)国际条约或协定

国际条约或协定是指我国作为国际法主体与外国或地区缔结的双边、多边协议和其他具有条约、协定性质的文件。这些文件生效后,对我国的国家机关、社会团体、企事业单位和公民就具有法律约束力,因此也是经济法的重要形式,如《联合国国际货物销售合同公约》等。

第二节　经济法律关系

一、经济法律关系的概念

经济法律关系是法律关系的一种表现形式。法律关系是指人们的社会关系在被法律规范调整时所形成的权利义务关系。在社会生活中,人们相互之间的关系是各种各样的,当某一社会关系受到特定法律规范确认或制约时,这一社会关系便成为了法律关系。不同的法律部门对不同的社会关系进行调整,产生了不同的法律关系,诸如民事法律关系、经济法律关系、行政法律关系、民事诉讼法律关系等。其中,经济法律关系是指经济关系经过有关的经济法律规范调整后形成的经济权利和经济义务关系。经济法律关系与一般的法律关系一样,是一种思想社会关系,以客观存在的经济关系为基础,属于上层建筑的范畴。不仅如此,经济法律关系也有自身的特征,在我国,经济法律关系是商品经济关系在法律上的体现,是组织管理要素与财产要素相统一的法律关系,是发生在特定主体之间的经济权利和经济义务关系。

二、经济法律关系的要素

经济法律关系由主体、客体和内容三要素构成。这三个要素是经济法律关系的三个相互联系、密不可分的有机组成部分。缺少其中一个要素,就不能构成经济法律关系;改变其中一个要素,便会引起经济法律关系的变更而不再是原来的经济法律关系了。

(一)经济法律关系的主体

经济法律关系的主体是指参加经济法律关系、依法享有经济权利和承担经济义务的当事人。在经济法律关系中,经济法律关系主体是最积极、最活跃的因素,它既是经济权利的享受者,也是经济义务的承担者,通常称为权义主体。经济法律关系主体的种类如下:

1. 国家机关

国家机关包括国家权力机关和国家行政机关。国家权力机关作为经济法律关系主体的资格直接来自我国《宪法》和有关组织法的规定。国家行政机关是行使政府行政权力组织、管理和调控国民经济活动的专门机关,在国民经济管理活动中,行政机关以国家名义行使经济管理权,与其他主体的关系是一种领导与被领导、管理与被管理的关系。在中央和地方各级管理主体中,包括:综合经济管理机关,如国家发展和改革委员会、中国人民银行等;部门经济管理机关,如工业和信息化部、商务部等;监督管理机关,如审计机关等。

2. 经济组织

经济组织是指从事生产经营或服务性业务的经济实体。这类组织包括两种:一是具备法人条件、享有法人资格的企业法人,如公司、国有企业等;二是从事生产经营或服务性活动但不具备法人条件、不享有法人资格的其他经济实体。经济组织作为经济法律关系主体,一方面为实现营利目的从事各类生产经营活动与其他经济组织或其他社会组织等形成经济法律关系,另一方面在经济管理活动中与国家机关形成经济法律关系。

3. 其他社会组织

其他社会组织是指以从事文化教育、科学技术、医疗卫生等公益性专业活动为目的的组织,这类组织为了实现自身的社会职能必然要进行一系列的经济活动,如工程建设活动、物资采购活动等,从而成为经济法律关系的一方主体。

4. 个体工商户、农村承包经营户

当公民依法从事特定生产经营或服务性活动时,一般以个体工商户或农村承包经营户的身份出现。在经济管理活动中,公民参与经济法律关系则不局限于个体工商户、农村承包经营户,如在外汇兑换、金银持有、税收等活动中,公民成为经济法律关系的主体。

(二)经济法律关系的客体

经济法律关系的客体是指经济法律关系主体的权利和义务共同指向的对象。在我国,经济法律关系客体的范围很广,一般包括物、行为和智力成果。

1. 物

物是指具有一定形态、能够为人们所控制的并且有一定的经济价值的物质财富。物根据不同的法律意义,可以分为生产资料和生活资料、固定资产和流动资金、限制流通物和非限制流通物、种类物和特定物、可分物和不可分物、动产和不动产等。

2. 行为

行为是指经济法律关系主体为实现一定的经济目的而进行的经济活动。它包括经济管理行为、提供劳务行为和完成工作行为等。

3. 智力成果

智力成果是指经济法律关系的主体从事智力劳动所创造的非物质财富。智力成果的种类很多,作为经济法律关系的客体,其法律表现形式主要为商标权、专利权等。

(三)经济法律关系的内容

经济法律关系的内容是指经济法律关系的主体享有的经济权利和承担的经济义务。

1. 经济权利

经济权利是指权利主体依法按照自己的意志作出某种行为,或要求义务主体作出某种行为以实现或保护自身利益的资格。经济权利主要有:

(1)经济职权。它是一种综合性的经济权利,也是经济法律关系主体所享有的主要权利。经济职权是管理者从事经济管理活动的依据,它实质上就是我国法律赋予国家经济领导机关的经济职权。它又可具体分为决策权、命令权、禁止权、许可权、批准权、撤销权、免除权、审核权、确认权、协调权、监督权。

(2)所有权。所有权是指所有人依法对自己的财产享有的占有、使用、收益和处分的权利。

(3)法人财产权。它是指企业法人对企业所有者投资所设企业的全部财产在经营中所享有的占有、使用、收益和处分的权利。

(4)债权。债权是指按合同约定或法律规定,在当事人之间产生的特定的权利。债权是一种请求权，其义务主体是特定的。

(5)工业产权。它是指智力成果的创造人依法所享有的权利和生产经营活动中标记所有人依法所享有的权利的总称，包括商标权、专利权等。

2. 经济义务

经济义务是指法律规定的经济法律关系主体在一定条件下为使他方实现经济权利而依法需要作出或不作出某种行为的责任。经济法律关系主体必须按照规定承担其应尽的经济义务，必须在法律规定的范围内正确履行经济义务；如果不履行或者不适当履行，就要承担相应的法律责任。

三、经济法律关系的产生、变更和消灭

(一)经济法律关系的产生、变更和消灭的含义

经济法律关系的产生是指经济法律关系主体之间因法律事实的存在而形成一定的经济权利和经济义务关系。经济法律关系的变更是指经济权利和经济义务存在状态的变化。通常，经济法律关系主体、客体和内容的改变均会引起经济法律关系的变更。经济法律关系的消灭是指经济法律关系主体之间经济权利和经济义务关系的终止。

(二)经济法律事实

经济法律关系的产生、变更和消灭是基于一定的法律事实。所谓经济法律事实，是指能够引起经济法律关系的产生、变更和消灭的客观现象。

经济法律事实可以分为法律行为和法律事件两大类。

1. 法律行为

法律行为是经济法律关系主体为一定的经济目的而进行的有意识的活动。它是经济法律事实的一种，能够引起经济法律关系的产生、变更或消灭。法律行为按其来源和性质，又可具体划分为合法行为和违法行为两种。

2. 法律事件

法律事件是不以经济法律关系主体的意志为转移而发生的客观事实。经济法律事件是基于客观上不可抗拒的因素而引起经济法律关系的产生、变更或消灭的。它又可具体划分为自然现象和社会现象两种。

第三节 经济纠纷的解决途径

经济纠纷是市场经济主体之间因经济权利和经济义务的矛盾而引起的权益争议。解决经济纠纷的途径和方式主要有仲裁与诉讼。

一、仲裁

仲裁是指仲裁机构根据纠纷当事人之间自愿达成的协议，以第三者的身份对所发生的纠纷进行审理，并作出对争议各方均有约束力裁决的活动。经济仲裁是解决经济纠纷的重要方式。仲裁的基本法律规范是 1994 年 8 月 31 日第八届全国人民代表大会常务委员会第九次会议通过，并于次年 9 月 1 日起施行的《中华人民共和国仲裁法》(以下简称《仲裁法》)。

(一)仲裁的适用范围

根据《仲裁法》的规定，平等主体的公民、法人和其他组织之间发生的合同纠纷和其他财产

权益纠纷可以仲裁；而关于婚姻、收养、监护、抚养、继承纠纷和依法应当由行政机关处理的行政争议则不能仲裁；至于劳动争议和农业集体经济组织内部的农业承包合同纠纷的仲裁，使用专门的法律规定，不属于《仲裁法》所规定的仲裁范围。

（二）仲裁的基本原则

1. 协议仲裁原则

当事人采用仲裁解决经济纠纷，应当由双方自愿达成仲裁协议。没有仲裁协议，一方申请仲裁的，仲裁机构不予受理。

2. 公平合理原则

根据《仲裁法》的规定，仲裁委员会在处理仲裁案件时，必须在查明事实的基础上，分清是非曲直，按法律规定裁决或调解，如果法律没有规定则按普遍被人们接受的习惯，作出不偏不倚的裁决。

3. 独立仲裁原则

《仲裁法》第8条规定："仲裁依法独立进行，不受行政机关、社会团体和个人的干涉。"这是法律赋予仲裁机构和仲裁员的权力，也体现出仲裁机构的独立性职能。仲裁的独立性表现在：仲裁机构不隶属于任何行政机关；仲裁庭享有独立的仲裁权，仲裁委员会不作干预；法院对仲裁的监督只是事后监督，不能事前干预。

4. 或裁或审原则

当事人一旦达成了将争议提交仲裁机构的仲裁协议，便排除了法院的管辖权。若一方当事人向法院起诉，法院不予受理，除非仲裁协议无效。

5. 一裁终局原则

我国《仲裁法》第9条规定了仲裁实行一裁终局的法律制度，仲裁机构对仲裁案件作出裁决后即发生法律效力。

6. 仲裁人员依法回避原则

仲裁庭认为本案不适宜或当事人发现仲裁成员有可能影响公正仲裁时，应退出对该案的仲裁。

（三）仲裁机构

经济纠纷的仲裁机构是仲裁委员会。仲裁委员会可以在直辖市和省、自治区人民政府所在地的市设立，也可以根据需要在其他设区的市设立，不按行政区划层层设立。仲裁委员会独立于行政机关，与行政机关没有隶属关系。仲裁委员会之间也没有隶属关系。

仲裁委员会由主任1人、副主任2～4人和委员7～11人组成。仲裁委员会的主任、副主任和委员由法律、经济贸易专家和有工作经验的人员担任。仲裁委员会的组成人员中，法律、经济贸易专家不得少于2/3。

（四）仲裁协议

仲裁协议是双方当事人自愿把他们之间可能发生或者已经发生的经济纠纷提交仲裁机构裁决的书面约定。仲裁协议应以书面形式订立。口头达成仲裁的意思表示无效。

仲裁协议的内容包括：

(1)请求仲裁的意思表示；

(2)仲裁事项；

(3)选定的仲裁委员会。

仲裁协议对仲裁事项或者仲裁委员会没有约定或者约定不明确的，当事人可以补充协议；

达不成补充协议的，仲裁协议无效。

仲裁协议一经依法成立，即具有法律约束力。仲裁协议独立存在，合同的变更、解除、终止或者无效，不影响仲裁协议的效力。

（五）仲裁程序

1. 申请和受理阶段

仲裁程序是以当事人向仲裁机构申请仲裁为起始的。仲裁委员会收到当事人提交的仲裁申请书后，认为符合受理条件的，在收到仲裁申请书之日起 5 日内向申请人发出受理通知书，同时向被申请人发出仲裁通知书及附件。双方当事人在收到受理通知书或仲裁通知书后，应当做好以下几项工作：

(1)申请人须在规定的期限内预交仲裁费用，否则将视为申请人撤回仲裁申请；

(2)被申请人可在仲裁通知书规定的期限内向仲裁委员会提交书面答辩书；

(3)分别做好证据材料的核对及整理工作，必要时可提交补充证据；

(4)及时提交仲裁员选定书、法定代表人证明书、详细写明委托权限的授权委托书等有关材料；

(5)在被申请人下落不明的情况下，申请人应主动查找其下落，并向仲裁委员会提交被申请人的确切住所，否则将影响仲裁程序进行；

(6)被申请人若要提出仲裁反请求，则必须在仲裁规则规定的期限内提出。

此外，双方当事人均有权向仲裁委员会申请财产保全和证据保全，有权委托律师和其他代理人进行仲裁活动。

2. 组庭阶段

双方当事人应当在规定的期限内约定仲裁庭的组成方式和选定仲裁员。若当事人在规定的期限内未能约定仲裁庭的组成方式或者选定仲裁员的，由仲裁委员会主任指定。仲裁庭组成后，仲裁委员会向双方当事人发出组庭通知书。当事人在收到组庭通知书后，对仲裁员的公正性有怀疑时，可以在首次开庭前提出回避申请，同时应当说明理由。若回避事由在首次开庭后知道的，可以在最后一次开庭终结前提出。因回避而重新选定或指定仲裁员后，当事人可以请求已进行的仲裁程序重新进行，是否准许，由仲裁庭决定。

3. 开庭审理阶段

仲裁委员会应当在仲裁规则规定的期限内将开庭日期通知双方当事人。

《仲裁法》第 39 条规定："仲裁应当开庭进行。当事人协议不开庭的，仲裁庭可以根据仲裁申请书、答辩书以及其他材料作出裁决。"

《仲裁法》第 40 条规定："仲裁不公开进行。当事人协议公开的，可以公开进行，但涉及国家秘密的除外。"

当事人申请仲裁后，有自行和解的权利。达成和解协议的，可以请求仲裁庭根据和解协议作出裁决书，也可撤回仲裁申请。在庭审过程中，若双方当事人自愿调解的，可在仲裁庭主持下先行调解。调解成功的，仲裁庭依据已达成的调解协议制作调解书，当事人可以要求仲裁庭根据调解协议制作裁决书；调解不成功的，则由仲裁庭及时作出裁决。仲裁庭对专门性问题认为需要鉴定的，可以交由当事人共同约定的鉴定部门鉴定，也可以由仲裁庭指定的鉴定部门鉴定，鉴定费用由当事人预交。

4. 裁决阶段

仲裁庭在将争议事实调查清楚、宣布闭庭后，应进行仲裁庭评议，并按照评议中的多数仲裁员的意见作出裁决。若仲裁庭不能形成多数意见时，则按照首席仲裁员的意见作出裁决。裁决书自作出之日起发生法律效力。

(六)申请撤销裁决与执行

1. 仲裁裁决的撤销

当事人提出证据证明裁决有下列情形之一的，可以向仲裁委员会所在地的中级人民法院申请撤销裁决：

(1)没有仲裁协议的；

(2)裁决的事项不属于仲裁协议的范围或者仲裁委员会无权仲裁的；

(3)仲裁庭的组成或者仲裁的程序违反法定程序的；

(4)裁决所根据的证据是伪造的；

(5)对方当事人隐瞒了足以影响公正裁决的证据的；

(6)仲裁员在仲裁该案时有索贿受贿、徇私舞弊、枉法裁决行为的。

人民法院经组成合议庭审查核实裁决有上述规定情形之一的，应当裁定撤销。人民法院认定该裁决违背社会公共利益的，应当裁定撤销。当事人申请撤销裁决的，应当自收到裁决书之日起 6 个月内提出。人民法院应当在受理撤销裁决申请之日起 2 个月内作出撤销裁决或者驳回申请的裁定。

2. 仲裁裁决的执行

双方当事人在收到裁决书后，应当自觉履行仲裁裁决。当事人应当履行裁决，一方当事人不履行的，另一方当事人可以依照《民事诉讼法》的有关规定向人民法院申请执行。

二、诉讼

诉讼是指国家司法机关依照法定程序，解决纠纷、处理案件的专门活动。诉讼是解决纠纷的重要手段，大多数情况下是解决纠纷的最终办法。解决经济纠纷所涉及的诉讼绝大部分属于民事诉讼，民事诉讼的基本规范是 1991 年 4 月 9 日第七届全国人民代表大会第四次会议通过、2007 年 10 月 28 日第十届全国人民代表大会常务委员会第三十次会议第一次修正、2012 年 8 月 31 日第十一届全国人民代表大会常务委员会第二十八次会议第二次修正的《中华人民共和国民事诉讼法》(以下简称《民事诉讼法》)。

(一)民事诉讼的适用范围

人民法院受理公民之间、法人之间、其他组织之间及其相互之间因财产关系和人身关系提起的民事诉讼。

(二)审判制度

1. 公开审判制度

公开审判制度，是指人民法院的审判活动依法向社会公开的制度。人民法院审理案件和宣告判决，除涉及国家秘密、个人隐私、商业秘密案件等法律另有规定以外，一律公开进行。公开审判包括审判过程公开和审判结果公开，不论案件是否公开审理，一律公开宣告判决。

2. 回避制度

回避制度，是指为了保证案件的公正审判，而要求与案件有一定的利害关系的审判人员或其他有关人员，不得参与本案的审理活动或诉讼活动的审判制度。该项制度的基本内容有：

(1)适用回避的对象

根据《民事诉讼法》的规定，适用回避的人员包括审判人员(包括审判员和人民陪审员)、书记员、翻译人员、鉴定人、勘验人员。

(2)适用回避的情形

根据《民事诉讼法》的规定，具有下列情形之一的，应予以回避：第一，审判人员或其他人员是本案当事人或当事人、诉讼代理人的近亲属；第二，审判人员或其他人员与本案有利害关系；第三，与本案当事人有其他关系，可能影响对案件的公正审理。

(3)回避的程序

回避可以是当事人提出申请，也可以是审判人员或其他人员主动自行提出。回避应当在案件开始审理时提出，回避事由在案件开始审理后知道的，可以在法庭辩论终结前提出。提出回避申请应当说明理由。回避申请提出后，是否准许申请，由法院决定，具体程序为：审判人员的回避，由法院院长决定；其他人员的回避，由审判长决定。法院对当事人提出的回避申请，应当在申请提出3日内，以口头或书面形式作出决定，申请人对决定不服的，可以在接到决定时申请复议一次。

(4)回避的法律后果

在当事人提出回避申请到法院作出是否同意申请的决定期间，除案件需要采取紧急措施以外，被申请回避的人员应暂停执行有关本案的职务。法院决定同意申请人回避申请的，被申请回避人退出本案的审判或诉讼；法院决定驳回回避申请而当事人申请复议的，复议期间，被申请回避的人员不停止参与本案的审判或诉讼。

3. 合议制度

合议制度，是指由若干审判人员组成合议庭对案件进行审理和裁判的制度。实行合议制，是为了发挥集体的智慧，弥补个人能力上的不足，以保证案件的审判质量。

按合议制组成的审判组织，称为合议庭。根据《民事诉讼法》的规定，在不同的审判程序中，合议庭的组成人员有所不同。

总的来说，合议庭由3个以上的单数的审判人员组成。在普通程序中，合议庭的组成有两种形式：一种是由审判员和人民陪审员共同组成，陪审员在人民法院参加审判期间，与审判员有同等的权利；另一种是由审判员组成合议庭。例如，在第二审程序中，合议庭由审判员组成；在再审程序中，再审案件原来是二审的，按第二审程序另行组成合议庭。在特别程序中，只要是要求对案件的审理实行合议制的，合议庭都由审判员组成。合议庭的审判工作，由审判长负责主持。

4. 两审终审制度

这是我国案件的审级制度，它是指一个案件经过两级人民法院审判就宣告终结的制度。地方各级人民法院第一审案件的判决和裁定，当事人可以按照法律规定的程序向上一级人民法院上诉，人民检察院可以按照法律规定的程序向上一级人民法院抗诉。经过二审的判决或裁定，即发生法律效力。地方各级人民法院第一审案件的判决和裁定，如果在上诉期限内当事人不上诉、人民检察院不抗诉，就是发生法律效力的判决和裁定。

(三)诉讼管辖

诉讼管辖是各级法院之间以及不同地区的同级法院之间，受理第一审民事案件、经济纠纷案件的职权范围和具体分工。它是在法院内部具体确定特定的民事案件由哪个法院行使民事审判权的一项制度。管辖可以按照不同标准作多种分类，其中最重要、最常用的是级别管辖和地域管辖。

1. 级别管辖

级别管辖是指上、下级法院受理第一审案件的分工和权限,是人民法院内部的纵向分工。大多数民事案件均归基层人民法院管辖。

(1)基层人民法院管辖第一审民事纠纷案件,但法律另有规定的除外。

(2)中级人民法院管辖的第一审民事纠纷案件有:①重大涉外案件;②在本辖区有重大影响的案件;③最高人民法院确定由中级人民法院管辖的案件。

(3)高级人民法院管辖在本辖区有重大影响的第一审民事案件。

(4)最高人民法院管辖在全国有重大影响的案件和认为应当由本院审理的案件。

2. 地域管辖

按照地域标准,也即按照法院的辖区和民事案件的隶属关系,确定同级法院之间受理第一审民事案件的分工和权限,称为地域管辖。地域管辖又分为一般地域管辖、特殊地域管辖和专属管辖等。

(1)一般地域管辖

一般地域管辖,又称普通管辖或一般管辖,是指以当事人所在地与法院辖区之间的隶属关系所确定的管辖。由于当事人有原告与被告之分,所以要确定管辖法院,还必须明确以哪一方的当事人所在地为标准。对此,一般地域管辖的通行做法是实行"原告就被告"原则,即案件由被告所在地的人民法院管辖。根据《民事诉讼法》第22条的规定,对公民提起的民事诉讼,由被告住所地人民法院管辖;被告住所地与经常居住地不一致的,由经常居住地人民法院管辖;对法人或其他组织提起的民事诉讼,由被告住所地人民法院管辖。同一诉讼的几个被告住所地、经常居住地在两个以上人民法院辖区的,各人民法院都有管辖权。

(2)特殊地域管辖

特殊地域管辖,又称特别管辖或特殊管辖,是以被告住所地,诉讼标的,或者引起法律关系发生、变更、消灭的法律事实所在地为标准而确定的管辖法院。特殊地域管辖是相对于一般地域管辖而言,针对案件的特殊情况,由法律所确定的有两个以上的法院对特殊案件有管辖权的特殊地域管辖方式。法院审理民事诉讼案件所适用的特殊地域管辖的情形主要有:①因合同纠纷提起的诉讼,由被告住所地或者合同履行地人民法院管辖;②因保险合同纠纷提起的诉讼,由被告住所地或者保险标的物所在地人民法院管辖;③因票据纠纷提起的诉讼,由票据支付地或者被告住所地人民法院管辖;④因铁路、公路、水上、航空运输和联合运输合同纠纷提起的诉讼,由运输始发地、目的地或者被告住所地人民法院管辖;⑤因侵权行为提起的诉讼,由侵权行为地或者被告住所地人民法院管辖;⑥因铁路、公路、水上和航空事故请求损害赔偿提起的诉讼,由事故发生地或者车辆、船舶最先到达地,航空器最先降落地或者被告住所地人民法院管辖;⑦因船舶碰撞或者其他海损事故请求损害赔偿提起的诉讼,由碰撞发生地、碰撞船舶最先到达地、加害船舶被扣留地或者被告住所地人民法院管辖。

(3)专属管辖

专属管辖,是指法律强制规定某些特殊类型的案件只能由特定的人民法院管辖,其他法院无管辖权,当事人也不得协议变更管辖法院。专属管辖是一种强制性管辖,具有管辖上的排他性,既排除了任何外国法院对属于我国法院专属管辖的案件的管辖权,又排除了诉讼当事人以协议方式选择国内的其他法院管辖以及法律有关一般地域管辖和特殊地域管辖的规定。根据《民事诉讼法》第34条的规定,下列三类案件属于专属管辖:①因不动产纠纷提起的诉讼,由不动产所在地人民法院管辖;②因港口作业发生纠纷提起的诉讼,由港口所在地人民法院管辖;③因继承遗产纠纷提起的诉讼,由被继承人死亡之时住所地或者主要遗产所在地人民法院管辖。

两个以上人民法院都有管辖权的诉讼，原告可以向其中一个人民法院起诉；原告向两个以上有管辖权的人民法院起诉的，由最先立案的人民法院管辖。

（四）诉讼时效

1. 诉讼时效的概念

诉讼时效是指民事权利受到侵害的权利人在法定的时效期间内不行使权利，当时效期间届满时，人民法院对权利人的权利不再进行保护的制度。在法律规定的诉讼时效期间内，权利人提出请求的，人民法院就强制义务人履行所承担的义务；而在法定的诉讼时效期间届满之后，权利人行使请求权的，人民法院就不再予以保护。

2. 诉讼时效期间

诉讼时效期间是权利人请求法院或仲裁机关保护其民事权利的法定期间。诉讼时效期间从权利人知道或者应当知道权利被侵害时起计算。但是，从权利被侵害之日起超过20年的，法院不予保护。诉讼时效期间有以下几种：

（1）普通诉讼时效期间

普通诉讼时效期间，也称一般诉讼时效期间，是指由民事普通法规定的、具有普遍意义的诉讼时效期间。除法律另有规定外，一般诉讼时效为2年。

（2）特别诉讼时效期间

特别诉讼时效期间，也称特殊诉讼时效期间，是指由民事普通法或特别法规定的、仅适用于特定民事法律关系的诉讼时效期间。下列事项的诉讼时效期间为1年：①身体受到伤害要求赔偿的；②出售质量不合格的商品未声明的；③延付或者拒付租金的；④寄存财物被丢失或者损毁的。

3. 诉讼时效期间的中止、中断和延长

（1）诉讼时效期间的中止

诉讼时效期间的中止是指在诉讼时效期间进行中，因一定的法定事由产生而使权利人无法行使请求权，暂停计算诉讼时效期间，以前经过的诉讼时效期间仍然有效，待阻碍诉讼时效进行的事由消失后，继续计算诉讼时效期间。《民法通则》规定，在诉讼时效期间的最后6个月内，因不可抗力或其他障碍不能行使请求权的，诉讼时效中止。从中止诉讼时效的原因消除之日起，诉讼时效期间继续计算。因此，引起诉讼时效中止的事由有不可抗力或者其他障碍。其他障碍是指除不可抗力外使权利人无法行使请求权的客观情况，包括权利被侵害的无民事行为能力人、限制民事行为能力人没有法定代理人，或者法定代理人死亡、丧失代理权、丧失行为能力的，可以认定为因其他障碍不能行使请求权。

（2）诉讼时效期间的中断

诉讼时效期间的中断是指在诉讼时效期间进行中，因发生一定的法定事由，致使已经经过的时效期间统归无效，待时效中断的事由消除后，诉讼时效期间重新起算。诉讼时效期间中断的法定事由有以下三种：①权利人提起诉讼；②权利人在诉讼外向义务人提出权利要求；③义务人向权利人表示同意履行义务。

（3）诉讼时效期间的延长

诉讼时效期间的延长是指在诉讼时效期间届满后，权利人基于某种正当理由要求法院根据具体情况延长时效期间，经法院审查确认以后决定延长的制度。

（五）审判程序

审判程序包括第一审程序、第二审程序和审判监督程序。

1. 第一审程序

普通程序是人民法院审理第一审案件通常适用的程序，也是民事审判中最完整的一种程序，包括起诉和受理、审理前的准备、开庭审理三个阶段。

（1）起诉和受理

起诉是指原告向人民法院提起诉讼请求，请求司法保护的诉讼行为。一般来说，民事诉讼采取不告不理原则，即没有原告的起诉行为，人民法院不主动审理案件。因此，起诉是引起民事诉讼程序的必要手段。起诉必须具备以下四个条件：①原告是与本案有直接利害关系的公民、法人和其他组织；②有明确的被告；③有具体的诉讼请求和事实、理由；④属于人民法院受理民事诉讼的范围和受诉人民法院管辖。

人民法院接到原告的起诉后，应及时查明起诉状是否符合上述条件。对符合条件的，应当在 7 日内立案，并通知当事人；认为不符合起诉条件的，应当在 7 日内裁定不予受理。原告对裁定不服的，可以提起上诉。

（2）审理前的准备

人民法院在受理案件之后，开庭审理前，为保证审判的顺利进行，要做必要的准备。主要有以下几项工作：

①通知当事人受理案件和应诉，将起诉状副本发送被告并限期被告提出答辩状。人民法院应在立案之日起 5 日内将起诉状的副本发送被告，并限期被告在收到之日起 15 日内提出答辩状。被告提出答辩状的，人民法院应当在收到之日起 5 日内将答辩状副本发送原告。被告不提出答辩状的，不影响人民法院审理。

②审阅诉讼材料，进行调查研究，收集证据。

③组成合议庭，并在 3 日内通知当事人。

④更换和追加当事人。人民法院如发现当事人不符合资格，应当通知更换。不符合条件的原告不愿退出诉讼的，或被告不符合条件而原告不愿意更换的，应当以裁定驳回起诉。必须共同进行诉讼的当事人没有参加诉讼的，人民法院应当通知其参加。

⑤进行调解。一般来说，人民法院在开庭审理前要进行一次调解。调解应在合法、自愿的基础上进行，不得久调不决。调解未达成协议或调解书送达时一方当事人拒收的，应当及时判决。调解在案件受理后的各个阶段都可以适用。申请调解是当事人的诉讼权利。

（3）开庭审理

开庭审理又称为法庭审理，是人民法院在当事人和其他诉讼参与人的参加下，对案件进行审理的过程。开庭审理是民事诉讼活动中最重要的阶段，是审判活动的中心。

开庭审理采取公开审理和不公开审理两种方式。公开审理是原则规定，除涉及国家秘密、个人隐私或者法律另有规定的之外，一律公开审理。离婚案件和涉及商业秘密的案件，当事人申请不公开审理的，可以不公开审理。开庭审理由预备阶段、法庭调查阶段、法庭辩论阶段和评议判决阶段组成。

简易程序，是指简化了的普通程序，是基层人民法院及其派出法庭审理简单的民事案件所运用的一种独立的、简便易行的诉讼程序。根据《民事诉讼法》的规定，对于事实清楚、权利义务关系明确、争议不大的简单民事案件，可以适用简易程序。适用简易程序审理的案件，在审理过程中又发现案情复杂的，可以转为普通程序审理。适用普通程序审理的案件，不得转为简易程序审理。简易程序仅适用于第一审程序，不适用于第二审程序，也不适用于发回重审和按照审判监督程序再审的案件。

2. 第二审程序

第二审程序是指当事人不服第一审人民法院的判决、裁定，在法定的期限内提起上诉，由上一级人民法院进行审理的程序。我国实行两审终审的审级制度，一审判决和某些裁定作出之后，并不立即生效，当事人可以在法定期间内提起上诉，请求上级人民法院进行审理，由二审法院作出最终裁判。第二审程序适用普通程序的规定，可以分为上诉和受理、法庭审理和裁判等阶段。

第二审人民法院应当组成合议庭进行审理，不能采用独任制。审理的方式主要为开庭审理，但合议庭经过阅卷和调查、询问当事人，在事实核对清楚后，认为可以不开庭审理的，也可以不开庭审理，直接判决。第二审人民法院审理上诉案件，必须全面审查第一审人民法院认定的事实和适用的法律，不受上诉范围限制，也不受一审裁判的限制，以保证对案件正确裁判。第二审人民法院也可以进行调解，调解书送达之后生效，原审法院的判决即视为撤销。第二审人民法院经过审理，根据案件的具体情况，分别作出以下处理：

(1)原判决认定事实清楚、适用法律正确的，判决驳回上诉，维持原判决；

(2)原判决适用法律错误的，依法改判；

(3)原判决认定事实错误，或者原判决认定事实不清、证据不足的，裁定撤销原判决，发回原审人民法院重审或者查清事实后改判；

(4)原判决违反法定程序、可能影响案件正确判决的，裁定撤销原判决，发回原审人民法院重审。

当事人对重审的判决、裁定，仍可以上诉。二审判决、裁定一经作出，便即生效，当事人不得再次上诉，只能通过审判监督程序申请再审。

人民法院审理对判决的上诉案件，应当在第二审立案之日起 3 个月内审结，有特殊情况需要延长的，由受理法院院长批准；对裁定的上诉案件，应当在第二审立案之日起 30 日内审结。

3. 审判监督程序

审判监督程序是指人民法院发现已经发生法律效力的判决、裁定、调解书确有错误，对案件进行再次审理的程序，又称为再审程序。审判监督程序不是诉讼的必经阶段，而是特殊的纠错程序，目的在于保证人民法院正确行使审判权，保护当事人的合法权益，体现我国审判工作实事求是、有错必纠的原则。提起再审程序有两种途径和方式：

(1)各级人民法院院长对本院已生效的判决、裁定发现确有错误，需要再审的，提交审判委员会讨论决定再审。最高人民法院对地方各级人民法院、上级人民法院对下级人民法院已经发生效力的判决、裁定发现确有错误的，可以提审或指令下级人民法院再审。

(2)最高人民检察院对各级人民法院、上级人民检察院对下级人民法院已经发生效力的判决、裁定发现确有错误的，有权提出抗诉。检察机关抗诉的案件，人民法院应当再审。

人民法院决定再审的案件，应当裁定中止原判决的执行。

人民法院审理再审案件，应当另行组成合议庭，原审案件的审判人员应当回避。再审案件原来是第一审的，按照第一审程序审理，当事人可以上诉；原来是第二审的或是上级人民法院提审的，按照第二审程序审理，当事人不得上诉。

(六)判决和执行

1. 判决

当事人不服法院第一审判决的，有权在判决书送达之日起 15 日内向上一级法院提起上诉。如果在上诉期内当事人不上诉，第一审判决就是发生法律效力的判决。第二审法院的判决是终审的判决，也就是发生法律效力的判决。

法院审理民事案件，可以根据当事人的意愿进行调解。

2. 执行

当事人拒绝履行已经发生法律效力的判决、裁定、调解书和其他应当履行的法律文书时，对方当事人可以向人民法院的执行组织申请执行，强制义务人履行义务。申请执行的期限，双方或者一方是公民的为 1 年，双方是法人或者其他组织的为 6 个月，从法律文书规定履行期限的最后一日起计算。

第四节　违反经济法的法律责任

一、法律责任的概念

法律责任是指行为人因违法行为、违约行为或者法律规定而应承担的不利的法律后果。法律责任与道义责任或其他社会责任不同的是：法律责任具有国家强制性，并以法律的规定为最终依据。从本质上而言，法律责任是国家对违反法定义务、超越法定权利界限或者滥用权力的行为所作的否定性的法律评价，是国家以强制力作保证强制责任人作出一定行为或不作出一定行为，补偿和救济受到侵害或损害的社会利益和法定权利，恢复被破坏的法律秩序的手段。

违反经济法的法律责任所依据的法律主要是经济法。如果行为人违反经济法规定的法定义务，超越经济法规定的法定权利界限，或者滥用权力、破坏正常的经济法律关系，经济法以追究法律责任的方式给予行为人相应的法律制裁，从而达到保护经济法律关系的目的。

二、违反经济法的法律责任的形式

违反经济法的法律责任分为民事责任、行政责任和刑事责任。

（一）民事责任

民事责任是指由于违反民事法律、违约或者依照民事法律的规定所应承担的法律责任。民事责任主要是财产责任。在法律允许的条件下，民事责任可以由当事人协商解决。根据《民法通则》的规定，民事责任大体可分为违约责任和侵权责任，具体形式主要有排除妨碍、返还财产、赔偿损失、支付违约金等。

（二）行政责任

行政责任是指由国家行政机关或者国家授权的有关单位对违反经济法的单位或个人依法采取的行政制裁。行政责任大体可分为行政处分和行政处罚。单位一般承担行政责任的具体形式主要有警告、限期停业整顿、吊销营业执照、勒令关闭、罚款等；个人一般承担行政责任的具体形式主要有警告、记过、记大过、降级、降职、撤职、留用察看、开除等。

（三）刑事责任

刑事责任是指违反经济法，造成严重后果，已触犯国家刑事法律，由国家审判机关依法给予行为人以相应的刑事制裁。根据我国《刑法》的规定，刑事责任分为主刑和附加刑。主刑有管制、拘役、有期徒刑、无期徒刑、死刑；附加刑有罚金、剥夺政治权利、没收财产。

复习思考题

1. 什么是经济法？经济法的表现形式和调整对象有哪些？
2. 什么是经济法律关系？经济法律关系发生、变更和消灭的条件有哪些？
3. 什么是仲裁？仲裁的基本原则有哪些？
4. 什么是行政复议？行政复议的范围有哪些？
5. 什么是诉讼时效？诉讼时效中止和中断有哪些区别？

案例分析

2016年国庆假期，受聘于上海某公司的李华准备与妻子趁假期外出旅游。李华在晚报上查阅了不少旅行社登载的广告，决定选择新江旅行社提供的昆明—大理5日游。于是，李华在9月25日亲自到新江旅行社签订了协议，办妥了手续，预约10月2日上午的飞机去昆明旅行，10月7日上午的飞机回来；在云南期间有进口空调大巴接送至旅馆及各景点；住宿条件为三星级宾馆、双人房；旅行社承担第一门票及三餐，每日餐费为50元/人；旅行社为每一名旅客提供人身意外伤害保险，保额为2万元；费用为4 500元/人。李华当即付款9 000元。9月30日旅行社又与李华进行了确认，并告之具体起程时间。

10月2日上午，参加旅行的旅客来到指定地点，应到45人(包括一名导游)，实到44人，有一位叫万林的旅客由于昨晚打麻将突发脑梗阻死亡。大家来到机场，不料由于机场有大雾，班机推迟了两个小时才起飞。到达昆明后，旅客在机场又等了近两个小时，才开来了一辆国产大巴车，且未开空调。游客们表示不满，而司机则责怪他们迟到违约在先。车至旅馆后，游客们发现该旅馆实为二星级宾馆，而且因旅游情况火爆，在双人房里均加铺一张。游客们提出不满意见，但在旅游期间一直未能得到解决。在以后几天的旅游中，游客对景点的游览时间太短、三餐价高质次等颇为不满。10月6日，在去一景点游览的途中，游客与司机、导游又发生了争执。司机竟然殴打游客，将李华等3人打伤并摔坏了李华的一架照相机。后在当地警方的干涉下，司机被依法扣留。

结束这次不愉快的旅行回到上海后，游客们纷纷向新江旅行社和消费者协会投诉，李华等3人向保险公司要求赔偿。

要求：阅读以上案例资料，分析本案例中的法律事实及其引起的法律后果。

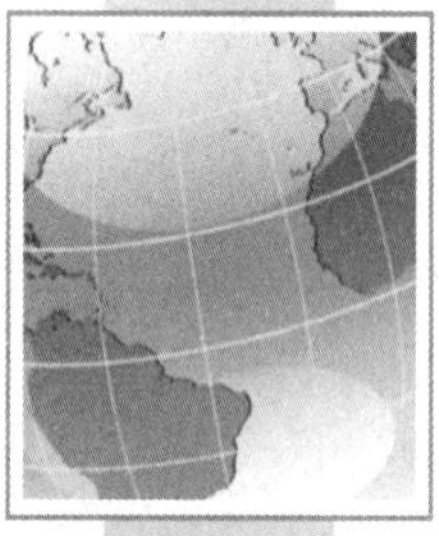

第二章 个人独资企业和合伙企业法律制度

第一节 个人独资企业法律制度

一、个人独资企业法律制度概述

(一)个人独资企业的概念和特征

1. 个人独资企业的概念

个人独资企业,是指依照《中华人民共和国个人独资企业法》(以下简称《个人独资企业法》)在中国境内设立、由一个自然人投资、财产为投资人个人所有、投资人以其个人财产对企业债务承担无限责任的经营实体。

2. 个人独资企业的法律特征

(1)个人独资企业的投资主体具有单一性。根据《个人独资企业法》的规定,设立个人独资企业的只能是一个自然人,且必须是中国公民。

(2)个人独资企业的投资人依法享有对企业的全部权利。个人独资企业的投资人对本企业的财产依法享有所有权,其有关权利可以依法进行转让或继承。企业的财产不论是投资人的原始投入还是经营所得,均归投资人所有。

(3)个人独资企业的投资人对企业的债务承担无限责任。由于个人独资企业的投资人仅为一个自然人,因此,对企业出资多少、是否追加投资或减少投资、采取什么样的经营方式等事项均由投资人一人决定。投资人对企业的债务承担无限责任,即当企业的资产不足以清偿到期债务时,投资人应以自己个人的全部财产用于清偿。

(4)个人独资企业的内部机构设置简单、经营管理方式灵活。个人独资企业的投资人既可以是企业的所有者,又可以是企业的经营者。因此,法律对其内部机构的设置和经营管理方式不像公司和其他企业那样加以严格规定。

(5)个人独资企业不具备法人资格。个人独资企业由一个自然人出资,投资人对企业的债务承担无限责任。在权利与义务上,企业和个人是融为一体的,企业的责任即投资人个人的责任,企业的财产即投资人个人的财产。个人独资企业虽然不具有法人资格,却是独立的民事主体,可以以自己的名义从事民事活动。

(二)个人独资企业法的概念

理论上,个人独资企业法有广义和狭义之分。广义的个人独资企业法,是指国家关于个人独资企业的各种法律规范的总称；狭义的个人独资企业法，是指1999年8月30日第九届全国人民代表大会常务委员会第11次会议通过、2000年1月1日起施行的《中华人民共和国个人独资企业法》。

二、个人独资企业的设立

（一）个人独资企业的设立条件

根据《个人独资企业法》的规定，设立个人独资企业应当具备下列条件：

1. 投资人为一个自然人，且只能是中国公民

个人独资企业的投资人只能是自然人，而且必须为中华人民共和国公民。该自然人还必须具备完全民事行为能力，无民事行为能力人和限制民事行为能力人不得投资设立个人独资企业。另外，法律、法规禁止从事营利性活动的人也不得作为投资人申请设立个人独资企业。根据我国有关法律、行政法规规定，国家公务员、党政机关领导干部、警官、法官、检察官、商业银行工作人员等，不得作为投资人申请设立个人独资企业。

2. 有合法的企业名称

个人独资企业的名称应当符合国家关于企业名称登记管理的有关规定，企业名称应与其责任形式及从事的营业相符合，可以叫厂、店、部、中心、工作室等，个人独资企业名称中不得使用“有限”、“有限责任”或者“公司”字样。

3. 有投资人申报的出资

《个人独资企业法》对设立个人独资企业的出资数额未作限制。根据国家工商行政管理总局《关于实施〈个人独资企业管理办法〉有关问题的通知》的规定，设立个人独资企业可以用货币出资，也可以用实物、土地使用权、知识产权或者其他财产权利出资。采取实物、土地使用权、知识产权或者其他财产权利出资的，应将其折算成货币数额。投资人申报的出资额应当与企业的生产经营规模相适应。投资人可以个人财产出资，也可以家庭共有财产作为个人出资。以家庭共有财产作为个人出资的，投资人应当在设立（变更）登记申请书上予以注明，同时也应当依法以家庭共有财产对企业债务承担无限责任。

4. 有固定的生产经营场所和必要的生产经营条件

生产经营场所包括企业的住所和与生产经营相适应的处所。住所是企业的主要办事机构所在地，是企业的法定地址。

5. 有必要的从业人员

《个人独资企业法》没有对个人独资企业的从业人员作具体的数额规定，但要求有与其生产经营范围、规模相适应的从业人员。

（二）个人独资企业的设立程序

1. 申请

申请设立个人独资企业，应当由投资人或者其委托的代理人向个人独资企业所在地的登记机关提出设立申请。投资人申请设立登记，应当向登记机关提交下列文件：（1）投资人签署的个人独资企业设立申请书，设立申请书应当载明企业的名称和住所、投资人的姓名和居所、投资人的出资额和出资方式、经营范围及方式。个人独资企业投资人以个人财产出资或者以其家庭共有财产作为个人出资的，应当在设立申请书上予以明确。（2）投资人身份证明，主要是身份证和其他有关证明材料。（3）企业住所证明和生产经营场所使用证明等文件，如土地使用证明、房屋产权证或租赁合同等。（4）委托代理人申请设立登记的，应当提交投资人的委托

书和代理人的身份证明或者资格证明。(5)国家工商行政管理总局规定提交的其他文件。从事法律、行政法规规定必须报经有关部门审批的业务的,应当提交有关部门的批准文件。

2. 登记

登记机关应当在收到设立申请书之日起15日内,对符合《个人独资企业法》规定条件的,予以登记,发给营业执照;对不符合《个人独资企业法》规定条件的,不予登记,并发给企业登记驳回通知书。个人独资企业营业执照的签发日期,为个人独资企业成立日期。在领取个人独资企业营业执照前,投资人不得以个人独资企业名义从事经营活动。

个人独资企业可以设立分支机构,且应当由投资人或者其委托的代理人向分支机构所在地的登记机关申请设立登记。分支机构经核准登记后,应将登记情况报该分支机构隶属的个人独资企业的登记机关备案。分支机构的民事责任由设立该分支机构的个人独资企业承担。个人独资企业存续期间登记事项发生变更的,应当在作出变更决定之日起15日内依法向登记机关申请办理变更登记。

三、个人独资企业的事务管理

个人独资企业的投资人可以自行管理企业事务,也可以委托或者聘用其他具有民事行为能力的人负责企业的事务管理。投资人委托或者聘用他人管理个人独资企业事务的,应当与受托人或者被聘用的人员签订书面合同。合同应订明委托的具体内容、授予的权利范围、受托人或者被聘用的人员应履行的义务、报酬和责任等。受托人或者被聘用的人员应当履行诚信、勤勉义务,以诚实信用的态度对待投资人、对待企业,尽其所能依法保障企业利益,按照与投资人签订的合同负责个人独资企业的事务管理。

需要注意的是,投资人对受托人或者被聘用的人员职权的限制,不得对抗善意第三人。所谓第三人,是指受托人或者被聘用的人员以外的与企业发生经济业务关系的人。所谓善意第三人,是指在有关经济业务事项交往中,没有与受托人或者被聘用的人员串通,故意损害投资人利益的第三人。个人独资企业的投资人与受托人或者被聘用的人员之间有关权利与义务的限制只对受托人或者被聘用的人员有效,对善意第三人并无约束力,受托人或者被聘用的人员超出投资人的限制与善意第三人的有关业务交往应当有效。

《个人独资企业法》规定,投资人委托或者聘用的管理个人独资企业事务的人员不得有下列行为:(1)利用职务上的便利,索取或者收受贿赂;(2)利用职务或者工作上的便利,侵占企业财产;(3)挪用企业的资金归个人使用或者借贷给他人;(4)擅自将企业资金以个人名义或者以他人名义开立账户存储;(5)擅自以企业财产提供担保;(6)未经投资人同意,从事与本企业相竞争的业务;(7)未经投资人同意,与本企业订立合同或者进行交易;(8)未经投资人同意,擅自将企业商标或者其他知识产权转让给他人使用;(9)泄露本企业的商业秘密;(10)法律、行政法规禁止的其他行为。

四、个人独资企业的解散和清算

(一)个人独资企业的解散

个人独资企业的解散,是指个人独资企业终止活动使其民事主体资格消灭的行为。

根据《个人独资企业法》的规定,个人独资企业有下列情形之一时,应当解散:(1)投资人决定解散;(2)投资人死亡或者被宣告死亡,无继承人或者继承人决定放弃继承;(3)被依法吊销营业执照;(4)法律、行政法规规定的其他情形。

(二)个人独资企业的清算

个人独资企业解散的,应当进行清算。《个人独资企业法》对个人独资企业清算作了如下规定:

1. 确定清算人

个人独资企业解散,由投资人自行清算或者由债权人申请人民法院指定清算人进行清算。

2. 通知和公告债权人

投资人自行清算的,应当在清算前15日内书面通知债权人,无法通知的,应当予以公告。债权人应当在接到通知之日起30日内,未接到通知的应当在公告之日起60日内,向投资人申报债权。

3. 财产清偿

个人独资企业解散的,财产应当按照下列顺序清偿:(1)所欠职工工资和社会保险费用;(2)所欠税款;(3)其他债务。个人独资企业财产不足以清偿债务的,投资人应当以其个人的其他财产予以清偿。清算期间,个人独资企业不得开展与清算目的无关的经营活动,在按前述财产清偿顺序清偿债务前,投资人不得转移、隐匿财产。

4. 注销登记

个人独资企业清算结束后,投资人或者人民法院指定的清算人应当编制清算报告,并于15日内到登记机关办理注销登记。经登记机关注销登记,个人独资企业终止。个人独资企业办理注销登记时,应当交回营业执照。

5. 投资人的持续清偿责任

个人独资企业解散后,原投资人对个人独资企业存续期间的债务仍应承担偿还责任,但债权人在5年内未向债务人提出偿债请求的,该责任消灭。

五、违反《个人独资企业法》的法律责任

(一)个人独资企业及投资人违法行为应承担的法律责任

(1)违反规定,提交虚假文件或采取其他欺骗手段取得企业登记的,责令改正,处以5 000元以下的罚款;情节严重的,并处吊销营业执照。

(2)违反规定,个人独资企业使用的名称与其在登记机关登记的名称不相符合的,责令限期改正,处以2 000元以下的罚款。

(3)涂改、出租、转让营业执照的,责令改正,没收违法所得,处以3 000元以下的罚款;情节严重的,吊销营业执照。伪造营业执照的,责令停业,没收违法所得,处以5 000元以下的罚款;构成犯罪的,依法追究刑事责任。

(4)个人独资企业成立后无正当理由超过6个月未开业的,或者开业后自行停业连续6个月以上的,吊销营业执照。

(5)违反规定,未领取营业执照,以个人独资企业名义从事经营活动的,责令停止经营活动,处以3 000元以下的罚款。个人独资企业登记事项发生变更时,未按规定办理有关变更登记的,责令限期办理变更登记;逾期不办理的,处以2 000元以下的罚款。

(6)个人独资企业违反规定,侵犯职工合法权益、未保障职工劳动安全、不缴纳社会保险费用的,按照有关法律、行政法规予以处罚,并追究有关责任人员的责任。

(7)个人独资企业及其投资人在清算前或清算期间隐匿或者转移财产、逃避债务的,依法追回其财产,并按照有关规定予以处罚;构成犯罪的,依法追究刑事责任。

(8)投资人违反规定,应当承担民事赔偿责任和缴纳罚款、罚金,其财产不足以支付的,或者被判处没收财产的,应当先承担民事赔偿责任。

(二)管理人员对投资人造成损害或侵犯投资人权益的法律责任

(1)投资人委托或者聘用的人员在管理个人独资企业事务时违反双方订立的合同,给投资人造成损害的,承担民事赔偿责任。

(2)投资人委托或者聘用的人员违反《个人独资企业法》的规定,侵犯个人独资企业财产权益的,责令退还侵占的财产;给企业造成损失的,依法承担赔偿责任;有违法所得的,没收违法所得;构成犯罪的,依法追究刑事责任。

(三)企业登记机关及其上级部门有关人员的法律责任

(1)登记机关对不符合《个人独资企业法》规定条件的企业予以登记,或者对符合《个人独资企业法》规定条件的企业不予登记的,对直接责任人员依法给予行政处分;构成犯罪的,依法追究刑事责任。

(2)登记机关的上级部门的有关主管人员强令登记机关对不符合《个人独资企业法》规定条件的企业予以登记,或者对符合《个人独资企业法》规定条件的企业不予登记的,或者对登记机关的违法登记行为进行包庇的,对直接责任人员依法给予行政处分;构成犯罪的,依法追究刑事责任。

登记机关对符合法定条件的申请不予登记或者超过法定时限不予答复的,当事人可依法申请行政复议或提起行政诉讼。

第二节　合伙企业法律制度

一、合伙企业法律制度概述

(一)合伙企业的概念及分类

1. 合伙企业的概念

合伙是指两个以上的人为着共同目的,相互约定共同出资、共同经营、共享收益、共担风险的自愿联合。合伙企业,是指自然人、法人和其他组织依照《中华人民共和国合伙企业法》(以下简称《合伙企业法》)在中国境内设立的普通合伙企业和有限合伙企业。

2. 合伙企业的分类

合伙企业分为普通合伙企业和有限合伙企业。普通合伙企业由普通合伙人组成,合伙人对合伙企业债务承担无限连带责任。《合伙企业法》对普通合伙人承担责任的形式有特别规定的,从其规定。有限合伙企业由普通合伙人和有限合伙人组成,普通合伙人对合伙企业债务承担无限连带责任,有限合伙人以其认缴的出资额为限对合伙企业债务承担责任。

(二)合伙企业法的概念

合伙企业法有广义和狭义之分。狭义的合伙企业法,是指由国家立法机关依法制定的《中华人民共和国合伙企业法》。该法于 1997 年 2 月 23 日由第八届全国人民代表大会常务委员会第 24 次会议通过,且于 2006 年 8 月 27 日第十届全国人民代表大会常务委员会第 23 次会议修订。广义的合伙企业法,是指国家立法机关或者其他有权机关依法制定的、调整合伙企业合伙关系的各种法律规范的总称。

二、普通合伙企业

普通合伙企业，是指由普通合伙人组成、合伙人对合伙企业债务依照《合伙企业法》规定承担无限连带责任的一种合伙企业。

(一)普通合伙企业的设立

1. 普通合伙企业的设立条件

(1)有2个以上合伙人。合伙企业的合伙人至少为2人以上，对于合伙企业合伙人数的最高限额，我国《合伙企业法》未作规定，完全由设立人根据所设企业的具体情况决定。

关于合伙人的资格，《合伙企业法》作了以下限定：①合伙人可以是自然人，也可以是法人或者其他组织。如何组成，除法律另有规定外不受限制。②合伙人为自然人的，应当具有完全民事行为能力。无民事行为能力人和限制民事行为能力人不得成为合伙企业的合伙人。③国有独资公司、国有企业、上市公司以及公益性的事业单位、社会团体不得成为普通合伙人。

(2)有书面合伙协议。合伙协议是指由各合伙人通过协商，共同决定相互间的权利与义务所达成的具有法律约束力的协议。合伙协议应当依法由全体合伙人协商一致，以书面形式订立。合伙协议应当载明下列事项：合伙企业的名称和主要经营场所的地点；合伙目的和合伙经营范围；合伙人的姓名或者名称、住所；合伙人的出资方式、数额和缴付期限；利润分配、亏损分担方式；合伙事务的执行；入伙与退伙；争议解决办法；合伙企业的解散与清算；违约责任；等等。合伙协议经全体合伙人签名、盖章后生效。合伙人按照合伙协议享有权利、履行义务。修改或者补充合伙协议，应当经全体合伙人一致同意；但是，合伙协议另有约定的除外。合伙协议未约定或者约定不明确的事项，由合伙人协商决定；协商不成的，依照《合伙企业法》和其他有关法律、行政法规的规定处理。

(3)有合伙人认缴或者实际缴付的出资。合伙协议生效后，合伙人应当按照合伙协议的规定缴纳出资。合伙人可以用货币、实物、知识产权、土地使用权或者其他财产权利出资，也可以用劳务出资。合伙人以实物、知识产权、土地使用权或者其他财产权利出资，需要评估作价的，可以由全体合伙人协商确定，也可以由全体合伙人委托法定评估机构评估。合伙人以劳务出资的，其评估办法由全体合伙人协商确定，并在合伙协议中载明。合伙人应当按照合伙协议约定的出资方式、数额和缴付期限，履行出资义务。以非货币财产出资的，依照法律、行政法规的规定，需要办理财产权转移手续的，应当依法办理。

(4)有合伙企业的名称和生产经营场所。普通合伙企业应当在其名称中标明“普通合伙”字样，其中，特殊的普通合伙企业应当在其名称中标明“特殊普通合伙”字样。

(5)法律、行政法规规定的其他条件。

2. 合伙企业的设立登记

(1)申请

申请设立合伙企业，申请人应当向企业登记机关提交登记申请书、合伙协议书、合伙人身份证明等文件。合伙企业的经营范围中有属于法律、行政法规规定在登记前须经批准的项目的，该项经营业务应当依法经过批准，并在登记时提交批准文件。

(2)登记

申请人提交的登记申请材料齐全、符合法定形式，且企业登记机关能够当场登记的，应予当场登记，发给营业执照。除此情形外，企业登记机关应当自受理申请之日起20日内，作出是否登记的决定。予以登记的，发给营业执照；不予登记的，应当给予书面答复并说明理由。合伙企业的营业执照签发日期，为合伙企业的成立日期。合伙企业领取营业执照前，合伙人不得以合伙企业名义从事合伙业务。

合伙企业可以设立分支机构，且应当向分支机构所在地的企业登记机关申请登记，领取营业执照。合伙企业登记事项发生变更的，执行合伙事务的合伙人应当自作出变更决定或者发生变更事由之日起 15 日内，向企业登记机关申请办理变更登记。

（二）合伙企业的财产

1. 合伙企业财产的构成

根据《合伙企业法》的规定，合伙人的出资、以合伙企业名义取得的收益和依法取得的其他财产，均为合伙企业的财产。从这一规定可以看出，合伙企业财产由以下三部分构成：

（1）合伙人的出资。《合伙企业法》规定，合伙人可以用货币、实物、知识产权、土地使用权或者其他财产权利出资，也可以用劳务出资。这些出资形成合伙企业的原始财产。需要注意的是，合伙企业的原始财产是全体合伙人"认缴"的财产，而非各合伙人"实际缴纳"的财产。

（2）以合伙企业名义取得的收益。合伙企业作为一个独立的经济实体，有自己的独立利益，因此，企业以其名义取得的收益作为合伙企业获得的财产，当然归属于合伙企业，成为合伙企业财产的一部分。以合伙企业名义取得的收益，主要包括合伙企业的公共积累资金、未分配的盈余、合伙企业债权、合伙企业取得的工业产权和非专利技术等财产权利。

（3）依法取得的其他财产。即根据法律、行政法规的规定合法取得的其他财产，如合法接受的赠与财产等。

2. 合伙企业财产的性质

合伙企业财产具有共同共有的性质。根据《合伙企业法》的规定，合伙人在合伙企业清算前，不得请求分割合伙企业的财产；但是，法律另有规定的除外。合伙人在合伙企业清算前私自转移或者处分合伙企业财产的，合伙企业不得以此对抗善意第三人。在确认善意取得的情况下，合伙企业的损失只能向合伙人进行追索，而不能向善意第三人追索。合伙企业也不能以合伙人无权处分其财产而对善意第三人的权利要求进行对抗，即不能以合伙人无权处分其财产而主张其与善意第三人订立的合同无效。当然，如果第三人是恶意取得，即明知合伙人无权处分而与之进行交易，或者与合伙人通谋共同侵犯合伙企业权益，则合伙企业可以据此对抗第三人。

3. 合伙人财产份额的转让

合伙人财产份额的转让，是指合伙企业的合伙人向他人转让其在合伙企业中的全部或者部分财产份额的行为。由于合伙人财产份额的转让将会影响到合伙企业以及各合伙人的切身利益，因此，《合伙企业法》对合伙人财产份额的转让作了以下限制性规定：

（1）除合伙协议另有约定外，合伙人向合伙人以外的人转让其在合伙企业中的全部或者部分财产份额时，须经其他合伙人一致同意。这一规定适用于合伙人财产份额的外部转让。所谓合伙人财产份额的外部转让，是指合伙人把其在合伙企业中的全部或者部分财产份额转让给合伙人以外的第三人的行为。合伙人财产份额的外部转让，只有经其他合伙人一致同意，才表明其他合伙人同意与受让人共同维持原合伙企业，合伙企业才能继续存续下去。如果其他合伙人不同意接受受让人，则合伙企业无法继续存续下去。当然，"合伙人向合伙人以外的人转让其在合伙企业中的全部或者部分财产份额时，须经其他合伙人一致同意"，是一项法定的原则，且这项原则是在合伙协议中没有规定的情况下才有法律效力。如果合伙协议有另外的约定，即合伙协议约定，合伙人向合伙人以外的人转让其在合伙企业中的全部或者部分财产份额时，无须经过其他合伙人一致同意，比如约定2/3以上合伙人同意或者一定出资比例同意的情况下，则应执行合伙协议的规定。

(2)合伙人之间转让在合伙企业中的全部或者部分财产份额时，应当通知其他合伙人。这一规定适用于合伙人财产份额的内部转让。所谓合伙人财产份额的内部转让，是指合伙人将其在合伙企业中的全部或者部分财产份额转让给其他合伙人的行为。合伙人财产份额的内部转让因不涉及合伙人以外的人参加，合伙企业存续的基础没有发生实质性变更，因此不需要经过其他合伙人一致同意，只需要通知其他合伙人即可产生法律效力。

(3)合伙人向合伙人以外的人转让其在合伙企业中的财产份额的，在同等条件下，其他合伙人有优先购买权；但是，合伙协议另有约定的除外。所谓优先购买权，是指在合伙人转让其财产份额时，在多数人接受转让的情况下，其他合伙人基于同等条件可先于其他非合伙人购买的权利。优先购买权的发生存在两个前提：一是合伙人财产份额的转让没有约定的转让条件、转让范围的限制。也就是说，合伙协议没有"另外约定"或者另外的限制，如有另外约定或者限制，则应依约定或限制办理。二是优先受让的前提为同等条件。同等条件，主要是指受让的价格条件，当然也包括其他条件。这一规定的目的在于维护合伙企业现有合伙人的利益，维护合伙企业在现有基础上的稳定。

合伙人以外的人依法受让合伙人在合伙企业中的财产份额的，经修改合伙协议即成为合伙企业的合伙人，依照《合伙企业法》和修改后的合伙协议享有权利、履行义务。合伙人以外的人成为合伙人须修改合伙协议，未修改合伙协议的，不应算作法律所称的"合伙企业的合伙人"。

(4)合伙人以其在合伙企业中的财产份额出质的，须经其他合伙人一致同意；未经其他合伙人一致同意，其行为无效，由此给善意第三人造成损失的，由行为人依法承担赔偿责任。由于合伙人财产份额出质可能导致该财产份额依法发生权利转移，因此，《合伙企业法》对合伙人以其财产份额出质也作了限制性规定。合伙人财产份额的出质，是指合伙人将其在合伙企业中的财产份额作为质押物来担保债权人债权实现的行为。

(三)合伙企业事务的执行

1. 合伙企业事务执行的形式

根据《合伙企业法》的规定，合伙人执行合伙企业事务，可以有两种形式：

(1)全体合伙人共同执行合伙事务。这是合伙事务执行的基本形式，也是在合伙企业中经常使用的一种形式，尤其是在合伙人较少的情况下更为适宜。在采取这种形式的合伙企业中，按照合伙协议的约定，各个合伙人都直接参与经营，处理合伙企业的事务，对外代表合伙企业。

(2)委托一个或者数个合伙人执行合伙事务。按照合伙协议的约定或者经全体合伙人决定，可以委托一个或者数个合伙人对外代表合伙企业，执行合伙事务。委托一个或者数个合伙人执行合伙事务的，其他合伙人不再执行合伙事务。

合伙人可以将合伙事务委托一个或者数个合伙人执行，但并非所有的合伙事务都可以委托给部分合伙人决定。根据《合伙企业法》的规定，除合伙协议另有约定外，合伙企业的下列事项应当经全体合伙人一致同意：①改变合伙企业的名称；②改变合伙企业的经营范围、主要经营场所的地点；③处分合伙企业的不动产；④转让或者处分合伙企业的知识产权和其他财产权利；⑤以合伙企业名义为他人提供担保；⑥聘任合伙人以外的人担任合伙企业的经营管理人员。

2. 合伙人在执行合伙事务中的权利和义务

(1)合伙人在执行合伙事务中的权利

根据《合伙企业法》的规定,合伙人在执行合伙事务中的权利主要包括以下内容:

①合伙人对执行合伙事务享有同等的权利。合伙企业的特点之一就是合伙经营,各合伙人无论其出资多少,都有权平等享有执行合伙企业事务的权利。

②执行合伙事务的合伙人对外代表合伙企业。合伙人在代表合伙企业执行事务时,不是以个人的名义进行一定的民事行为,而是以合伙企业事务执行人的身份组织实施企业的生产经营活动。考虑到法人和其他组织可以参与合伙,《合伙企业法》同时规定,作为合伙人的法人、其他组织执行合伙企业事务的,由其委托的代表执行。

③不执行合伙事务的合伙人的监督权利。《合伙企业法》规定,不执行合伙事务的合伙人有权监督执行事务的合伙人执行合伙事务的情况。这一规定有利于维护全体合伙人的共同利益,同时也可以促进合伙事务执行人更加认真谨慎地处理合伙企业事务。合伙事务是合伙企业的公共事务,事务的执行情况涉及每个合伙人的个人利益,每个合伙人都有权去关心合伙企业的利益。因此,不执行合伙事务的合伙人有权监督执行事务的合伙人执行合伙事务的情况。

④合伙人查阅合伙企业会计账簿等财务资料的权利。合伙经营是一种以营利为目的的经济活动,合伙人之间的财产共有关系、共同经营关系、连带责任关系决定了全体合伙人形成了以实现合伙目的为目标的利益共同体。每个合伙人都有权利而且有责任关心了解合伙企业的全部经营活动。因此,查阅合伙企业会计账簿等财务资料,作为了解合伙企业经营状况和财务状况的有效手段,成为合伙人的一项重要权利。

⑤合伙人有提出异议的权利和撤销委托的权利。在合伙人分别执行合伙事务的情况下,由于执行合伙事务的合伙人的行为所产生的亏损和责任要由全体合伙人承担,因此,《合伙企业法》规定,合伙人分别执行合伙事务的,执行事务的合伙人可以对其他合伙人执行的事务提出异议。提出异议时,应当暂停该项事务的执行。如果发生争议,依照《合伙企业法》的有关规定作出决定。受委托执行合伙事务的合伙人不按照合伙协议或者全体合伙人的决定执行事务的,其他合伙人可以决定撤销该委托。

(2)合伙人在执行合伙事务中的义务

根据《合伙企业法》的规定,合伙人在执行合伙事务中的义务主要包括以下内容:

①合伙事务执行人向不参加执行事务的合伙人报告企业经营状况和财务状况。《合伙企业法》规定,由一个或者数个合伙人执行合伙事务的,执行事务的合伙人应当定期向其他合伙人报告事务执行情况以及合伙企业的经营和财务状况,其执行合伙事务所产生的收益归合伙企业,所产生的费用和亏损由合伙企业承担。

②合伙人不得自营或者同他人合作经营与本合伙企业相竞争的业务。各合伙人组建合伙企业是为了合伙经营、共享收益,如果某一合伙人自己又从事或者同他人合作从事与合伙企业相竞争的业务,势必影响合伙企业的利益,背离合伙的初衷;同时还可能形成不正当竞争,使合伙企业处于不利地位,损害其他合伙人的利益。因此,《合伙企业法》规定,合伙人不得自营或者同他人合作经营与本合伙企业相竞争的业务。

③除合伙协议另有约定或者经全体合伙人一致同意外,合伙人不得同本合伙企业进行交易。合伙企业中每一个合伙人都是合伙企业的投资者,如果自己与合伙企业交易,就包含了与自己交易,也包含了与别的合伙人交易,而这种交易极易造成损害他人的利益。因此,《合伙企业法》规定,除合伙协议另有约定或者经全体合伙人一致同意外,合伙人不得同本合伙企业进行交易。

④合伙人不得从事损害本合伙企业利益的活动。合伙人在执行合伙事务的过程中,不得为了自己的私利,损害其他合伙人的利益,也不得与其他人恶意串通,损害合伙企业的利益。

3. 合伙事务执行的决议办法

《合伙企业法》规定,合伙人对合伙企业有关事项作出决议,按照合伙协议约定的表决办法办理。合伙协议未约定或者约定不明确的,实行合伙人一人一票并经全体合伙人过半数通过的表决办法。《合伙企业法》对合伙企业的表决办法另有规定的,从其规定。

4. 合伙企业的损益分配

合伙损益分配包含合伙企业的利润分配与亏损分担两个方面。对合伙损益分配,《合伙企业法》作了原则规定,主要内容为:

(1)合伙企业的利润分配、亏损分担,按照合伙协议的约定办理;合伙协议未约定或者约定不明确的,由合伙人协商决定;协商不成的,由合伙人按照实缴出资比例分配、分担;无法确定出资比例的,由合伙人平均分配、分担。

(2)合伙协议不得约定将全部利润分配给部分合伙人或者由部分合伙人承担全部亏损。

5. 非合伙人参与经营管理

在合伙企业中,往往由于合伙人经营管理能力不足,需要在合伙人之外聘任非合伙人担任合伙企业的经营管理人员,参与合伙企业的经营管理工作。《合伙企业法》规定,除合伙协议另有约定外,经全体合伙人一致同意,可以聘任合伙人以外的人担任合伙企业的经营管理人员。被聘任的合伙企业的经营管理人员应当在合伙企业授权范围内履行职务。被聘任的合伙企业的经营管理人员超越合伙企业授权范围履行职务,或者在履行职务过程中因故意或者重大过失给合伙企业造成损失的,依法承担赔偿责任。

(四)合伙企业与第三人的关系

合伙企业与第三人的关系,实际是指有关合伙企业的对外关系,涉及合伙企业对外代表权的效力、合伙企业和合伙人的债务清偿等问题。

1. 合伙企业对外代表权的效力

(1)合伙事务执行中的对外代表权

可以取得合伙企业对外代表权的合伙人,主要有三种情况:一是由全体合伙人共同执行合伙企业事务的,全体合伙人都有权对外代表合伙企业,即全体合伙人都取得了合伙企业的对外代表权;二是由部分合伙人执行合伙企业事务的,只有受委托执行合伙企业事务的那一部分合伙人有权对外代表合伙企业,而不参加执行合伙企业事务的合伙人则不具有对外代表合伙企业的权利;三是由于特别授权在单项合伙事务上有执行权的合伙人,依照授权范围可以对外代表合伙企业。执行合伙企业事务的合伙人在取得对外代表权后,即可以合伙企业的名义进行经营活动,在其授权的范围内作出法律行为。合伙人的这种代表行为,对全体合伙人发生法律效力,即其执行合伙事务所产生的收益归合伙企业,所产生的费用和亏损由合伙企业承担。

(2)合伙企业对外代表权的限制

合伙人执行合伙事务的权利和对外代表合伙企业的权利,都会受到一定的内部限制。如果这种限制对第三人发生效力,必须以第三人知道这一情况为条件;否则,该内部限制不对该第三人产生抗辩力。《合伙企业法》规定,合伙企业对合伙人执行合伙事务以及对外代表合伙企业权利的限制,不得对抗善意第三人。

2. 合伙企业和合伙人的债务清偿

(1)合伙企业的债务清偿与合伙人的关系

合伙企业的债务清偿与合伙人的关系，从以下三个方面加以说明：

①合伙企业财产优先清偿。《合伙企业法》规定，合伙企业对其债务，应先以其全部财产进行清偿。合伙企业的债务，应先由合伙企业的财产来承担，即在合伙企业存在自己的财产时，合伙企业的债权人应首先从合伙企业的全部财产中求偿，而不应当向合伙人个人直接请求债权。这样，既有利于理顺合伙企业与第三人的法律关系、明确合伙企业的偿债责任，也有利于保护债权人的债权实现。

②合伙人的无限连带清偿责任。《合伙企业法》规定，合伙企业不能清偿到期债务的，合伙人承担无限连带责任。所谓合伙人的无限责任，是指当合伙企业的全部财产不足以偿付到期债务时，各个合伙人承担合伙企业的债务不是以其出资额为限，而是以其自有财产来清偿合伙企业的债务。所谓合伙人的连带责任，是指当合伙企业的全部财产不足以偿付到期债务时，合伙企业的债权人对合伙企业所负债务，可以向任何一个合伙人主张，该合伙人不得以其出资的份额大小、合伙协议有特别约定、合伙企业债务另有担保人或者自己已经偿付所承担的份额的债务等理由来拒绝。当然，合伙人由于承担连带责任，所清偿数额超过其应分担的比例时，有权向其他合伙人追偿。

③合伙人之间的债务分担和追偿。《合伙企业法》规定，合伙人由于承担无限连带责任，清偿数额超过规定的其亏损分担比例的，有权向其他合伙人追偿。关于合伙企业亏损分担比例，《合伙企业法》规定，合伙企业的亏损分担，按照合伙协议的约定办理；合伙协议未约定或者约定不明确的，由合伙人协商决定；协商不成的，由合伙人按照实缴出资比例分担；无法确定出资比例的，由合伙人平均分担。

合伙人之间的分担比例对债权人没有约束力。债权人可以根据自己的清偿利益，请求全体合伙人中的一人或数人承担全部清偿责任，也可以按照自己确定的清偿比例向各合伙人分别追索。如果某一合伙人实际支付的清偿数额超过其依照既定比例所应承担的数额，依照《合伙企业法》的规定，该合伙人有权就超过部分向其他未支付或者未足额支付应承担数额的合伙人追索。但是，合伙人的这种追索权，应当具备以下三个条件：一是追偿人已经实际承担连带责任，并且其清偿数额超过了其应当承担的数额；二是被追偿人未实际承担或者未足额承担其应当承担的数额；三是追偿的数额不得超过追偿人超额清偿部分的数额以及被追偿人未足额清偿部分的数额。

(2)合伙人的债务清偿与合伙企业的关系

在合伙企业存续期间，可能发生个别合伙人因不能偿还其私人债务而被追索的情况。由于合伙人在合伙企业中拥有财产权益，合伙人的债权人可能向合伙企业提出清偿请求。为了保护合伙企业和其他合伙人的合法权益，同时也保护债权人的合法权益，《合伙企业法》作了如下规定：

①合伙人发生与合伙企业无关的债务，相关债权人不得以其债权抵销其对合伙企业的债务，也不得代位行使合伙人在合伙企业中的权利。首先，合伙人发生与合伙企业无关的债务，相关债权人不得以其债权抵销其对合伙企业的债务。这是因为该债权人对合伙企业的负债，实际上是对全体合伙人的负债，而合伙企业的某一合伙人对该债权人的负债，只限于该合伙人本人。如果允许两者抵销，就等于强迫合伙企业其他合伙人对个别合伙人的个人债务承担责任，这违反了合伙制度的本意，加大了合伙人的风险，也不利于合伙企业这种经济组织形式的发展。其次，合伙人发生与合伙企业无关的债务，相关债权人不得代位行使该合伙人在合伙企业中的权利。这是因为合伙人之间相互了解和信任是合伙关系稳定的基础，如果允许个别合

伙人的债权人代位行使该合伙人在合伙企业中的权利，如参与管理权、事务执行权等，则不利于合伙关系的稳定和合伙企业的正常运营。况且，该债权人因无合伙人身份，只行使合伙人的权利而不承担无限连带责任，无异于允许他将自己行为的责任风险转嫁于合伙企业的全体合伙人，这显然是不公平的。

②合伙人的自有财产不足以清偿其与合伙企业无关的债务的，该合伙人可以以其从合伙企业中分取的收益用于清偿，债权人也可以依法请求人民法院强制执行该合伙人在合伙企业中的财产份额用于清偿。这既保护了债权人的清偿利益，也无损于全体合伙人的合法权益。人民法院强制执行合伙人的财产份额时，应当通知全体合伙人，其他合伙人有优先购买权；其他合伙人未购买，又不同意将该财产份额转让给他人的，依照《合伙企业法》的规定为该合伙人办理退伙结算，或者办理削减该合伙人相应财产份额的结算。这里需要注意三点：一是这种清偿必须通过《民事诉讼法》规定的强制执行程序进行，债权人不得自行接管债务人在合伙企业中的财产份额；二是人民法院强制执行合伙人的财产份额时，应当通知全体合伙人；三是在强制执行个别合伙人在合伙企业中的财产份额时，其他合伙人有优先购买权。

（五）入伙与退伙

1. 入伙

入伙，是指在合伙企业存续期间，合伙人以外的第三人加入合伙，从而取得合伙人资格。

(1)入伙的条件和程序。《合伙企业法》规定，新合伙人入伙，除合伙协议另有约定外，应当经全体合伙人一致同意，并依法订立书面入伙协议。订立入伙协议时，原合伙人应当向新合伙人如实告知原合伙企业的经营状况和财务状况。这一规定包括四层含义：一是新合伙人入伙，应当经全体合伙人一致同意，未获得一致同意的，不得入伙；二是合伙协议无另外约定，如果合伙协议对新合伙人入伙约定了相应的条件，则必须按照约定执行；三是新合伙人入伙，应当依法订立书面入伙协议，入伙协议应当以原合伙协议为基础，并对原合伙协议事项作相应变更，订立入伙协议不得违反公平原则、诚实信用原则；四是订立入伙协议时，原合伙人应当向新合伙人如实告知原合伙企业的经营状况和财务状况。

(2)新合伙人的权利和责任。一般来讲，入伙的新合伙人与原合伙人享有同等权利，承担同等责任。但是，如果原合伙人愿意以更优越的条件吸引新合伙人入伙，或者新合伙人愿意以较为不利的条件入伙，也可以在入伙协议中另行约定。关于新合伙人对入伙前合伙企业的债务承担问题，《合伙企业法》规定，新合伙人对入伙前合伙企业的债务承担无限连带责任。

2. 退伙

退伙，是指合伙人退出合伙企业，从而丧失合伙人资格。合伙人退伙，一般有两种原因：一是自愿退伙；二是法定退伙。

(1)自愿退伙

自愿退伙，是指合伙人基于自愿的意思表示而退伙。自愿退伙可以分为协议退伙和通知退伙两种。

①协议退伙。《合伙企业法》规定，合伙协议约定合伙期限的，在合伙企业存续期间，有下列情形之一的，合伙人可以退伙：a. 合伙协议约定的退伙事由出现；b. 经全体合伙人一致同意；c. 发生合伙人难以继续参加合伙的事由；d. 其他合伙人严重违反合伙协议约定的义务。合伙人违反上述规定退伙的，应当赔偿由此给合伙企业造成的损失。

②通知退伙。《合伙企业法》规定，合伙协议未约定合伙期限的，合伙人在不给合伙企业事务执行造成不利影响的情况下，可以退伙，但应当提前30日通知其他合伙人。由此可见，法律

对通知退伙有一定的限制，即附有以下三项条件：a. 必须是合伙协议未约定合伙企业的经营期限；b. 必须是合伙人的退伙不给合伙企业事务执行造成不利影响；c. 必须提前30日通知其他合伙人。这三项条件必须同时具备，缺一不可。合伙人违反上述规定退伙的，应当赔偿由此给合伙企业造成的损失。

(2)法定退伙

法定退伙，是指合伙人因出现法律规定的事由而退伙。法定退伙分为当然退伙和除名退伙两类。

①当然退伙。《合伙企业法》规定，合伙人有下列情形之一的，当然退伙：a. 作为合伙人的自然人死亡或者被依法宣告死亡；b. 个人丧失偿债能力；c. 作为合伙人的法人或者其他组织依法被吊销营业执照、责令关闭、撤销，或者被宣告破产；d. 法律规定或者合伙协议约定合伙人必须具有相关资格而丧失该资格；e. 合伙人在合伙企业中的全部财产份额被人民法院强制执行。此外，合伙人被依法认定为无民事行为能力人或者限制民事行为能力人的，经其他合伙人一致同意，可以依法转为有限合伙人，普通合伙企业依法转为有限合伙企业；其他合伙人未能一致同意的，该无民事行为能力或者限制民事行为能力的合伙人退伙。当然退伙以退伙事由实际发生之日起为退伙生效日。

②除名退伙。《合伙企业法》规定，合伙人有下列情形之一的，经其他合伙人一致同意，可以决议将其除名：a. 未履行出资义务；b. 因故意或者重大过失给合伙企业造成损失；c. 执行合伙事务时有不正当行为；d. 发生合伙协议约定的事由。对合伙人的除名决议应当书面通知被除名人。被除名人接到除名通知之日起，除名生效，被除名人退伙。被除名人对除名决议有异议的，可以自接到除名通知之日起30日内向人民法院起诉。

(3)退伙的财产继承和退伙结算

《合伙企业法》规定，合伙人死亡或者被依法宣告死亡的，对该合伙人在合伙企业中的财产份额享有合法继承权的继承人，按照合伙协议的约定或者经全体合伙人一致同意，从继承开始之日起，取得该合伙企业的合伙人资格。有下列情形之一的，合伙企业应当向合伙人的继承人退还被继承合伙人的财产份额：①继承人不愿意成为合伙人；②法律规定或者合伙协议约定合伙人必须具有相关资格，而该继承人未取得该资格；③合伙协议约定不能成为合伙人的其他情形。合伙人的继承人为无民事行为能力人或者限制民事行为能力人的，经全体合伙人一致同意，可以依法成为有限合伙人，普通合伙企业依法转为有限合伙企业；全体合伙人未能一致同意的，合伙企业应当将被继承合伙人的财产份额退还该继承人。

《合伙企业法》对退伙结算规定如下：①合伙人退伙，其他合伙人应当与该退伙人按照退伙时的合伙企业财产状况进行结算，退还退伙人的财产份额。退伙人对给合伙企业造成的损失负有赔偿责任的，相应扣减其应当赔偿的数额。退伙时有未了结的合伙企业事务的，待该事务了结后进行结算。②退伙人在合伙企业中财产份额的退还办法，由合伙协议约定或者由全体合伙人决定，可以退还货币，也可以退还实物。③合伙人退伙时，合伙企业财产少于合伙企业债务的，退伙人应当依照法律规定分担亏损。即如果合伙协议约定亏损分担比例的，按照合伙协议的约定办理；合伙协议未约定或者约定不明确的，由合伙人协商决定；协商不成的，由合伙人按照实缴出资比例分担；无法确定出资比例的，由合伙人平均分担。

合伙人退伙以后，并不能解除对于合伙企业既往债务的连带责任。根据《合伙企业法》的规定，退伙人对基于其退伙前的原因发生的合伙企业债务，承担无限连带责任。

(六)特殊的普通合伙企业

1. 特殊的普通合伙企业的概念

特殊的普通合伙企业,是指以专业知识和专门技能为客户提供有偿服务的专业服务机构。特殊的普通合伙企业名称中应当标明“特殊普通合伙”字样。

2. 特殊的普通合伙企业的责任形式

(1)责任承担

《合伙企业法》规定,一个合伙人或者数个合伙人在执业活动中因故意或者重大过失造成合伙企业债务的,应当承担无限责任或者无限连带责任,其他合伙人以其在合伙企业中的财产份额为限承担责任。合伙人在执业活动中非因故意或者重大过失造成的合伙企业债务以及合伙企业的其他债务,由全体合伙人承担无限连带责任。所谓重大过失,是指明知可能造成损失而轻率地作为或者不作为。根据这一法律规定,特殊的普通合伙企业的责任形式分为两种:

①有限责任与无限连带责任相结合。即一个合伙人或者数个合伙人在执业活动中因故意或者重大过失造成合伙企业债务的,应当承担无限责任或者无限连带责任,其他合伙人以其在合伙企业中的财产份额为限承担责任。由于特殊的普通合伙企业的特殊性,为了保证特殊的普通合伙企业的健康发展,必须对合伙人的责任形式予以改变,否则以专业知识和专门技能为客户提供服务的专业服务机构难以存续。因此,对一个合伙人或者数个合伙人在执业活动中的故意或者重大过失行为与其他合伙人应当区别对待,对于负有重大责任的合伙人应当承担无限责任或者无限连带责任,其他合伙人只以其在合伙企业中的财产份额为限承担责任。这也符合公平、公正原则,如果不分清责任,简单地归责于无限连带责任或者有限责任,不但对其他合伙人不公平,而且债权人的利益也难以得到保障。

②无限连带责任。对合伙人在执业活动中非因故意或者重大过失造成的合伙企业债务以及合伙企业的其他债务,全体合伙人承担无限连带责任。这是在责任划分的基础上作出的合理规定,以最大限度地实现公平、正义和保障债权人的合法权益。当然,这种责任形式的前提是合伙人在执业过程中不存在重大过错,即既没有故意,也不存在重大过失。

(2)责任追偿

《合伙企业法》规定,合伙人在执业活动中因故意或者重大过失造成的合伙企业债务,以合伙企业财产对外承担责任后,该合伙人应当按照合伙协议的约定,对给合伙企业造成的损失承担赔偿责任。

3. 特殊的普通合伙企业的执业风险防范

特殊的普通合伙企业应当建立执业风险基金、办理职业保险。

(1)执业风险基金,主要是指为了化解经营风险,特殊的普通合伙企业从其经营收益中提取相应比例的资金留存,或者根据相关规定上缴至指定机构所形成的资金。执业风险基金用于偿付合伙人执业活动造成的债务。执业风险基金应当单独立户管理。

(2)职业保险,又称职业责任保险,是指承保各种专业技术人员因工作上的过失或者疏忽大意所造成的合同一方或者他人的人身伤害或者财产损失的经济赔偿责任的保险。

三、有限合伙企业

(一)有限合伙企业的概念及法律适用

1. 有限合伙企业的概念

有限合伙企业,是指由有限合伙人和普通合伙人共同组成、普通合伙人对合伙企业债务承担无限连带责任、有限合伙人以其认缴的出资额为限对合伙企业债务承担责任的合伙组织。

有限合伙企业与普通合伙企业和有限责任公司相比较，具有以下显著特征：

(1)在经营管理上，普通合伙企业的合伙人一般均可参与合伙企业的经营管理。有限责任公司的股东有权参与公司的经营管理(含直接参与和间接参与)。而在有限合伙企业中，有限合伙人不执行合伙事务，而由普通合伙人从事具体的经营管理。

(2)在风险承担上，普通合伙企业的合伙人之间对合伙债务承担无限连带责任。有限责任公司的股东对公司债务以其各自的出资额为限承担有限责任。而在有限合伙企业中，不同类型的合伙人所承担的责任则存在差异，其中有限合伙人以其各自的出资额为限承担有限责任，普通合伙人之间承担无限连带责任。

2. 有限合伙企业的法律适用

《合伙企业法》规定了两种类型的企业，即普通合伙企业和有限合伙企业。有限合伙企业与普通合伙企业之间既有相同点，也有差异处，其中两者的差别主要表现在合伙企业的内部构造上。普通合伙企业的成员均为普通合伙人，而有限合伙企业的成员则被划分为两部分，即有限合伙人和普通合伙人。这两部分合伙人在主体资格、权利享有、义务与责任承担等方面存在着明显的差异。在法律适用中，凡是《合伙企业法》中对有限合伙企业有特殊规定的，应当适用有关特殊规定；无特殊规定的，适用有关普通合伙企业及其合伙人的一般规定。

下面主要介绍有限合伙企业的特殊规定。

(二)有限合伙企业设立的特殊规定

1. 有限合伙企业人数

《合伙企业法》规定，有限合伙企业由 2 个以上 50 个以下合伙人设立；但是，法律另有规定的除外。有限合伙企业至少应当有 1 个普通合伙人。自然人、法人和其他组织可以依照法律规定设立有限合伙企业，但国有独资公司、国有企业、上市公司以及公益性的事业单位、社会团体不得成为有限合伙企业的普通合伙人。

在有限合伙企业存续期间，有限合伙人的人数可能发生变化。然而，无论如何变化，有限合伙企业中必须包括有限合伙人与普通合伙人两部分；否则，有限合伙企业应当进行组织形式变化。《合伙企业法》规定，有限合伙企业仅剩有限合伙人的，应当解散；有限合伙企业仅剩普通合伙人的，应当转为普通合伙企业。

2. 有限合伙企业名称

《合伙企业法》规定，有限合伙企业名称中应当标明“有限合伙”字样。按照企业名称登记管理的有关规定，企业名称中应当含有企业的组织形式。为便于社会公众以及交易相对人对有限合伙企业的了解，有限合伙企业名称中应当标明“有限合伙”字样，而不能标明“普通合伙”、“特殊普通合伙”、“有限公司”、“有限责任公司”等字样。

3. 有限合伙企业协议

有限合伙企业协议是有限合伙企业生产经营的重要法律文件。有限合伙企业协议除符合普通合伙企业协议的规定外，还应当载明下列事项：(1)普通合伙人和有限合伙人的姓名或者名称、住所；(2)执行事务合伙人应具备的条件和选择程序；(3)执行事务合伙人权限与违约处理办法；(4)执行事务合伙人的除名条件和更换程序；(5)有限合伙人入伙、退伙的条件、程序以及相关责任；(6)有限合伙人和普通合伙人相互转变程序。

4. 有限合伙人出资形式

《合伙企业法》规定，有限合伙人可以用货币、实物、知识产权、土地使用权或者其他财产权利作价出资。有限合伙人不得以劳务出资。劳务出资的实质是用未来劳动创造的收入来投资，其难以通过市场变现，法律上执行困难。如果普通合伙人用劳务出资，有限合伙人也用劳务出资，将来该有限合伙企业将难以承担债务责任，这将不利于保护债权人的利益。

5. 有限合伙人出资义务

《合伙企业法》规定，有限合伙人应当按照合伙协议的约定按期足额缴纳出资；未按期足额缴纳的，应当承担补缴义务，并对其他合伙人承担违约责任。按期足额缴纳出资是有限合伙人必须履行的义务，因此，有限合伙人应当按照合伙协议的约定按期足额缴纳出资。合伙人未按照协议的约定履行缴纳出资义务的，首先应当承担补缴出资的义务，同时还应对其他合伙人承担违约责任。

6. 有限合伙企业登记事项

《合伙企业法》规定，有限合伙企业登记事项中应当载明有限合伙人的姓名或者名称及认缴的出资数额。

（三）有限合伙企业事务执行的特殊规定

1. 有限合伙企业的事务执行人

《合伙企业法》规定，有限合伙企业由普通合伙人执行合伙事务。执行事务合伙人可以要求在合伙协议中确定执行事务的报酬及报酬提取方式。如合伙协议约定数个普通合伙人执行合伙事务，这些普通合伙人均为合伙事务执行人；如合伙协议无约定，全体普通合伙人是合伙事务的共同执行人。合伙事务执行人除享有一般合伙人相同的权利外，还有接受其他合伙人的监督和检查、谨慎执行合伙事务的义务，若因自己的过错造成合伙财产损失的，应向合伙企业或其他合伙人负赔偿责任。

2. 禁止有限合伙人执行合伙事务

《合伙企业法》规定，有限合伙人不执行合伙事务，不得对外代表有限合伙企业。有限合伙人的下列行为，不视为执行合伙事务：(1)参与决定普通合伙人入伙、退伙；(2)对企业的经营管理提出建议；(3)参与选择承办有限合伙企业审计业务的会计师事务所；(4)获取经审计的有限合伙企业财务会计报告；(5)对涉及自身利益的情况，查阅有限合伙企业财务会计账簿等财务资料；(6)在有限合伙企业中的利益受到侵害时，向有责任的合伙人主张权利或者提起诉讼；(7)执行事务合伙人怠于行使权利时，督促其行使权利或者为了本企业的利益以自己的名义提起诉讼；(8)依法为本企业提供担保。

另外，《合伙企业法》规定，第三人有理由相信有限合伙人为普通合伙人并与其交易的，该有限合伙人对该笔交易承担与普通合伙人同样的责任。有限合伙人未经授权以有限合伙企业名义与他人进行交易，给有限合伙企业或者其他合伙人造成损失的，该有限合伙人应当承担赔偿责任。

3. 有限合伙企业利润分配

《合伙企业法》规定，有限合伙企业不得将全部利润分配给部分合伙人；但是，合伙协议另有约定的除外。

4. 有限合伙人权利

(1)有限合伙人可以同本企业进行交易。《合伙企业法》规定，有限合伙人可以同本有限合伙企业进行交易；但是，合伙协议另有约定的除外。因为有限合伙人并不参与本有限合伙企业事务的执行，对有限合伙企业的对外交易行为，有限合伙人并无直接或者间接的控制权，有限合伙人与本有限合伙企业进行交易时，一般不会损害本有限合伙企业的利益。有限合伙协议可以对有限合伙人与本有限合伙企业之间的交易进行限定，如果有限合伙协议另有约定的，则必须按照约定的要求进行。普通合伙人如果禁止有限合伙人同本有限合伙企业进行交易，应当在合伙协议中作出约定。

(2)有限合伙人可以经营与本企业相竞争的业务。《合伙企业法》规定，有限合伙人可以自营或者同他人合作经营与本有限合伙企业相竞争的业务；但是，合伙协议另有约定的除外。与普通合伙人不同，有限合伙人一般不承担竞业禁止义务。普通合伙人如果禁止有限合伙人自营或者同他人合作经营与本有限合伙企业相竞争的业务，应当在合伙协议中作出约定。

(四)有限合伙企业财产出质与转让的特殊规定

1. 有限合伙人财产份额出质

《合伙企业法》规定，有限合伙人可以将其在有限合伙企业中的财产份额出质；但是，合伙协议另有约定的除外。所谓有限合伙人将其在有限合伙企业中的财产份额出质，是指有限合伙人以其在有限合伙企业中的财产份额对外进行权利质押。有限合伙人在有限合伙企业中的财产份额是有限合伙人的财产权益，在有限合伙企业存续期间，有限合伙人可以对该财产权利进行一定的处分。有限合伙人将其在有限合伙企业中的财产份额进行出质，产生的后果仅仅是有限合伙企业的有限合伙人存在变更的可能，这对有限合伙企业的财产基础并无根本的影响。因此，有限合伙人可以将其在有限合伙企业中的财产份额出质。但是，如果有限合伙企业对有限合伙人的财产份额出质另有特殊约定的，按特殊约定执行。

2. 有限合伙人财产份额转让

《合伙企业法》规定，有限合伙人可以按照合伙协议的约定向合伙人以外的人转让其在有限合伙企业中的财产份额，但应当提前30日通知其他合伙人。这是因为，有限合伙人向合伙人以外的其他人转让其在有限合伙企业中的财产份额，并不影响有限合伙企业债权人的利益。但是，有限合伙人对外转让其在有限合伙企业中的财产份额应当依法进行：一是要按照合伙协议的约定进行转让；二是应当提前30日通知其他合伙人。有限合伙人对外转让其在有限合伙企业中的财产份额时，有限合伙企业的其他合伙人有优先购买权。

(五)有限合伙人债务清偿的特殊规定

《合伙企业法》规定，有限合伙人的自有财产不足以清偿其与有限合伙企业无关的债务的，该合伙人可以以其从有限合伙企业中分取的收益用于清偿，债权人也可以依法请求人民法院强制执行该合伙人在有限合伙企业中的财产份额用于清偿。人民法院强制执行有限合伙人的财产份额时，应当通知全体合伙人。在同等条件下，其他合伙人有优先购买权。

(六)有限合伙企业入伙与退伙的特殊规定

1. 入伙

《合伙企业法》规定，新入伙的有限合伙人对入伙前有限合伙企业的债务，以其认缴的出资额为限承担责任。需要注意的是，在普通合伙企业中，新入伙的合伙人对入伙前合伙企业的债务承担连带责任；而在有限合伙企业中，新入伙的有限合伙人对入伙前有限合伙企业的债务，以其认缴的出资额为限承担责任。

2. 退伙

(1)有限合伙人当然退伙。《合伙企业法》规定，有限合伙人出现下列情形时当然退伙：①作为合伙人的自然人死亡或者被依法宣告死亡；②作为合伙人的法人或者其他组织依法被吊销营业执照、责令关闭、撤销，或者被宣告破产；③法律规定或者合伙协议约定合伙人必须具有相关资格而丧失该资格；④合伙人在合伙企业中的全部财产份额被人民法院强制执行。

(2)有限合伙人丧失民事行为能力的处理。《合伙企业法》规定,作为有限合伙人的自然人在有限合伙企业存续期间丧失民事行为能力的,其他合伙人不得因此要求其退伙。这是因为有限合伙人对有限合伙企业只进行投资,而不负责事务执行。作为有限合伙企业的自然人在有限合伙企业存续期间丧失民事行为能力,并不影响有限合伙企业的正常生产经营活动,其他合伙人不能要求该丧失民事行为能力的合伙人退伙。

(3)有限合伙人继承人的权利。《合伙企业法》规定,作为有限合伙人的自然人死亡、被依法宣告死亡,或者作为有限合伙人的法人及其他组织终止时,其继承人或者权利承受人可以依法取得该有限合伙人在有限合伙企业中的资格。

(4)有限合伙人退伙后的责任承担。《合伙企业法》规定,有限合伙人退伙后,对基于其退伙前的原因发生的有限合伙企业债务,以其退伙时从有限合伙企业中取回的财产承担责任。

(七)合伙人性质转变的特殊规定

《合伙企业法》规定,除合伙协议另有约定外,普通合伙人转变为有限合伙人,或者有限合伙人转变为普通合伙人,应当经全体合伙人一致同意。有限合伙人转变为普通合伙人的,对其作为有限合伙人期间有限合伙企业发生的债务承担无限连带责任;普通合伙人转变为有限合伙人的,对其作为普通合伙人期间合伙企业发生的债务承担无限连带责任。

(八)有限合伙企业仅剩有限合伙人或普通合伙人的特殊规定

《合伙企业法》规定,有限合伙企业仅剩有限合伙人的,应当解散;有限合伙企业仅剩普通合伙人的,应当转变为普通合伙企业。

四、合伙企业的解散和清算

(一)合伙企业的解散

合伙企业的解散,是指各合伙人解除合伙协议,合伙企业终止活动。

根据《合伙企业法》的规定,合伙企业有下列情形之一的,应当解散:(1)合伙期限届满,合伙人决定不再经营;(2)合伙协议约定的解散事由出现;(3)全体合伙人决定解散;(4)合伙人已不具备法定人数满 30 日;(5)合伙协议约定的合伙目的已经实现或者无法实现;(6)依法被吊销营业执照、责令关闭或者被撤销;(7)法律、行政法规规定的其他原因。

(二)合伙企业的清算

合伙企业解散后应当进行清算。《合伙企业法》对合伙企业的清算作了如下规定:

1. 确定清算人

合伙企业解散,应当由清算人进行清算。清算人由全体合伙人担任;经全体合伙人过半数同意,可以自合伙企业解散事由出现后 15 日内指定一个或者数个合伙人,或者委托第三人担任清算人。自合伙企业解散事由出现之日起 15 日内未确定清算人的,合伙人或者其他利害关系人可以申请人民法院指定清算人。

2. 清算人职责

清算人在清算期间执行下列事务:(1)清理合伙企业财产,分别编制资产负债表和财产清单;(2)处理与清算有关的合伙企业未了结事务;(3)清缴所欠税款;(4)清理债权、债务;(5)处理合伙企业清偿债务后的剩余财产;(6)代表合伙企业参加诉讼或者仲裁活动。

3. 通知和公告债权人

清算人自被确定之日起 10 日内将合伙企业解散事项通知债权人,并于 60 日内在报纸上公告。债权人应当自接到通知书之日起 30 日内,未接到通知书的自公告之日起 45 日内,向清算人申报债权。债权人申报债务，应当说明债权的有关事项并提供证明材料。清算人应当对债权进行登记。清算期间，合伙企业存续，但不得开展与清算无关的经营活动。

4. 财产清偿顺序

合伙企业财产在支付清算费用和职工工资、社会保险费用、法定补偿金以及缴纳所欠税款、清偿债务后的剩余财产，依照《合伙企业法》关于利润分配和亏损分担的规定进行分配，即按照合伙协议的约定办理；合伙协议未约定或者约定不明确的，由合伙人协商决定；协商不成的，由合伙人按照实缴出资比例分配；无法确定出资比例的，由合伙人平均分配。

5. 注销登记

清算结束，清算人应当编制清算报告，经全体合伙人签名、盖章后，在 15 日内向企业登记机关报送清算报告，申请办理合伙企业注销登记。经企业登记机关注销登记，合伙企业终止。合伙企业注销后，原普通合伙人对合伙企业存续期间的债务仍应承担无限连带责任。

6. 合伙企业不能清偿到期债务的处理

合伙企业不能清偿到期债务的，债权人可以依法向人民法院提出破产清算申请，也可以要求普通合伙人清偿。合伙企业依法被宣告破产的，普通合伙人对合伙企业债务仍应承担无限连带责任。

五、违反《合伙企业法》的法律责任

(一)合伙人违法行为应承担的法律责任

(1)违反《合伙企业法》规定，提交虚假文件或者采取其他欺骗手段，取得合伙企业登记的，由企业登记机关责令改正，处以 5 000 元以上 5 万元以下的罚款；情节严重的，撤销企业登记，并处以 5 万元以上 20 万元以下的罚款。

(2)违反《合伙企业法》规定，合伙企业未在其名称中标明“普通合伙”、“特殊普通合伙”或者“有限合伙”字样的，由企业登记机关责令限期改正，处以 2 000 元以上 1 万元以下的罚款。

(3)违反《合伙企业法》规定，未领取营业执照，而以合伙企业或者合伙企业分支机构名义从事合伙业务的，由企业登记机关责令停止，处以 5 000 元以上 5 万元以下的罚款。

(4)合伙企业登记事项发生变更时，未依照规定办理变更登记的，由企业登记机关责令限期改正；逾期不登记的，处以 2 000 元以上 2 万元以下的罚款。合伙企业登记事项发生变更，执行合伙事务的合伙人未按期申请办理变更登记的，应当赔偿由此给合伙企业、其他合伙人或者善意第三人造成的损失。

(5)合伙人执行合伙事务，或者合伙企业从业人员利用职务上的便利，将应当归合伙企业的利益据为己有的，或者采取其他手段侵占合伙企业财产的，应当将该利益和财产退还合伙企业；给合伙企业或者其他合伙人造成损失的，依法承担赔偿责任。

(6)合伙人对《合伙企业法》规定或者合伙协议约定必须经全体合伙人一致同意方可执行的事务擅自处理，给合伙企业或者其他合伙人造成损失的，依法承担赔偿责任。

(7)不具有事务执行权的合伙人擅自执行合伙事务，给合伙企业或者其他合伙人造成损失的，依法承担赔偿责任。

(8)合伙人违反《合伙企业法》规定或者合伙协议的约定，从事与本合伙企业相竞争的业务或者与本合伙企业进行交易的，该收益归合伙企业所有；给合伙企业或者其他合伙人造成损失的，依法承担赔偿责任。

(9)合伙人违反合伙协议的，应当依法承担违约责任。合伙人履行合伙协议发生争议的，合伙人可以通过协商或者调解解决;不愿通过协商、调解解决或者协商、调解不成的,可以按照合伙协议约定的仲裁条款或者事后达成的书面仲裁协议,向仲裁机构申请仲裁;合伙协议中未订立仲裁条款,事后又没有达成书面仲裁协议的,可以向人民法院起诉。

(二)合伙企业清算人违法行为应承担的法律责任

(1)清算人未按照《合伙企业法》规定向企业登记机关报送清算报告,或者报送清算报告隐瞒重要事实,或者有重大遗漏的,由企业登记机关责令改正。由此产生的费用和损失,由清算人承担和赔偿。

(2)清算人执行清算事务,牟取非法收入或者侵占合伙企业财产的,应当将该收入和侵占的财产退还合伙企业;给合伙企业或者其他合伙人造成损失的,依法承担赔偿责任。

(3)清算人违反《合伙企业法》规定,隐匿、转移合伙企业财产,对资产负债表或者财产清单作虚假记载,或者在未清偿债务前分配财产,损害债权人利益的,依法承担赔偿责任。

(三)其他法律责任

(1)有关行政管理机关的工作人员违反规定,滥用职权、徇私舞弊、收受贿赂、侵害合伙企业合法权益的,依法给予行政处分。

(2)违反《合伙企业法》的规定,构成犯罪的,依法追究刑事责任。

(3)违反《合伙企业法》的规定,应当承担民事赔偿责任和缴纳罚款、罚金,其财产不足以同时支付的,先承担民事赔偿责任。

复习思考题

1. 什么是个人独资企业?个人独资企业有哪些法律特征?
2. 个人独资企业的设立应具备哪些条件?
3. 什么是普通合伙企业?普通合伙企业应具备哪些条件?
4. 什么是有限合伙企业?有限合伙企业的设立有哪些特别规定?
5. 普通合伙企业的合伙人财产份额的转让有哪些限制性规定?
6. 有限合伙人财产份额出质与转让有哪些规定?

案例分析

1. 2005年1月15日,甲出资5万元设立A个人独资企业(本题下称“A企业”)。甲聘请乙管理企业事务,同时规定,凡乙对外签订标的额超过1万元以上的合同,须经甲同意。2012年2月10日,乙未经甲同意,以A企业名义向善意第三人丙购入价值2万元的货物。2013年12月4日,A企业亏损严重,不能支付到期的丁的债务,甲决定解散该企业,并请求人民法院指定清算人。12月10日,人民法院指定戊作为清算人对A企业进行清算。经查,A企业和甲的资产及债权债务情况如下:(1)A企业欠缴税款2 000元,欠乙工资5 000元,欠社会保险费用5 000元,欠丁10万元;(2)A企业的银行存款1万元,实物折价8万元;(3)甲在B合伙企业出资6万元,占50%的出资额,B合伙企业每年可向合伙人分配利润;(4)甲个人其他可执行的财产价值2万元。

要求:根据上述事实及有关法律规定,回答下列问题:

(1)乙于2012年2月10日以A企业名义向丙购买价值2万元货物的行为是否有效?并说明理由。

(2)试述A企业的财产清偿顺序。

(3)如何满足丁的债权请求?

2. 自然人甲和乙、某高校丙、某有限公司丁四方协议,共同投资设立了A有限合伙企业(以下简称A企业）。合伙协议约定：甲、乙为普通合伙人，分别出资10万元；丙、丁为有限合伙人，分别出资15万元；甲执行合伙企业事务，对外代表A企业。2016年，A企业发生下列事实：

2月，甲以A企业的名义与B公司签订了一份12万元的买卖合同。乙获知后，认为该买卖合同损害了A企业的利益，且甲的行为违反了A企业内部规定的甲无权单独与第三人签订超过10万元合同的限制，遂要求各合伙人作出决议，撤销甲代表A企业签订合同的资格。

8月，丁退伙，并从A企业取得退伙结算财产12万元。

9月，A企业吸收庚作为普通合伙人入伙，庚出资8万元。

10月，A企业的债权人C公司要求A企业偿还6月份所欠款项50万元。

11月，丙因所设个人独资企业发生严重亏损不能清偿D公司到期债务，D公司申请人民法院强制执行丙在A企业中的财产份额用于清偿其债务。人民法院强制执行丙在A企业中的全部财产份额后，甲、乙、庚决定A企业以现有企业组织形式继续经营。

经查：A企业内部约定，甲无权单独与第三人签订超过10万元的合同，B公司与A企业签订买卖合同时，不知A企业该内部约定。

要求：根据上述材料，分别回答下列问题：

(1)甲以A企业的名义与B公司签订的买卖合同是否有效？并说明理由。

(2)如果A企业的全部财产不足清偿C公司的债务，对不足清偿的部分，哪些合伙人应当承担清偿责任？如何承担清偿责任？

(3)人民法院强制执行丙在A企业中的全部财产份额后，甲、乙、庚决定A企业以现有企业组织形式继续经营是否合法？并说明理由。

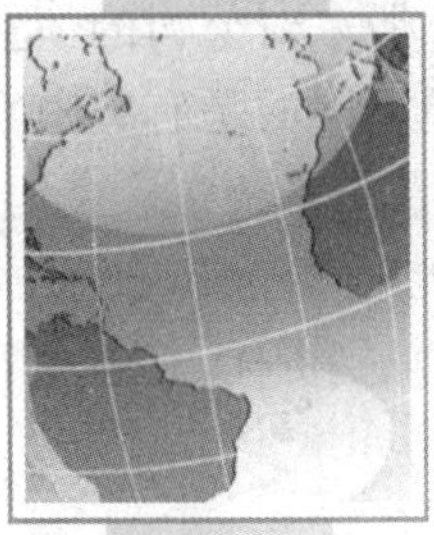

第三章
公司法律制度

第一节　公司法概述

一、公司的概念和分类

(一)公司的概念

由于各国立法对公司规定不同,加之不同类型的公司法律特征有一定区别,因此公司的概念并不统一。根据我国《公司法》的有关规定,公司是指依照《公司法》设立的、以营利为目的的企业法人。根据这个概念,公司具有如下特征：

1. 依照《公司法》设立

公司必须按照《公司法》规定的法定条件、法定程序设立。一方面,要求公司的章程、资本、组织机构、活动原则等必须合法;另一方面,要求公司设立必须经过法定程序,进行工商登记。公司通常依照《公司法》设立,但还必须依照公司登记管理法定程序设立,特殊公司的设立还必须符合《商业银行法》、《保险法》、《证券法》等法律的规定。

2. 以营利为目的

以营利为目的,是指公司设立以经营并获取利润为目的,且股东出资设立公司的目的也是为了营利,即从公司经营中取得利润。因此,营利目的不仅要求公司本身为营利而活动,而且要求公司有利润时应当分配给股东。对于某些法人团体,其在业务活动中虽然也可能取得一定的收入盈余,但如果其不以营利为目的,则不是公司。

3. 是企业法人

公司是企业法人,应当符合《民法通则》规定的法人条件,主要是有独立的法人财产和独立承担民事责任。《公司法》规定的有限责任公司和股份有限公司都是企业法人,有独立的法人财产,享有法人财产权,公司股东以其认缴的出资额或者认购的股份为限对公司承担有限责任,公司要以全部财产对公司的债务承担责任。

(二)公司的分类

按照法律的规定及学理的解释不同,可以对公司作出以下分类：

1. 以公司资本结构和股东对公司债务承担责任的方式为标准

(1)有限责任公司。又称有限公司,是指股东以其认缴的出资额为限对公司承担责任、公司以其全部财产对公司的债务承担责任的公司。

(2)股份有限公司。又称股份公司,是指将公司全部资本分为等额股份,股东以其认购的股份为限对公司承担责任、公司以其全部财产对公司的债务承担责任的公司。

(3)无限责任公司。又称无限公司,是指由两个以上的股东组成、全体股东对公司的债务承担无限连带责任的公司。无限公司与合伙具有基本相同的法律属性,但不同的是有些国家规定无限公司具有法人资格。

(4)两合公司。是指由负无限责任的股东和负有限责任的股东组成,无限责任股东对公司债务负无限连带责任,有限责任股东仅就其认缴的出资额为限对公司债务承担责任,其中无限责任股东是公司经营管理者,有限责任股东则是不参与经营管理的出资者。

我国《公司法》规定的公司形式仅为有限责任公司和股份有限公司。

2. 以公司的信用基础为标准

(1)资合公司。是指以资本的结合作为信用基础的公司,其典型的形式为股份有限公司。此类公司仅以资本的实力取信于人,股东个人是否有财产、能力或者信誉与公司无关。股东对公司债务以出资额为限承担有限的责任,共同设立公司原则上不以相互信任为前提。

(2)人合公司。是指以股东个人的财力、能力和信誉作为信用基础的公司,其典型的形式为无限公司。人合公司的财产及责任与股东的财产及责任没有完全分离,其不以自身资本为信用基础,法律上也不规定设立公司的最低资本额,股东可以用劳务、信用和其他权利出资,企业的所有权和经营权一般也不分离。

(3)资合兼人合的公司。是指同时以公司资本和股东个人信用作为信用基础的公司,其典型的形式为两合公司。

3. 以公司组织关系为标准

(1)母公司和子公司。在不同公司之间基于股权而存在控制与依附关系时,因持有其他公司股权而处于控制地位的是母公司,因其股权被持有而处于依附地位的则是子公司。母、子公司之间虽然存在控制与被控制的组织关系,但它们都具有法人资格,在法律上是彼此独立的企业。我国《公司法》规定,公司可以设立子公司,子公司具有法人资格,依法独立承担民事责任。

(2)总公司与分公司。分公司是公司依法设立的以公司名义进行经营活动,且其法律后果由本公司承担的分支机构。相对分公司而言,公司称为总公司或本公司。分公司没有独立的公司名称、章程,没有独立的财产,不具有法人资格,但可领取营业执照并进行经营活动,其民事责任由总公司承担。我国《公司法》规定,公司可以设立分公司,分公司不具有法人资格,其民事责任由公司承担。

二、公司法的概念与调整范围

公司法是规定公司法律地位,调整公司组织关系,规范公司在设立、变更与终止过程中的组织行为的法律规范的总称。公司法的概念有广义和狭义之分。狭义的公司法,仅指《公司法》这一形式意义上的规范性文件;广义的公司法,则是调整公司组织关系、规范公司行为的法律规范的总称,其表现形式不仅包括《公司法》,还包括《公司登记管理条例》等。

我国《公司法》由第八届全国人大常委会第5次会议于1993年12月29日通过,自1994年7月1日起施行。全国人大常委会于1999年、2004年对《公司法》进行了两次小的修改,2005年10月27日第十届全国人大常委会第18次会议对《公司法》进行了较大规模的修订并自2006年1月1日起施行。现行的《公司法》于2013年12月28日第十二届全国人民代表大会常务委员会第6次会议通过修订,并于2014年3月1日起施行。

三、公司的登记管理

公司登记是国家赋予公司法人资格与企业经营资格，并对公司的设立、变更、注销加以规范、公示的法律行为。公司登记分为设立登记、变更登记、注销登记。

(一)设立登记

《公司法》规定，设立公司，应当依法向公司登记机关申请设立登记。符合本法规定的设立条件的，由公司登记机关分别登记为有限责任公司或者股份有限公司；不符合本法规定的设立条件的，不得登记为有限责任公司或者股份有限公司。法律、行政法规规定设立公司必须报经批准的，应当在公司登记前依法办理批准手续。

依法设立的公司，由公司登记机关发给公司营业执照。公司营业执照签发日期为公司成立日期。公司营业执照应当载明公司的名称、住所、注册资本、经营范围、法定代表人姓名等事项。公司可以设立分公司。设立分公司，应当向公司登记机关申请登记，领取营业执照。

1. 公司名称

名称是公司法律人格的文字符号，是区别其他公司、企业的识别标志。公司名称应当符合国家有关规定，并且只能使用一个名称。有限责任公司必须在公司名称中标明“有限责任公司”或者“有限公司”的字样；股份有限公司必须在公司名称中标明“股份有限公司”或者“股份公司”的字样。经公司登记机关核准登记的公司名称受法律保护。

2. 公司住所

住所是公司进行经营活动的场所，同时也是发生纠纷时确定诉讼及行政管辖的依据，是向公司送达文件的法定地址。公司的住所是公司主要办事机构所在地。经公司登记机关登记的公司住所只能有一个。公司的住所应当在其公司登记机关辖区内。

3. 法定代表人

公司的法定代表人依照公司章程的规定，由董事长、执行董事或者经理担任，并依法登记。

4. 经营范围

经营范围是股东选择的公司生产和经营的商品类别、品种及服务项目。经营范围由公司章程规定，并应依法登记。公司的经营范围中属于法律、行政法规规定须经批准的项目，应当依法经过批准。

5. 股东出资

股东出资应当符合《公司法》的规定。股东以货币、实物、知识产权、土地使用权以外的其他财产出资的，其登记办法由国家工商行政管理总局会同国务院有关部门规定。股东不得以劳务、信用、自然人姓名、商誉、特许经营权或者设定担保的财产等作价出资。公司的注册资本应当以人民币表示，法律、行政法规另有规定的除外。

(二)变更登记

公司营业执照记载的事项发生变更的，公司应当依法办理变更登记，由公司登记机关换发营业执照。公司可以修改公司章程、改变经营范围，但是应当办理变更登记。公司法定代表人变更，应当办理变更登记。

(三)注销登记

公司终止时，公司清算组应当向原办理设立登记的工商行政管理机关申请注销登记，经公司登记机关注销登记，公司终止。

四、公司董事、监事、高级管理人员的资格和义务

(一)公司董事、监事、高级管理人员的资格

有下列情形之一的,不得担任公司的董事、监事、高级管理人员:

(1)无民事行为能力或者限制民事行为能力;

(2)因贪污、贿赂、侵占财产、挪用财产或者破坏社会主义市场经济秩序,被判处刑罚,执行期满未逾五年,或者因犯罪被剥夺政治权利,执行期满未逾五年;

(3)担任破产清算的公司、企业的董事或者厂长、经理,对该公司、企业的破产负有个人责任的,自该公司、企业破产清算完结之日起未逾三年;

(4)担任因违法被吊销营业执照、责令关闭的公司、企业的法定代表人,并负有个人责任的,自该公司、企业被吊销营业执照之日起未逾三年;

(5)个人所负数额较大的债务到期未清偿。

公司违反前款规定选举、委派董事、监事或者聘任高级管理人员的,该选举、委派或者聘任无效。

董事、监事、高级管理人员在任职期间出现上述所列情形的,公司应当解除其职务。

(二)公司董事、监事、高级管理人员的义务

1. 忠实义务和勤勉义务

董事、监事、高级管理人员应当遵守法律、行政法规和公司章程,对公司负有忠实义务和勤勉义务。董事、监事、高级管理人员不得利用职权收受贿赂或者其他非法收入,不得侵占公司的财产。

董事、高级管理人员不得有下列行为:挪用公司资金;将公司资金以其个人名义或者以其他个人名义开立账户存储;违反公司章程的规定,未经股东会、股东大会或者董事会同意,将公司资金借贷给他人或者以公司财产为他人提供担保;违反公司章程的规定或者未经股东会、股东大会同意,与本公司订立合同或者进行交易;未经股东会或者股东大会同意,利用职务便利为自己或者他人谋取属于公司的商业机会,自营或者为他人经营与所任职公司同类的业务;接受他人与公司交易的佣金归为己有;擅自披露公司秘密;违反对公司忠实义务的其他行为。

董事、高级管理人员违反前款规定所得的收入应当归公司所有,给公司造成损失的,应当承担赔偿责任。

2. 接受质询的义务

股东会或者股东大会要求董事、监事、高级管理人员列席会议的,董事、监事、高级管理人员应当列席并接受股东的质询。董事、高级管理人员应当如实向监事会或者不设监事会的有限责任公司的监事提供有关情况和资料,不得妨碍监事会或者监事行使职权。

3. 应诉的义务

董事、高级管理人员违反法律、行政法规或者公司章程的规定,损害股东利益的,股东可以向人民法院提起诉讼。

五、公司债券

(一)公司债券的概念

公司债券是指公司依照法定程序发行、约定在一定期限还本付息的有价证券。

(二)公司债券的种类

依照不同的标准,对公司债券可作以下分类:

1. 记名公司债券和无记名公司债券

记名公司债券是指在公司债券上记载债权人姓名或者名称的债券;无记名公司债券是指在公司债券上不记载债权人姓名或者名称的债券。

2. 可转换公司债券和不可转换公司债券

可转换公司债券是指可以转换为公司股票的公司债券。这种公司债券在发行时规定了转换为公司股票的条件与办法。当条件具备时,债券持有人拥有将公司债券转换为公司股票的选择权。不可转换公司债券是指不能转换为公司股票的公司债券。凡在发行债券时未作出转换约定的,均为不可转换公司债券。

(三)公司债券发行的条件

公司发行公司债券应当符合《证券法》规定的发行条件。《证券法》规定,公开发行公司债券,应当符合下列条件:

(1)股份有限公司的净资产不低于人民币 3 000 万元,有限责任公司的净资产不低于人民币 6 000 万元;

(2)累计债券余额不超过公司净资产的 40%;

(3)最近 3 年平均可分配利润足以支付公司债券 1 年的利息;

(4)筹集的资金投向符合国家产业政策;

(5)债券的利率不超过国务院限定的利率水平;

(6)国务院规定的其他条件。

公开发行公司债券筹集的资金,必须用于核准的用途,不得用于弥补亏损和非生产性支出。

上市公司发行可转换为股票的公司债券,除应当符合上述规定的条件外,还应当符合《证券法》关于公开发行股票的条件,并报国务院证券监督管理机构核准。

(四)公司债券发行的程序

1. 由公司的权力机关作出决议

有限责任公司、股份有限公司发行公司债券,由公司董事会制订方案,公司股东会、股东大会作出决议。国有独资公司发行公司债券,由国家授权投资的机构或者国家授权的部门作出决定。

2. 报有关部门或者机构批准

申请公开发行公司债券,应当向国务院授权的部门或者国务院证券监督管理机构报送下列文件:(1)公司营业执照;(2)公司章程;(3)公司债券募集办法;(4)资产评估报告和验资报告;(5)国务院授权的部门或者国务院证券监督管理机构规定的其他文件。依照规定聘请保荐人的,还应当报送保荐人出具的发行保荐书。上市公司发行可转换为股票的公司债券,应当报国务院证券监督管理机构核准。

国务院授权的部门或者国务院证券监督管理机构应当自受理公司债券发行申请文件之日起 3 个月内,依照法定条件和法定程序作出予以核准或者不予核准的决定。不予核准的,应当说明理由。

3. 公告公司债券募集办法

发行公司债券的申请经国务院授权的部门核准后,应当公告公司债券募集办法。公司债券募集办法中应当载明下列主要事项：(1)公司名称；(2)债券募集资金的用途；(3)债券总额和债券的票面金额；(4)债券利率的确定方式；(5)还本付息的期限和方式；(6)债券担保情况；(7)债券的发行价格、发行的起止日期；(8)公司净资产额；(9)已发行的尚未到期的公司债券总额；(10)公司债券的承销机构。

公司以实物券方式发行公司债券的，必须在债券上载明公司名称、债券票面金额、利率、偿还期限等事项，并由法定代表人签名，公司盖章。

4．置备公司债券存根簿

公司债券可以为记名债券，也可以为无记名债券。公司发行公司债券应当置备公司债券存根簿。

发行记名公司债券的，应当在公司债券存根簿上载明下列事项：(1)债券持有人的姓名或者名称及住所；(2)债券持有人取得债券的日期及债券的编号；(3)债券总额，债券的票面金额、利率，还本付息的期限和方式；(4)债券的发行日期。

发行无记名公司债券的，应当在公司债券存根簿上载明债券总额、利率、偿还期限和方式、发行日期及债券的编号。

发行可转换为股票的公司债券的，应当在债券上标明“可转换公司债券”字样，并在公司债券存根簿上载明可转换公司债券的数额。

（五）公司债券的转让

《公司法》规定，公司债券可以转让，转让价格由转让人与受让人约定。公司债券在证券交易所上市交易的，按照证券交易所的交易规则转让。

根据公司债券种类的不同，公司债券的转让有不同的方式。记名公司债券由债券持有人以背书方式或者法律、行政法规规定的其他方式转让；转让后由公司将受让人的姓名或者名称及住所记载于公司债券存根簿，以备公司存查。无记名公司债券的转让，由债券持有人将该债券交付给受让人后即发生转让的效力。受让人一经持有该债券，即成为公司的债权人。

发行可转换为股票的公司债券的，公司应当按照其转换办法向债券持有人换发股票，但债券持有人对转换股票或者不转换股票有选择权。

六、公司财务、会计

（一）公司财务

公司应当依照法律、行政法规和国务院财政部门的规定建立本公司的财务、会计制度，并在每一会计年度终了时编制财务会计报告，依法经会计师事务所审计。公司除法定的会计账簿外，不得另立会计账簿。对公司资产，不得以任何个人名义开立账户存储。

有限责任公司应当按照公司章程规定的期限将财务会计报告送交各股东。股份有限公司的财务会计报告应当在召开股东大会年会的20日前置备于本公司，供股东查阅；公开发行股票的股份有限公司必须公告其财务会计报告。

（二）公司公积金

公积金是公司在资本之外所保留的资金金额，又称为附加资本或准备金。公司为增强自身财力，扩大营业范围和预防意外亏损，从利润中提取一定的资金，以用于扩大资本，或弥补亏损。提取公积金制度是国家规定的一项强制性制度，各国公司法一般都有规定。

1．公积金的种类

公积金分为盈余公积金和资本公积金两类。

(1)盈余公积金。盈余公积金是从公司税后利润中提取的公积金,分为法定公积金和任意公积金两种。

法定公积金按照公司税后利润的10%提取,当公司法定公积金累计额为公司注册资本的50%以上时可以不再提取。公司的法定公积金不足以弥补以前年度亏损的,在依照规定提取法定公积金之前,应当先用当年利润弥补亏损。任意公积金按照公司股东会或者股东大会决议,从公司税后利润中提取。

(2)资本公积金。资本公积金是直接由资本原因等形成的公积金,股份有限公司以超过股票票面金额的发行价格发行股份所得的溢价款,以及国务院财政部门规定列入资本公积金的其他收入,应当列为公司资本公积金。

2. 公积金的用途

公司的公积金应当按照规定的用途使用。公司的公积金主要有以下用途:

(1)弥补公司亏损。公司的亏损按照国家税法规定可以用缴纳所得税前的利润弥补,超过用所得税前利润弥补期限仍未补足的亏损,可以用公司税后利润弥补;发生特大亏损,税后利润仍不足弥补的,可以用公司的公积金弥补。但是,资本公积金不得用于弥补公司的亏损。

(2)扩大公司生产经营。公司可以根据生产经营的需要,用公司的公积金来扩大公司的生产经营规模,增强公司实力。

(3)转增公司资本。公司为了实现增加资本的目的,可以将公积金的一部分转为资本。对用任意公积金转增资本的,法律没有限制;但《公司法》规定,法定公积金转为资本时,所留存的该项公积金不得少于转增前公司注册资本的25%。

(三)公司利润分配

公司利润,按照会计概念,是指公司在一个会计年度期间生产经营收入及其他收入扣除成本、费用等后的余额。

根据我国《公司法》及《税法》等相关法律的规定,公司应当按照如下顺序进行利润分配:

(1)弥补以前年度的亏损,但不得超过税法规定的弥补期限。

(2)缴纳所得税。即公司应依据我国《企业所得税法》规定缴纳企业所得税。

(3)弥补在税前利润弥补亏损之后仍存在的亏损。

(4)提取法定公积金。

(5)提取任意公积金。

(6)向股东分配利润。

公司弥补亏损和提取公积金后所余税后利润,有限责任公司按照股东实缴的出资比例分配,但全体股东约定不按照出资比例分配的除外;股份有限公司按照股东持有的股份分配,但股份有限公司章程规定不按持股比例分配的除外。

公司股东会、股东大会或者董事会违反规定,在公司弥补亏损和提取法定公积金之前向股东分配利润的,股东必须将违反规定分配的利润退还公司。公司持有的本公司股份不得分配利润。

七、公司合并与分立

(一)公司合并

公司合并是指两个以上的公司依照法定程序变为一个公司的行为。其形式有两种:一是吸收合并;二是新设合并。吸收合并是指一个公司吸收其他公司加入本公司,被吸收的公司解散。新设合并是指两个以上公司合并设立一个新的公司,合并各方解散。

公司合并应遵循以下程序:

(1)签订合并协议。公司合并,应当由合并各方签订合并协议。合并协议应当包括:合并后存续公司或新设公司的名称、住所;合并各方的债权债务处理办法;合并各方的资产状况及其处理办法等其他事项。

(2)编制资产负债表及财产清单。

(3)作出合并决议。签订合并协议并编制资产负债表及财产清单后,应当就公司合并的有关事项作出合并决议。有限责任公司的股东会在对公司合并作出决议时,必须经代表 2/3 以上表决权的股东通过;股份有限公司的股东大会在对公司合并作出决议时,必须经出席会议的股东所持表决权的 2/3 以上通过。国有独资公司的合并协议,由国有资产监督管理机构决定。重要的国有独资公司的合并,应当由国有资产监督管理机构审核后,报本级人民政府批准。

(4)通知债权人。公司应当自作出合并决议之日起 10 日内通知债权人,并于 30 日内在报纸上公告。债权人自接到通知书之日起 30 日内,未接到通知书的自公告之日起 45 日内,可以要求公司清偿债务或者提供相应的担保。

(5)依法进行登记。公司合并后,登记事项发生变更的,应当依法向公司登记机关办理变更登记;公司解散的,应当依法办理公司注销登记;设立新公司的,应当依法办理公司设立登记。

公司合并时,合并各方的债权、债务应当由合并后存续的公司或者新设的公司承继。

(二)公司分立

公司分立是指一个公司依法分为两个以上的公司。《公司法》未明确规定公司分立的形式,一般有两种:一是派生分立,即公司以其部分财产和业务另设一个新的公司,原公司存续;二是新设分立,即公司以其全部财产设立两个以上的新公司,原公司解散。

公司分立的程序与公司合并的程序基本一样,要签订分立协议、编制资产负债表及财产清单、作出分立决议、通知债权人、办理工商登记等。

公司分立前的债务由分立后的公司承担连带责任。但是,公司在分立前与债权人就债务清偿达成的书面协议另有约定的除外。

八、公司解散和清算

(一)公司解散的原因

根据《公司法》的规定,公司解散的原因有以下情形:(1)公司章程规定的营业期限届满或者公司章程规定的其他解散事由出现;(2)股东会或者股东大会决议解散;(3)因公司合并或者分立需要解散;(4)依法被吊销营业执照、责令关闭或者被撤销;(5)人民法院依法予以解散。

公司有上述第(1)项情形的,可以通过修改公司章程而存续。公司依照规定修改公司章程的,有限责任公司须经持有 2/3 以上表决权的股东通过,股份有限公司须经出席股东大会会议的股东所持表决权的 2/3 以上通过。

《公司法》规定,公司经营管理发生严重困难,继续存续会使股东利益受到重大损失,通过其他途径不能解决的,持有公司全部股东表决权 10%以上的股东,可以请求人民法院解散公司。

公司被依法宣告破产的,依照有关企业破产的法律制度实施破产清算。

(二)公司解散时的清算

1. 成立清算组

公司解散时,应当依法进行清算。根据《公司法》的规定,公司应当在解散事由出现之日起15日内成立清算组。有限责任公司的清算组由股东组成,股份有限公司的清算组由董事或者股东大会确定的人员组成。人民法院受理公司清算案件,应当及时指定有关人员组成清算组。逾期不成立清算组进行清算的,债权人可以申请人民法院指定清算组进行清算。债权人未提起清算申请,公司股东申请人民法院指定清算组对公司进行清算的,人民法院应予受理。

2. 清算组的职权

根据《公司法》的规定,清算组在清算期间行使下列职权:(1)清理公司财产,分别编制资产负债表和财产清单;(2)通知、公告债权人;(3)处理与清算有关的公司未了结的业务;(4)清缴所欠税款以及清算过程中产生的税款;(5)清理债权、债务;(6)处理公司清偿债务后的剩余财产;(7)代表公司参与民事诉讼活动。

清算组在公司清算期间代表公司进行一系列民事活动,全权处理公司经济事务和民事诉讼活动。根据《公司法》的规定,清算组成员应当忠于职守,依法履行清算义务。清算组成员不得利用职权收受贿赂或者其他非法收入,不得侵占公司财产。清算组成员因故意或者重大过失给公司或者债权人造成损失的,应当承担赔偿责任。

3. 清算工作程序

清算工作程序一般如下:

(1)登记债权

清算组应当自成立之日起10日内通知债权人,并于60日内在报纸上公告。债权人应当自接到通知书之日起30日内,未接到通知书的自公告之日起45日内,向清算组申报其债权。债权人在规定的期限内未申报债权,在公司清算程序终结前补充申报的,清算组应予登记。债权人补充申报的债权,可以在公司尚未分配财产中依法清偿。公司清算程序终结,是指清算报告经股东会、股东大会或者人民法院确认完毕。

清算组未按照前款规定履行通知和公告义务,导致债权人未及时申报债权而未获清偿,清算组成员对因此造成的损失承担赔偿责任。

债权人申报债权,应当说明债权的有关事项,并提供证明材料。清算组应当对债权进行登记。在申报债权期间,清算组不得对债权人进行清偿。

(2)清理公司财产,制订清算方案

清算组应当对公司财产进行清理,编制资产负债表和财产清单,制订清算方案。清算方案应当报股东会、股东大会或者人民法院确认。清算组执行未经确认的清算方案给公司或者债权人造成损失的,公司、股东或者债权人有权要求清算组人员承担赔偿责任。

公司解散时,股东尚未缴纳的出资均应作为清算财产。股东尚未缴纳的出资,包括到期应缴未缴的出资,以及依照《公司法》第二十六条和第八十条的规定分期缴纳尚未届满缴纳期限的出资。

清算组在清理公司财产、编制资产负债表和财产清单后,发现公司财产不足以清偿债务的,应当依法向人民法院申请宣告破产。人民法院指定的清算组在清理公司财产、编制资产负债表和财务清单时,发现公司财产不足以清偿债务的,可以与债权人协商制作有关债务清偿方案。债务清偿方案经全体债权人确认且不损害其他利害关系人利益的,人民法院可依清算组的申请裁定予以认可。

(3)清偿债务

公司财产在分别支付清算费用、职工的工资、社会保险费用和法定补偿金,缴纳所欠税款,清偿公司债务后的剩余财产,有限责任公司按照股东的出资比例分配,股份有限公司按照股东持有的股份比例分配。清算期间,公司存续,但不得开展与清算无关的经营活动。公司财产在未按上述规定清偿前,不得分配给股东。

(4)公告公司终止

公司清算结束后,清算组应当制作清算报告,报股东会、股东大会或者人民法院确认,并报送公司登记机关,申请注销公司登记,公告公司终止。

公司未经清算即办理注销登记,导致公司无法进行清算,债权人有权要求有限责任公司的股东、股份有限公司的董事和控股股东,以及公司的实际控制人对公司债务承担清偿责任。

第二节　有限责任公司

在公司立法史上,有限责任公司是出现最晚的一种公司类型,自 1892 年德国首创,迅速推行,目前已经成为世界各国最普遍采用的公司组织形式。

一、有限责任公司的设立

(一)有限责任公司的设立条件

根据《公司法》的规定,设立有限责任公司,应当具备下列条件:

1. 股东符合法定人数

有限责任公司由 50 个以下股东出资设立。《公司法》对有限责任公司股东人数没有规定下限,即有限责任公司股东人数可以为 1 个或 50 个以下股东,既可以是自然人,也可以是法人。

2. 有符合公司章程规定的全体股东认缴的出资额

股东可以用货币出资,也可以用实物、知识产权、土地使用权等可用货币估价并可依法转让的非货币财产作价出资;但是,法律、行政法规规定不得作为出资的财产除外。

对作为出资的非货币财产应当评估作价,核实财产,不得高估或者低估作价。法律、行政法规对评估作价有规定的,从其规定。

3. 股东共同制定公司章程

公司章程是关于公司组织及其活动的基本规章。设立有限责任公司必须由股东共同依法制定公司章程,所有股东应当在公司章程上签名、盖章。公司章程对公司、股东、董事、监事、高级管理人员具有约束力。

根据《公司法》的规定,有限责任公司章程应当载明下列事项:公司名称和住所;公司经营范围;公司注册资本;股东的姓名或者名称;股东的出资方式、出资额和出资时间;公司的机构及其产生办法、职权、议事规则;公司法定代表人;股东会会议认为需要规定的其他事项。

4. 有公司名称,建立符合有限责任公司要求的组织机构

公司的名称是公司的标志。公司设立自己的名称时,必须符合法律、法规的规定,并应当经过公司登记管理机关进行预先核准登记。公司应当设立符合有限责任公司要求的组织机构,即股东会、董事会或者执行董事、监事会或者监事等。

5. 有公司住所

设立公司必须有住所;否则,不得设立。公司以其主要办事机构所在地为住所。

（二）有限责任公司的设立程序

1. 订立公司章程

股东设立有限责任公司，必须先订立公司章程，将要设立的公司基本情况以及各方面的权利与义务加以明确规定。

2. 股东缴纳出资

股东应当按期足额缴纳公司章程中规定的各自所认缴的出资额。股东以货币出资的，应当将货币出资足额存入有限责任公司在银行开设的账户；以非货币财产出资的，应当依法办理其财产权的转移手续。股东不按照前款规定缴纳出资的，除应当向公司足额缴纳外，还应当向已按期足额缴纳出资的股东承担违约责任。

3. 申请设立登记

股东认足公司章程规定的出资后，全体股东指定的代表或者共同委托的代理人向公司登记机关申请设立登记。公司经核准登记后，领取公司营业执照，公司企业法人营业执照签发日期为公司成立日期。

有限责任公司成立后，发现作为设立公司出资的非货币财产的实际价额显著低于公司章程所定价额的，应当由交付该出资的股东补足其差额，公司设立时的其他股东承担连带责任。

有限责任公司成立后，应当向股东签发出资证明书。出资证明书是确认股东出资的凭证，应当载明下列事项：(1)公司名称；(2)公司成立日期；(3)公司注册资本；(4)股东的姓名或者名称、缴纳的出资额和出资日期；(5)出资证明书的编号和核发日期，出资证明书由公司盖章。

有限责任公司应当置备股东名册。股东名册是公司为记载股东情况及其资本事项而设置的簿册。记载于股东名册的股东，可以依股东名册主张行使股东权利。公司应当将股东的姓名或者名称向公司登记机关登记，登记事项发生变更的，应当办理变更登记。未经登记或者变更登记的，不得对抗第三人。

二、有限责任公司的组织机构

（一）股东会

1. 股东会的形式

有限责任公司股东会由全体股东组成。股东会会议分为定期会议和临时会议。定期会议应当按照公司章程的规定按时召开。代表 1/10 以上表决权的股东、1/3 以上的董事、监事会或者不设监事会的公司的监事提议召开临时会议的，应当召开临时会议。

2. 股东会的职权

股东会是公司的权力机构，依法行使下列职权：(1)决定公司的经营方针和投资计划；(2)选举和更换非由职工代表担任的董事、监事，决定有关董事、监事的报酬事项；(3)审议批准董事会的报告；(4)审议批准监事会或者监事的报告；(5)审议批准公司的年度财务预算方案、决算方案；(6)审议批准公司的利润分配方案和弥补亏损方案；(7)对公司增加或者减少注册资本作出决议；(8)对发行公司债券作出决议；(9)对公司合并、分立、变更公司形式、解散和清算等事项作出决议；(10)修改公司章程；(11)公司章程规定的其他职权。对前款所列事项股东以书面形式一致表示同意的，可以不召开股东会会议，直接作出决定，并由全体股东在决定文件上签名、盖章。

3. 股东会的召开

首次股东会会议由出资最多的股东召集和主持，依法行使职权。以后的股东会会议，公司设立董事会的，由董事会召集、董事长主持；董事长不能履行职务或者不履行职务的，由副董事长主持；副董事长不能履行职务或者不履行职务的，由半数以上董事共同推荐一名董事主持。公司不设董事会的，股东会会议由执行董事召集和主持。董事会或者执行董事不能履行或者不履行召集股东会会议职责的，由监事会或者不设监事会的公司的监事召集和主持；监事会或者监事不召集和主持的，代表1/10以上表决权的股东可以自行召集和主持。所谓不能履行职务，是指因生病、出差在外等客观上的原因导致其无法履行职务的情形。所谓不履行职务，是指不存在无法履行职务的客观原因，但以其他理由或者根本就没有理由而不履行职务的情形。

召开股东会会议，应当于会议召开15日前通知全体股东；但是，公司章程另有规定或者全体股东另有约定的除外。股东会应当对所议事项的决定作成会议记录，出席会议的股东应当在会议记录上签名。

4. 股东会的决议

股东会会议由股东按照出资比例行使表决权；但是，公司章程另有规定的除外。股东会的议事方式和表决程序，除《公司法》有规定的外，由公司章程规定。

股东会会议作出修改公司章程、增加或减少注册资本的决议，以及公司合并、分立、解散或者变更公司形式的决议，必须经代表2/3以上表决权的股东通过。

(二)董事会

董事会是公司股东会的执行机构，对股东会负责。

1. 董事会的组成

有限责任公司设董事会(依法不设董事会的除外)，其成员为3～13人。两个以上的国有企业或者其他两个以上的国有投资主体投资所设立的有限责任公司，其董事会成员中应当有公司职工代表；其他有限责任公司董事会成员中也可以有公司职工代表。董事会中的职工代表由公司职工通过职工代表大会、职工大会或者其他形式民主选举产生。

董事会设董事长1人，可以设副董事长。董事长、副董事长的产生办法由公司章程规定。

董事任期由公司章程规定，但每届任期不得超过3年。董事任期届满，连选可以连任。董事任期届满未及时改选，或者董事在任期内辞职导致董事会成员低于法定人数的，在改选出的董事就任前，原董事仍应当依照法律、行政法规和公司章程的规定，履行董事职务。

2. 董事会的职权

根据《公司法》的规定，董事会行使下列职权：(1)召集股东会会议，并向股东会报告工作；(2)执行股东会的决议；(3)决定公司的经营计划和投资方案；(4)制订公司的年度财务预算方案、决算方案；(5)制订公司的利润分配方案和弥补亏损方案；(6)制订公司增加或者减少注册资本以及发行公司债券的方案；(7)制订公司合并、分立、变更公司形式、解散的方案；(8)决定公司内部管理机构的设置；(9)决定聘任或者解聘公司经理及其报酬事项，并根据经理的提名决定聘任或者解聘公司副经理、财务负责人及其报酬事项；(10)制定公司的基本管理制度；(11)公司章程规定的其他职权。

3. 董事会的召开

董事会会议由董事长召集和主持；董事长不能履行职务或者不履行职务的，由副董事长召集和主持；副董事长不能履行职务或者不履行职务的，由半数以上董事共同推举一名董事召集和主持。

4. 董事会的决议

董事会的议事方式和表决程序，除《公司法》有规定的外，由公司章程规定。董事会应当对所议事项的决定作成会议记录，出席会议的董事应当在会议记录上签名。

董事会决议的表决，实行一人一票。

5. 执行董事

有限责任公司股东人数较少或者规模较小的，可以设 1 名执行董事，不设董事会。执行董事可以兼任公司经理。执行董事的职权由公司章程规定。

(三)经理

有限责任公司可以设经理，由董事会决定聘任或者解聘。

经理对董事会负责，行使下列职权：(1)主持公司的生产经营管理工作，组织实施董事会决议；(2)组织实施公司年度经营计划和投资方案；(3)拟订公司内部管理机构设置方案；(4)拟订公司的基本管理制度；(5)制定公司的具体规章；(6)提请聘任或者解聘公司副经理、财务负责人；(7)决定聘任或者解聘除应由董事会决定聘任或者解聘以外的负责管理人员；(8)董事会授予的其他职权。公司章程对经理职权另有规定的，从其规定。经理列席董事会会议。

(四)监事会

监事会是公司的监督机构。

1. 监事会的组成

有限责任公司设立监事会，其成员不得少于 3 人。股东人数较少或者规模较小的有限责任公司，可以设 1～2 名监事，不设立监事会。监事会应当包括股东代表和适当比例的公司职工代表，其中职工代表的比例不得低于 1/3，具体比例由公司章程规定。监事会中的职工代表由公司职工通过职工代表大会、职工大会或者其他形式民主选举产生。

监事会设主席 1 人，由全体监事过半数选举产生。监事会主席召集和主持监事会会议；监事会主席不能履行职务或者不履行职务的，由半数以上监事共同推举 1 名监事召集和主持监事会会议。董事、高级管理人员不得兼任监事。

监事的任期每届为 3 年。监事任期届满，连选可以连任。监事任期届满未及时改选，或者监事在任期内辞职导致监事会成员低于法定人数的，在改选出的监事就任前，原监事仍应当依照法律、行政法规和公司章程的规定，履行监事职务。

2. 监事会的职权

监事会、不设监事会的公司的监事行使下列职权：(1)检查公司财务；(2)对董事、高级管理人员执行公司职务的行为进行监督，对违反法律、行政法规、公司章程或者股东会决议的董事、高级管理人员提出罢免的建议；(3)当董事、高级管理人员的行为损害公司的利益时，要求董事、高级管理人员予以纠正；(4)提议召开临时股东会会议，在董事会不履行规定的召集和主持股东会会议职责时召集和主持股东会会议；(5)向股东会会议提出提案；(6)依照《公司法》的规定，对董事、高级管理人员提起诉讼；(7)公司章程规定的其他职权。

监事可以列席董事会会议，并对董事会决议事项提出质询或者建议。监事会、不设监事会的公司的监事发现公司经营情况异常，可以进行调查；必要时，可以聘请会计师事务所等协助其工作，费用由公司承担。

监事会、不设监事会的公司的监事行使职权所必需的费用，由公司承担。

3. 监事会的决议

监事会每年度至少召开 1 次会议，监事可以提议召开临时董事会会议。监事会的议事方式和表决程序，除《公司法》有规定的外，由公司章程规定。监事会决议应当经半数以上监事通过。监事会应当对所议事项的决定作成会议记录，出席会议的监事应当在会议记录上签名。

三、一人有限责任公司的特别规定

(一)一人有限责任公司的概念

一人有限责任公司,是指只有一个自然人股东或者一个法人股东的有限责任公司。

一人有限责任公司是独立的企业法人,具有完全的民事权利能力、民事行为能力和民事责任能力,是有限责任公司中的特殊类型。

(二)一人有限责任公司的特别规定

《公司法》规定,一人有限责任公司的设立和组织机构适用特别规定,没有特别规定的,适用有限责任公司的相关规定。这些特别规定具体包括以下几个方面:

(1)一个自然人只能投资设立一个一人有限责任公司,该一人有限责任公司不能投资设立新的一人有限责任公司。

(2)一人有限责任公司应当在公司登记中注明自然人独资或者法人独资,并在公司营业执照中载明。

(3)一人有限责任公司章程由股东制定。

(4)一人有限责任公司不设股东会。法律规定的股东会职权由股东行使,当股东行使相应职权作出决定时,应当采用书面形式,并由股东签字后置备于公司。

(5)一人有限责任公司应当在每一会计年度终了时编制财务会计报告,并经会计师事务所审计。

(6)一人有限责任公司的股东不能证明公司财产独立于股东自己财产的,应当对公司债务承担连带责任。

四、国有独资公司的特别规定

(一)国有独资公司的概念

国有独资公司是指国家单独出资、由国务院或者地方人民政府委托本级人民政府国有资产监督管理机构履行出资人职责的有限责任公司。

(二)国有独资公司的特别规定

《公司法》规定,国有独资公司的设立和组织机构适用特别规定,没有特别规定的,适用有限责任公司的相关规定。这些特别规定具体包括以下几个方面:

(1)国有独资公司章程由国有资产监督管理机构制定,或者由董事会制定报国有资产监督管理机构批准。

(2)国有独资公司不设股东会,由国有资产监督管理机构行使股东会职权。国有资产监督管理机构可以授权公司董事会行使股东会的部分职权,决定公司的重大事项,但公司的合并、分立、解散、增减注册资本和发行公司债券,必须由国有资产监督管理机构决定;其中,重要的国有独资公司合并、分立、解散、申请破产的,应当由国有资产监督管理机构审核后,报本级人民政府批准。上述所称重要的国有独资公司,按照国务院的规定确定。

(3)国有独资公司设立董事会,依照法律规定的有限责任公司董事会的职权和国有资产监督管理机构的授权行使职权。董事会成员中应当有公司职工代表。董事会成员由国有资产监督管理机构委派;但是,董事会成员中的职工代表由公司职工代表大会选举产生。董事每届任期不得超过3年。董事会设董事长1人,可以设副董事长。董事长、副董事长由国有资产监督管理机构从董事会成员中指定。

(4)国有独资公司设经理，由董事会聘任或者解聘。国有独资公司经理的职权与一般有限责任公司经理的职权相同。经国有资产监督管理机构同意，董事会成员可以兼任经理。

(5)国有独资公司的董事长、副董事长、董事、高级管理人员，未经国有资产监督管理机构同意，不得在其他有限责任公司、股份有限公司或者其他经济组织兼职。

(6)国有独资公司设监事会，其成员不得少于5人，其中职工代表的比例不得低于1/3，具体比例由公司章程规定。监事会成员由国有资产监督管理机构委派；但是，监事会中的职工代表由公司职工代表大会选举产生。监事会主席由国有资产监督管理机构从监事会成员中指定。

五、有限责任公司的股权转让

(一)有限责任公司股东转让股权

有限责任公司股东转让股权，包括股东之间转让股权、股东向股东以外的人转让股权和人民法院强制转让股东股权几种情形。

1. 股东之间转让股权

《公司法》规定，有限责任公司的股东之间可以相互转让全部或者部分股权。《公司法》对股东之间转让股权没有作任何限制，这是因为，股东向公司的其他股东转让股权，无论是转让全部股权还是转让部分股权，都不会有新股东的产生，因此也就没有必要对这种转让进行限制。

2. 股东向股东以外的人转让股权

《公司法》规定，股东向股东以外的人转让股权，应当经其他股东过半数同意。股东应就其股权转让事项书面通知其他股东征求同意，其他股东自接到书面通知之日起满30日未答复的，视为同意转让。其他股东半数以上不同意转让的，不同意的股东应当购买该转让的股权；不购买的，视为同意转让。

经股东同意转让的股权，在同等条件下，其他股东有优先购买权。两个以上股东主张行使优先购买权的，协商确定各自的购买比例；协商不成的，按照转让时各自的出资比例行使优先购买权。

但是，公司章程对股权转让另有规定的，从其规定。即公司章程可以对股东之间的股权转让以及股东向股东以外的人转让股权作出与《公司法》不同的规定。一旦公司章程对股权转让作出了不同的规定，就应当依照公司章程的规定执行。

3. 人民法院强制转让股东股权

人民法院依照法律规定的强制执行程序转让股东的股权时，应当通知公司及全体股东，其他股东在同等条件下有优先购买权。其他股东自人民法院通知之日起满20日不行使优先购买权的，视为放弃优先购买权。人民法院依照法律规定的强制执行程序转让股东的股权，是指人民法院依照《民事诉讼法》等法律规定的执行程序，强制执行生效的法律文书时，以拍卖、变卖或者其他方式转让有限责任公司股东的股权。

有限责任公司股东转让股权后，公司应当注销原股东的出资证明书，向新股东签发出资证明书，并相应修改公司章程和股东名册中有关股东及其出资额的记载。对公司章程的该项修改不需要再由股东会表决。

(二)股东请求公司收购其股权

《公司法》规定，有下列情形之一的，对股东会该项决议投反对票的股东可以请求公司按照合理的价格收购其股权：(1)公司连续5年不向股东分配利润，而公司该5年连续盈利，并且符合《公司法》规定的分配利润条件的；(2)公司合并、分立、转让其主要财产的；(3)公司章程规定的营业期限届满或者章程规定的其他解散事由出现，股东会会议通过决议修改章程使公司存续的。

股东请求公司收购其股权，应当尽量通过协商的方式解决。但如果协商不成，根据《公司法》的规定，自股东会会议决议通过之日起60日内，股东与公司不能达成股权收购协议的，股东可以自股东会会议决议通过之日起90日内向人民法院提起诉讼。

(三)自然人股东资格的继承

《公司法》规定，自然人股东死亡后，其合法继承人可以继承股东资格；但是，公司章程另有规定的除外。

第三节　股份有限公司

一、股份有限公司的设立

(一)股份有限公司的设立方式

股份有限公司的设立，可以采取发起设立或者募集设立的方式。

发起设立，是指由发起人认购公司应发行的全部股份而设立公司。募集设立，是指由发起人认购公司应发行股份的一部分，其余股份向社会公开募集或者向特定对象募集而设立公司。以募集设立方式设立股份有限公司的，发起人认购的股份不得少于公司股份总数的35%；但是，法律、行政法规另有规定的，从其规定。

(二)股份有限公司的设立条件

《公司法》规定，设立股份有限公司，应当具备下列条件：

1. 发起人符合法定人数

发起人是指依法筹办创立股份有限公司事务的人。发起人既可以是自然人，也可以是法人。设立股份有限公司，应当有2人以上200人以下为发起人，其中须有半数以上的发起人在中国境内有住所。发起人应当签订发起人协议，明确各自在公司设立过程中的权利和义务。

2. 有符合公司章程规定的全体发起人认购的股本总额或者募集的实收股本总额

股份有限公司采取发起设立方式设立的，注册资本为在公司登记机关登记的全体发起人认购的股本总额。在发起人认购的股份缴足前，不得向他人募集股份。

股份有限公司采取募集设立方式设立的，注册资本为在公司登记机关登记的实收股本总额。

法律、行政法规以及国务院决定对股份有限公司注册资本实缴、注册资本最低限额另有规定的，从其规定。

发起人可以用货币出资，也可以用实物、知识产权、土地使用权等可用货币估价并可依法转让的非货币财产作价出资；但是，法律、行政法规规定不得作为出资的财产除外。对作为出资的非货币财产应当评估作价，核实财产，不得高估或者低估作价。法律、行政法规对评估作价有规定的，从其规定。以非货币财产出资的，应当依法办理其财产权的转移手续。

3. 股份发行、筹办事项符合法律规定

发起人为了设立股份有限公司而发行股份时，以及在进行其他的筹办事项时，都必须符合法律规定的条件和程序，不得有所违反。

4. 发起人制定公司章程，采用募集设立方式设立的须经创立大会通过

股份有限公司的章程是指记载有关公司组织和行动基本规则的文件。公司章程对公司、股东、董事、监事、高级管理人员具有约束力。设立公司必须依法制定章程。对于以发起设立方式设立的股份有限公司，由全体发起人共同制定公司章程；对于以募集设立方式设立的股份有限公司，发起人制定的公司章程还应当经有其他认股人参加的创立大会通过，以出席会议的认股人所持表决权的半数以上通过，方为有效。

股份有限公司章程应当载明下列事项：(1)公司名称和住所；(2)公司经营范围；(3)公司设立方式；(4)公司股份总数、每股金额和注册资本；(5)发起人的姓名或者名称、认购的股份数、出资方式和出资时间；(6)董事会的组成、职权和议事规则；(7)公司法定代表人；(8)监事会的组成、职权和议事规则；(9)公司利润分配办法；(10)公司的解散事由与清算办法；(11)公司的通知和公告办法；(12)股东大会会议认为需要规定的其他事项。

5. 有公司名称，建立符合股份有限公司要求的组织机构

公司的名称是公司的标志。公司设立自己的名称时，必须符合法律、法规的规定，并应当经过公司登记管理机关进行预先核准登记。公司应当设立符合股份有限公司要求的组织机构，即股东大会、董事会、监事会等。

6. 有公司住所

设立公司必须有住所；否则，不得设立。公司以其主要办事机构所在地或公司的注册地为住所。

(三)股份有限公司的设立程序

1. 发起设立方式设立股份有限公司的程序

(1)发起人应当书面认足公司章程规定其认购的股份。

(2)缴纳出资。发起人应当书面认足公司章程规定其认购的股份，并按照公司章程规定缴纳出资。以非货币财产出资的，应当依法办理其财产权的转移手续。发起人不按照规定缴纳出资的，应当按照发起人协议承担违约责任。

(3)选举董事会和监事会。发起人认足公司章程规定的出资后，应当选举董事会和监事会，建立公司的组织机构。

(4)申请设立登记。发起人在选举董事会和监事会后，董事会应当向公司登记机关报送公司章程以及法律、行政法规规定的其他文件，申请设立登记。一旦公司登记机关予以登记，发给公司企业法人营业执照，公司即告成立。

2. 募集设立方式设立股份有限公司的程序

(1)发起人认购股份。发起人认购的股份不得少于公司股份总数的35%；但是法律、行政法规另有规定的，从其规定。

(2)向社会公开募集股份。发起人向社会公开募集股份，必须公告招股说明书，并制作认股书。招股说明书应当附有发起人制定的公司章程，并载明下列事项：①发起人认购的股份数；②每股的票面金额和发行价格；③无记名股票的发行总数；④募集资金的用途；⑤认股人的权利、义务；⑥本次募股的起止期限及逾期未募足时认股人可以撤回所认股份的说明。

认股书由认股人填写认股股数、金额、住所，并签名、盖章。认股人按照所认购股数缴纳股款。

发起人向社会公开募集股份，应当由依法设立的证券公司承销，签订承销协议。

发起人向社会公开募集股份，应当同银行签订代收股款协议。代收股款的银行应当按照协议代收和保存股款，向缴纳股款的认股人出具收款单据，并负有向有关部门出具收款证明的义务。

(3)召开创立大会。发行股份的股款缴足后，必须经依法设立的验资机构验资并出具证明。发起人应当在股款缴足之日起30日内主持召开公司创立大会，创立大会由发起人、认股人组成。

发起人应当在创立大会召开15日前将会议日期通知各认股人或者予以公告。创立大会应有代表股份总数过半数的发起人、认股人出席，方可举行。创立大会行使下列职权：审议发起人关于公司筹办情况的报告；通过公司章程；选举董事会成员；选举监事会成员；对公司的设立费用进行审核；对发起人用于抵作股款的财产的作价进行审核；发生不可抗力或者经营条件发生重大变化直接影响公司设立的，可以作出不设立公司的决议。创立大会对上述所列事项作出决议，必须经出席会议的认股人所持表决权过半数通过。

发行的股份超过招股说明书规定的截止期限尚未募足的，或者发行股份的股款缴足后发起人在30日内未召开创立大会的，或者创立大会作出不设立公司决议的，认股人可以按照所缴股款并加算银行同期存款利息，要求发起人返还。

发起人、认股人缴纳股款或者交付抵作股款的出资后，除未按期募足股份、发起人未按期召开创立大会或者创立大会决议不设立公司的情形外，不得抽回其股本。

(4)申请设立登记。董事会应于创立大会结束后30日内，向公司登记机关申请设立登记。公司登记机关依法核准登记后，应当发给公司企业法人营业执照。自公司企业法人营业执照签发之日起，公司即告成立。

(四)股份有限公司的发起人在设立过程中应承担的责任

1. 发起人未按照公司章程的规定缴足出资应承担的责任

《公司法》规定，股份有限公司成立后，发起人未按照公司章程的规定缴足出资的，应当补缴；其他发起人承担连带责任。

股份有限公司成立后，发现作为设立公司出资的非货币财产的实际价额显著低于公司章程所定价额的，应当由交付该出资的发起人补足其差额；其他发起人承担连带责任。

2. 公司不能成立或者发起人的过失致使公司利益受到损害时发起人应承担的责任

《公司法》规定，公司不能成立或者发起人的过失致使公司利益受到损害的，股份有限公司的发起人应当承担下列责任：(1)公司不能成立时，对设立行为所产生的债务和费用负连带责任；(2)公司不能成立时，对认股人已缴纳的股款，负返还股款并加算银行同期存款利息的连带责任；(3)在公司设立过程中，由于发起人的过失致使公司利益受到损害的，应当对公司承担赔偿责任。

二、股份有限公司的组织机构

股份有限公司的组织机构由股东大会、董事会、监事会等组成。

(一)股东大会

1. 股东大会的性质和组成

股份有限公司的股东大会是公司的权力机构，依法行使职权。股份有限公司的股东大会由全体股东组成。

2. 股东大会的职权

股份有限公司股东大会的职权与有限责任公司股东会的职权的规定基本相同。

此外，根据中国证券监督管理委员会发布的《上市公司章程指引》的规定，上市公司的股东大会还有权对公司聘用、解聘会计师事务所作出决议；审议代表公司发行在外有表决权股份总数的5%以上的股东的提案；审议法律、法规和公司章程规定应当由股东大会决定的其他事项。

3. 股东大会的形式

股份有限公司的股东大会分为年会和临时股东大会两种。

(1)年会是指依照法律和公司章程的规定每年按时召开的股东大会。《公司法》规定，股东大会应当每年召开一次年会。

(2)临时股东大会是指股份有限公司在出现召开临时股东大会的法定事由时，应当在法定期限2个月内召开的股东大会。《公司法》规定，有下列情形之一的，应当在2个月内召开临时股东大会：①董事人数不足《公司法》规定人数或者公司章程所定人数的2/3时；②公司未弥补的亏损达实收股本总额的1/3时；③单独或者合计持有公司10%以上股份的股东请求时；④董事会认为必要时；⑤监事会提议召开时；⑥公司章程规定的其他情形。

4. 股东大会的召开

股东大会会议由董事会召集、董事长主持；董事长不能履行职务或者不履行职务的，由副董事长主持；副董事长不能履行职务或者不履行职务的，由半数以上董事共同推举一名董事主持。董事会不能履行或者不履行召集股东大会会议职责的，监事会应当及时召集和主持；监事会不召集和主持的，连续90日以上单独或者合计持有公司10%以上股份的股东可以自行召集和主持。

召开股东大会，应当将会议召开的时间、地点和审议的事项于会议召开20日前通知各股东；临时股东大会应当于会议召开15日前通知各股东；发行无记名股票的，应当于会议召开30日前公告会议召开的时间、地点和审议事项。

单独或者合计持有公司3%以上股份的股东，可以在股东大会召开10日前提出临时提案并书面提交董事会；董事会应当在收到提案后2日内通知其他股东，并将该临时提案提交股东大会审议。临时提案的内容应当属于股东大会职权范围，并有明确议题和具体决议事项。股东大会不得对上述通知中未列明的事项作出决议。无记名股票持有人出席股东大会会议的，应当于会议召开5日前至股东大会闭会时止将股票交存于公司。

5. 股东大会的决议

股东出席股东大会会议，所持每一股份有一表决权。股东可以委托代理人出席股东大会会议，代理人应当向公司提交股东授权委托书，并在授权范围内行使表决权。公司持有的本公司股份没有表决权。

股东大会作出决议，必须经出席会议的股东所持表决权过半数通过。但是，股东大会作出修改公司章程、增加或者减少注册资本的决议，以及公司合并、分立、解散或者变更公司形式的决议，必须经出席会议的股东所持表决权的2/3以上通过。

《公司法》和公司章程规定公司转让、受让重大资产或者对外提供担保等事项必须经股东大会作出决议的，董事会应当及时召集股东大会会议，由股东大会就上述事项进行表决。

股东大会选举董事、监事，可以依照公司章程的规定或者股东大会的决议，实行累积投票制。《公司法》所称累积投票制，是指股东大会选举董事或者监事时，每一股份拥有与应选董事或者监事人数相同的表决权，股东拥有的表决权可以集中使用。

股东大会应当对所议事项的决定作成会议记录，主持人、出席会议的董事应当在会议记录上签名。会议记录应当与出席股东的签名册及代理出席的委托书一并保存。

（二）董事会、经理

1. 董事会的性质和组成

股份有限公司的董事会是股东大会的执行机构，对股东大会负责。

股份有限公司设董事会，其成员为5～19人。董事会成员中可以有公司职工代表，董事会中的职工代表由公司职工通过职工代表大会、职工大会或者其他形式民主选举产生。

董事会设董事长1人，可以设副董事长。董事长和副董事长由董事会以全体董事的过半数选举产生。

股份有限公司的董事任期由公司章程规定，但每届任期不得超过3年。董事任期届满，连选可以连任。董事任期届满未及时改选，或者董事在任期内辞职导致董事会成员低于法定人数的，在改选出的董事就任前，原董事仍应当依照法律、行政法规和公司章程的规定，履行董事职务。

2. 董事会的职权

股份有限公司董事会的职权与有限责任公司董事会的职权的规定基本相同。

3. 董事会的召开

董事长召集和主持董事会会议，检查董事会决议的实施情况。副董事长协助董事长工作，董事长不能履行职务或者不履行职务的，由副董事长履行职务；副董事长不能履行职务或者不履行职务的，由半数以上董事共同推举1名董事履行职务。

董事会每年度至少召开2次会议，每次会议应当于会议召开10日前通知全体董事和监事。代表1/10以上表决权的股东、1/3以上董事或者监事会可以提议召开董事会临时会议。董事长应当自接到提议后10日内，召集和主持董事会会议。董事会召开临时会议，可以另定召集董事会会议的通知方式和通知时限。

4. 董事会的决议

董事会会议应有过半数的董事出席方可举行。董事会作出决议，必须经全体董事的过半数通过。董事会决议的表决，实行一人一票。

董事会会议应由董事本人出席；董事因故不能出席，可以书面委托其他董事代为出席，委托书中应载明授权范围。董事会应当对会议所议事项的决定作成会议记录，出席会议的董事应当在会议记录上签名。

董事应当对董事会的决议承担责任。董事会的决议违反法律、行政法规或者公司章程、股东大会决议，致使公司遭受严重损失的，参与决议的董事对公司负赔偿责任。但经证明在表决时曾表明异议并记载于会议记录的，该董事可以免除责任。

5. 经理

股份有限公司设经理，由董事会决定聘任或者解聘。股份有限公司经理的职权与有限责任公司经理的职权的规定基本相同。公司董事会可以决定由董事会成员兼任公司经理。

（三）监事会

1. 监事会的性质和组成

股份有限公司依法应当设立监事会，监事会为公司的监督机构。

股份有限公司监事会成员不得少于3人，应当包括股东代表和适当比例的公司职工代表，其中职工代表的比例不得低于1/3，具体比例由公司章程规定。监事会中的职工代表由公司职工代表大会、职工大会或者其他形式民主选举产生。

监事会设主席1人，可以设副主席。监事会主席和副主席由全体监事过半数选举产生。

董事、高级管理人员不得兼任监事。监事的任期每届为3年。监事任期届满，连选可以连任。

2. 监事会的职权

股份有限公司监事会的职权与有限责任公司监事会的职权的规定基本相同。

监事可以列席董事会会议，并对董事会决议事项提出质询或者建议。监事会发现公司经营情况异常，可以进行调查；必要时，可以聘请会计师事务所等协助其工作，费用由公司承担。

监事会行使职权所必需的费用，由公司承担。

3. 监事会的召开

监事会主席召集和主持监事会会议；监事会主席不能履行职务或者不履行职务的，由监事会副主席召集和主持监事会会议；监事会副主席不能履行职务或者不履行职务的，由半数以上监事共同推举1名监事召集和主持监事会会议。

监事会每6个月至少召开1次会议。监事可以提议召开临时监事会会议。

4. 监事会的决议

监事会的议事方式和表决程序，除《公司法》有规定的外，由公司章程规定。监事会应当对所议事项的决定作成会议记录，出席会议的监事应当在会议记录上签名。

三、上市公司组织机构的特别规定

上市公司，是指其股票在证券交易所上市交易的股份有限公司。《公司法》对上市公司组织及活动原则的特别规定，主要包括以下几个方面：

(一)增加股东大会特别决议事项

上市公司在1年内购买、出售重大资产或者担保金额超过公司资产总额30%的，应当由股东大会作出决议，并经出席会议的股东所持表决权的2/3以上通过。

(二)上市公司设立独立董事

独立董事，是指既不是公司股东，又不在公司担任除董事外的其他职务，并与其受聘的上市公司及其主要股东不存在可能妨碍其进行独立客观判断的关系的董事。上市公司设立独立董事，具体办法由国务院规定。

独立董事除了应履行董事的一般职责外，主要职责在于对控股股东及其选任的上市公司的董事、高级管理人员，以及其与公司进行的关联交易等进行监督。

(三)上市公司设立董事会秘书

董事会秘书是指掌管董事会文件并协助董事会成员处理日常事务的人员。董事会秘书是董事会设置的服务席位，既不能代表董事会，也不能代表董事长。上市公司董事会秘书是公司的高级管理人员，承担法律、行政法规以及公司章程对公司高级管理人员所要求的义务，享有相应的工作职权，获得相应的报酬。

上市公司设立董事会秘书，负责公司股东大会和董事会会议的筹备、文件保管以及公司股权管理，办理信息披露事务等事宜。

(四)增设关联关系董事的表决权排除制度

上市公司董事与董事会会议决议事项所涉及的企业有关联关系的，不得对该项决议行使表决权，也不得代理其他董事行使表决权。该董事会会议由过半数的无关联关系董事出席即可举行，董事会会议所作决议须经无关联关系董事过半数通过。出席董事会的无关联关系董事人数不足 3 人的，应将该事项提交上市公司股东大会审议。

四、股份有限公司的股份发行和转让

（一）股份和股票

1. 股份的概念

股份是指将股份有限公司的资本按相同的金额或比例划分为相等的份额。股份作为代表公司资本的一部分，是公司资本的最小划分单位，股东根据其出资额度计算出其持有的股份数量，所有股东持有的股份加起来所代表的资本数额即为公司的资本总额。股份有限公司的股份具有平等性，公司每股金额相等，所表现出的股东权利和义务是相等的。

2. 股票的概念

股票是指公司签发的证明股东所持股份的凭证，是股份的表现形式。股票具有以下性质：

(1)股票是有价证券。股票是一种具有财产价值的证券，股票记载着股票种类、票面金额及代表的股份数，反映着股票的持有人对公司的权利。

(2)股票是证权证券。股票表现的是股东的权利，任何人只要合法占有股票，其就可以依法向公司行使权利，而且公司股票发生转移时，公司股东的权益也即随之转移。

(3)股票是要式证券。股票应当采取纸面形式或者国务院证券监督管理机构规定的其他形式，其记载的内容和事项应当符合法律的规定。

(4)股票是流通证券。股票可以在证券交易市场依法进行交易。

3. 股票的分类

依据不同的标准，可以将股票分为以下几类：

(1)普通股和优先股

这是按照股东权利、义务的不同进行的分类。

①普通股是指享有普通权利、承担普通义务的股份，是股份的最基本形式。依照规定，普通股股东享有决策参与权、利润分配权、优先认股权和剩余资产分配权。

②优先股是指享有优先权的股份。公司对优先股的股利须按约定的股利率支付，不受公司盈利大小的影响，当年可供分配股利的利润不足以按约定的股利率支付优先股股利的，由以后年度可供分配股利的利润补足。在公司进行清算时，优先股股东先于普通股股东取得公司剩余财产。但是，优先股股东不参与公司决策，不参与公司红利分配。实践中，发行优先股的很少。

(2)国有股、发起人股和社会公众股

这是按照投资主体性质的不同进行的分类。

①国有股包括国家股和国有法人股。国家股是指有权代表国家投资的政府部门或机构以国有资产投入公司形成的股份或依法定程序取得的股份。国有法人股是指具有法人资格的国有企业、事业及其他单位以其依法占用的法人资产向独立于自己的股份公司出资形成的股份或依法定程序取得的股份。

②发起人股是指股份有限公司的发起人认购的股份。

③社会公众股是指个人和机构以合法财产购买并可依法流通的股份。

(3)记名股票和无记名股票

这是按照票面上是否记载股东的姓名或名称进行的分类。

①记名股票是指在票面上记载股东姓名或名称的股票。我国《公司法》规定，公司向发起人、法人发行的股票，应当为记名股票，并应当记载该发起人、法人的名称或者姓名，不得另立户名或者以代表人姓名记名。

②无记名股票是指在票面上不记载股东姓名或名称的股票。我国《公司法》规定，发行无记名股票的，公司应当记载其股票数量、编号及发行日期。

除上述分类以外，我国的股票还可根据发行对象的不同分为A股、B股、H股等；按股东有无表决权分为表决权股和无表决权股等。

（二）股份的发行

1. 股份的发行原则

股份的发行是指股份有限公司为了筹集公司资本而出售和分配股份的法律行为。

根据《公司法》的规定，股份的发行实行公平、公正的原则，同种类的每一股份应当具有同等权利；同次发行的同种类股票，每股的发行条件和价格应当相同；任何单位或者个人所认购的股份，每股应当支付相同价额。

2. 股票的发行价格

股票的发行价格是指股票发行时所使用的价格，也是投资者认购股票时所支付的价格。《公司法》规定，股票发行价格可以按票面金额，也可以超过票面金额，但不得低于票面金额。因为低于票面金额发行股票，违背资本充实原则，使股票发行募集的资金低于公司相应的注册资本数额。

3. 公司发行新股

发行新股是指股份有限公司成立后再向社会募集股份的法律行为。股份有限公司发行新股是股份有限公司向社会募集股份、增加公司注册资本的行为。

公司发行新股，股东大会应当对下列事项作出决议：(1)新股种类及数额；(2)新股发行价格；(3)新股发行的起止日期；(4)向原有股东发行新股的种类及数额。

公司经国务院证券监督管理机构核准公开发行新股时，必须公告新股招股说明书和财务会计报告，并制作认股书。公司公开发行新股应当由依法设立的证券公司承销，签订承销协议，并同银行签订代收股款协议。公司发行新股，可以根据公司经营情况和财务状况，确定其作价方案。公司发行新股募足股款后，必须向公司登记机关办理变更登记并公告。

（三）股份转让

1. 股份转让的概念

股份转让，是指股份有限公司的股份持有人依法自愿将自己所拥有的股份转让给他人，使他人取得股份成为股东或增加股份数额的法律行为。

2. 股份转让的特点

股份转让具有以下特点：

(1)股份转让在《公司法》中特指股份有限公司的股份转让。《公司法》将有限责任公司股东转让出资的行为称为股权转让(或称出资的转让)。

(2)股份转让须依法进行。所谓依法转让，是指股份持有人在转让自己的股份时，必须按照《公司法》和有关法律、行政法规的规定将自己的股份转让给他人，如上市公司上市交易的股票必须在法定的证券交易所进行转让等。

(3)股份转让属于相对自由的转让。在股份转让中，只要股东转让行为符合法定要求，其他人就无权干涉股份持有人转让自己的股份。股份有限公司的股份转让，对于股份持有人来讲，是将自己的出资收回；对于取得股份的人来讲，意味着成为公司的股东或增加股份数额。股份转让不影响公司“资本”的稳定。

(4)股份转让在特定情况下受到一定限制。如公司的发起人、董事、监事、高级管理人员所持股份的转让要受到一定限制等。

(5)股份转让以股票转让的形式出现。股份的转让，是通过股票的转让来完成的，是以股票的形式出现的。由于股票分为记名股票和无记名股票，因此，股份转让也分为记名股份的转让和无记名股份的转让。

(6)股份转让是一种法律行为。股份转让人和受让人的行为必须符合法律、行政法规规定的要求。

(四)股份转让的法律规定

《公司法》对股份有限公司的股份转让作出了具体的规定，主要包括以下内容：

1. 股份转让的地点

股东持有的股份可以依法转让。股东转让其股份，应当在依法设立的证券交易所进行或者按照国务院规定的其他方式进行。

2. 股份转让的方式

记名股票，由股东以背书方式或者法律、行政法规规定的其他方式转让，转让后由公司将受让人的姓名或者名称及住所记载于股东名册。股东大会召开前 20 日内或者公司决定分配股利的基准日前 5 日内，不得进行上述规定的股东名册的变更登记。但是，法律对上市公司股东名册变更登记另有规定的，从其规定。无记名股票的转让，由股东将该股票交付给受让人后即发生转让的效力。

3. 股份转让的限制

(1)对发起人转让股份的限制

发起人持有的本公司股份，自公司成立之日起 1 年内不得转让。公司公开发行股份前已发行的股份，自公司股票在证券交易所上市交易之日起 1 年内不得转让。

(2)对公司董事、监事、高级管理人员转让股份的限制

公司董事、监事、高级管理人员应当向公司申报其所持有的本公司股份及其变动情况，在任职期间每年转让的股份不得超过其所持有的本公司股份总数的 25%；所持本公司股份自公司股票上市交易之日起 1 年内不得转让。上述人员离职后半年内，不得转让其所持有的本公司股票。公司章程可以对公司董事、监事、高级管理人员转让其所持有的本公司股份作出其他限制性规定。

(3)对公司收购本公司股份的限制

《公司法》规定，公司不得收购本公司股份。但是，有下列情形之一的除外：①减少公司注册资本；②与持有本公司股份的其他公司合并；③将股份奖励给本公司职工；④股东因对股东大会作出的公司合并、分立决议持异议，要求公司收购其股份。公司因上述第①项至第③项的原因收购本公司股份的，应当经股东大会决议。公司依照上述规定收购本公司股份后，属于第①项情形的，应当自收购之日起 10 日内注销；属于第②项、第④项情形的，应当在 6 个月内转让或者注销。公司依照上述第③项规定收购的本公司股份，不得超过本公司已发行股份总额的 5%；用于收购的资金应当从公司的税后利润中支出；所收购的股份应当在 1 年内转让给职工。

(4)公司不得接受本公司的股票作为质押权的标的

这主要是为了防止变相违规收购本公司股份。质押的意义在于当公司的债权得不到偿还时，公司有权将债务人的质押物进行变卖。但是，当公司以本公司的股票作为自己质押权的标的时，一旦债务人不能履行自己的债务，极易出现变相收购本公司股份的情形。

复习思考题

1. 简述公司的概念和特征。
2. 简述有限责任公司的概念和设立条件。
3. 简述有限责任公司的股东会、董事会、监事会的职权。
4. 简述一人有限责任公司的概念及其特别规定。
5. 简述国有独资公司的概念及其特征。
6. 有限责任公司的股东向股东以外的人转让股权有哪些限制？
7. 简述股份有限公司的概念和设立条件。
8. 股份有限公司的股份转让有哪些限制？
9. 公司董事、高级管理人员不得违反对公司忠实义务的行为有哪些？违反忠实义务应如何处理？
10. 公司利润分配的原则有哪些？

案例分析

甲、乙、丙、丁均为非国有企业。2001 年 2 月，甲、乙、丙、丁共同出资设立绿源有限责任公司(以下简称“绿源公司”)，注册资本为8 000万元。

2016 年 6 月，绿源公司召开股东会作出如下决议：(1)更换两名监事。一是由甲企业代表杨某代替乙企业代表韩某出任该公司的监事；二是由公司职工代表曹某代替公司职工代表赵某出任监事。(2)鉴于公司净资产达到人民币3 000万元，为扩大公司的生产规模，决定发行公司债券 800 万元。(3)从公司法定盈余公积金2 500万元中提取 800 万元转增公司资本。

2016 年 10 月 15 日，绿源公司总经理用公司资产为其亲属提供债务担保。

要求：根据上述情况和《公司法》的有关规定，回答下列问题：

(1)股东会会议决定更换两名监事是否合法？为什么？

(2)股东会会议决定发行公司债券是否符合规定？为什么？

(3)股东会会议决定将法定盈余公积金转增资本是否合法？为什么？

(4)绿源公司总经理用公司资产为其亲属提供债务担保是否符合我国《公司法》的规定？为什么？

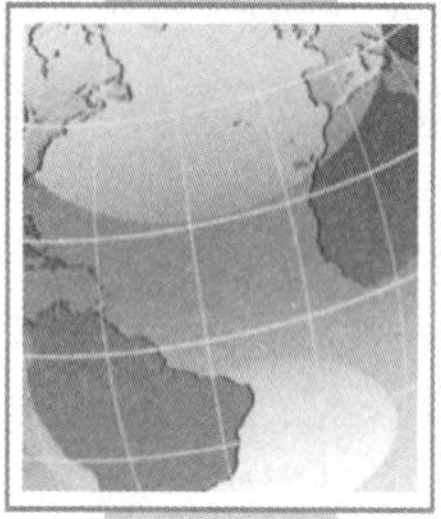

第四章 外商投资企业法律制度

第一节 外商投资企业法概述

一、外资及外商投资企业

(一)外资的概念

外资是指具有外国国籍的自然人、法人或非法人实体所进行的投资。特别应该指出的是,我国将港、澳、台同胞在大陆的投资也作为外资对待。

(二)外商投资企业的概念和种类

外商投资企业,是指依照中华人民共和国法律规定,在中国境内设立的、由中国投资者和外国投资者共同投资或者仅由外国投资者投资的企业。根据我国《宪法》和有关法律的规定,中国投资者包括中国的企业或者其他经济组织,外国投资者包括外国的企业和其他经济组织或者个人。

根据我国有关法律和行政法规规定,我国目前的外商投资企业主要有中外合资经营企业、中外合作经营企业及外资企业。本章主要介绍的是中外合资经营企业、中外合作经营企业和外资企业这三种形式的外商投资企业。

(三)外商投资企业的特征

作为国际直接投资的一种方式,外商投资企业具有以下特征:

(1)外商投资企业是外商直接投资设立的企业,并由其不同程度地参与经营管理。

(2)外商投资企业是吸引外国私人投资举办的企业。私人投资是指以公司、企业和其他经济组织或者个人的名义进行的投资。它与政府的对外援助不同。

(3)外商投资企业是依照引资国(即东道国)的法律设立的企业,属于引资国的企业,其权利和义务受引资国法律调整。

二、外商投资企业法的概念和体系

(一)外商投资企业法的概念

外商投资企业法又称外资法,是调整在国家协调我国经济运行过程中发生的关于外商投资企业的经济关系的法律规范的总称。其中,关于外商投资企业的经济关系,包括在外商投资企业设立、变更、终止过程中和外商投资企业内部管理过程中发生的经济关系,在市场管理和宏观经济调控过程中发生的关于外商投资企业的经济关系，以及在社会经济保障过程中发生的关于外商投资企业、企业职工的经济关系。

(二)外商投资企业法的体系

我国的外资法不是采取统一的立法形式，而是由各种专项立法及相关的单行法律、法规相互联系综合而形成的一个外资法体系。

从法律结构看，中国的外资法体系由宪法性规范、中央专项单行立法与地方性法规三个层次组成，是外资法的主体结构。

1. 宪法性规范

这是第一层次的立法。我国现行《宪法》在序言中肯定了我国发展国际经济交往，以及利用外资的基本方针和原则。这是从根本上肯定对外商投资企业的法律保护，是我国外资立法的最高层次和核心层次，为中国外资立法奠定了基础。

2. 中央专项单行立法

这是第二层次的立法。包括全国人大及其常委会制定的法律、国务院行政法规以及各部委公布的规章。主要有《中外合资经营企业法》、《中外合作经营企业法》和《外资企业法》，统称"三资企业法"，它们是我国利用外资领域最基本的法律。

3. 地方性法规

这是第三层次的立法。各省、自治区、直辖市制定了不少地方性法规，其中相当一部分是关于外商投资的规定。特别是1980年我国设立经济特区以来，这一立法状况更加显著。这些地方性外资法规是中国外资立法的具体化和补充。

(三)我国外商投资企业法的立法概况

我国自改革开放以来，国家为适应引进外资和技术的需要，制定了一系列涉及外商投资方面的法律法规，其中主要有：

(1)《中华人民共和国中外合资经营企业法》(简称《合营企业法》)，1979年7月1日经第五届全国人民代表大会第二次会议通过，根据1990年4月4日第七届全国人民代表大会第三次会议《关于修改〈中华人民共和国中外合资经营企业法〉的决定》第一次修正，根据2001年3月15日第九届全国人民代表大会第四次会议《关于修改〈中华人民共和国中外合资经营企业法〉的决定》第二次修正，根据2016年9月3日第十二届全国人民代表大会常务委员会第二十二次会议《关于修改〈中华人民共和国外资企业法〉等四部法律的决定》第三次修正。《中华人民共和国中外合资经营企业法实施条例》(简称《合营企业法实施条例》)，1983年9月20日由国务院颁布，后分别于1986年1月15日、1987年12月21日、2001年7月22日、2011年1月8日、2014年2月19日重新修订。

(2)《中华人民共和国中外合作经营企业法》(简称《合作企业法》)，1988年4月13日经第七届全国人民代表大会第一次会议通过，根据2000年10月31日第九届全国人民代表大会常务委员会第十八次会议《关于修改〈中华人民共和国中外合作经营企业法〉的决定》第一次修正，根据2016年9月3日第十二届全国人民代表大会常务委员会第二十二次会议《关于修改〈中华人民共和国外资企业法〉等四部法律的决定》第二次修正。《中华人民共和国中外合作经营企业法实施细则》(简称《合作企业法实施细则》)，1995年8月7日经国务院批准，1995年9月4日经原对外贸易经济合作部发布，于2014年2月19日重新修订。

(3)《中华人民共和国外资企业法》(简称《外资企业法》)，1986年4月12日经第六届全国人民代表大会第四次会议通过，根据2000年10月31日第九届全国人民代表大会常务委员会第十八次会议《关于修改〈中华人民共和国外资企业法〉的决定》第一次修正，根据2016年9月3日第十二届全国人民代表大会常务委员会第二十二次会议《关于修改〈中华人民共和国外资企业法〉等四部法律的决定》第二次修正。《中华人民共和国外资企业法实施细则》(简称《外资企业法实施细则》)，1990年10月28日经国务院批准，1990年12月12日经原对外经济贸易部发布，于2001年4月12日第一次修订，于2014年2月19日第二次修订。

第二节　中外合资经营企业法

一、中外合资经营企业的概念及特点

中外合资经营企业(以下简称“合营企业”)，是指中国合营者与外国合营者依照中华人民共和国法律的规定，在中国境内设立的共同投资、共同经营并按投资比例分享利润、分担风险的企业。

合营企业的特点主要体现在以下几个方面：

(1)合营企业是经中国政府批准设立的中国法人，必须遵守中国的法律和行政法规，并受中国的法律和行政法规的保护。

(2)合营各方共同投资、共同经营，按各自的出资比例共担风险、共负盈亏。共同投资是指中外合营者都要有投资，并且各方出资折算成一定的出资比例。

(3)中外合营的主体有所不同。合营企业的一方为外国合营者，另一方为中国合营者。外国合营者可以是公司、企业、其他经济组织或者个人。中国合营者可以是公司、企业或者其他经济组织。

(4)合营企业的组织形式为有限责任公司，合营各方对合营企业的责任以各自认缴的出资额为限。

二、中外合资经营企业的设立

(一)合营企业的设立条件

根据《中外合资经营企业法实施条例》第3条的规定，设立外资企业，必须有利于中国国民经济的发展。国家鼓励、允许、限制或者禁止设立合营企业的行业，按照国家指导外商投资方向的规定及外商投资产业指导目录执行。

申请设立合营企业有下列情况之一的，不予批准：

(1)有损中国主权的；

(2)违反中国法律的；

(3)不符合中国国民经济发展要求的；

(4)造成环境污染的；

(5)签订的协议、合同、章程显属不公平，损害合营一方权益的。

(二)设立合营企业的法律程序

(1)由中外合营者共同向审批机关报送有关文件。申请设立合营企业，中外合营者须共同向审批机关报送下列文件：

①设立合营企业的申请书；

②合营各方共同编制的可行性研究报告；

③由合营各方授权代表签署的合营企业协议、合同和章程；

④由合营各方委派的合营企业董事长、副董事长、董事人选名单；

⑤审批机构规定的其他文件。

(2)审批机关审批。在中国境内设立合营企业，必须经国家对外经济贸易主管部门审查批准，并发给批准证书。凡具备下列条件的，国务院授权省、自治区、直辖市人民政府或者国务院有关部门审批：

①投资总额在国务院规定的投资审批权限以内，中国合营者的资金来源已经落实的；

②不需要国家增拨原材料，不影响燃料、动力、交通运输、外贸出口配额等方面的全国平衡的。

依照前款批准设立的合营企业，应当报国家对外经济贸易主管部门备案。

国家对外经济贸易主管部门和国务院授权的省、自治区、直辖市人民政府或者国务院有关部门，以下统称审批机构。

审批机构应当自收到全部文件之日起3个月内决定批准或者不批准。审批机构如发现报送的文件有不当之处，应当要求限期修改，否则不予批准。合营企业经批准后由审批机构发给批准证书。

(3)申请者应当自收到批准证书后1个月内按照国家有关规定，向工商行政管理机关办理登记手续，领取营业执照，开始营业。合营企业的营业执照签发日期，即为该合营企业的成立日期。

三、中外合资经营企业的协议、合同和章程

(一)合营企业的协议

合营企业协议，是指合营各方对设立合营企业的某些要点和原则达成一致意见而订立的文件。合营企业协议与合营企业合同有抵触时，以合营企业合同为准。经合营各方同意，也可以不订立合营企业协议而只订立合营企业合同、章程。合营企业协议经审批机构批准后生效，其修改时，也需经审批机构批准。

(二)合营企业的合同

合营企业合同，是指合营各方为设立合营企业就相互权利、义务关系达成一致意见而订立的文件。合营企业合同的订立、效力、解释、执行及其争议的解决，均应当适用中国的法律。合营企业合同经审批机构批准后生效，其修改时，也需经审批机构批准。

(三)合营企业的章程

合营企业章程，是指按照合营企业合同规定的原则，经合营各方一致同意，规定合营企业的宗旨、组织原则和经营管理方法等事项的文件。合营企业章程经审批机构批准后生效，其修改时，也需经审批机构批准。

四、中外合资经营企业的组织形式与注册资本

(一)合营企业的组织形式

合营企业的组织形式为有限责任公司，具有中国法人资格。合营企业优先适用《中外合资经营企业法》，如果该法没有规定的，则适用《公司法》的有关规定。

(二)合营企业的注册资本

合营企业的注册资本，是指为设立合营企业在登记管理机构登记的资本总额，应为合营各

方认缴的出资额之和。合营企业的注册资本一般应当以人民币表示，也可以用合营各方约定的外币表示。在合营企业的注册资本中，外国合营者的投资比例一般不低于25%。合营企业在合营期内不得减少其注册资本，但因投资总额和生产经营规模等发生变化，确需减少的，须经审批机构批准；合营一方向第三者转让其全部或者部分股权的，须经合营他方同意，并报审批机构批准，向登记管理机构办理变更登记手续。合营一方转让其全部或者部分股权时，合营他方有优先购买权。合营一方向第三者转让股权的条件，不得比向合营他方转让的条件优惠。合营企业注册资本的增加、减少，应当由董事会会议通过，并报审批机构批准，向登记管理机构办理变更登记手续。

注册资本不同于投资总额。合营企业的投资总额，是指按照合营企业的合同、章程规定的生产规模需要投入的基本建设资金和生产流动资金的总和，由注册资本与借款构成。合营企业的借款是指为弥补投资总额的不足，以合营企业的名义向金融机构借入的款项。合营企业的注册资本和投资总额之间应当保持正确、合理的比例关系。国家工商行政管理总局1987年发布了《关于中外合资经营企业注册资本与投资总额比例的暂行规定》，具体确定了合营企业注册资本与投资总额的比例。

五、合营各方的出资与期限

（一）合营各方的出资

合营者可以用货币出资，也可以用建筑物、厂房、机器设备或者其他物料、工业产权、专有技术、场地使用权等作价出资。以建筑物、厂房、机器设备或者其他物料、工业产权、专有技术作为出资的，其作价由合营各方按照公平合理的原则协商确定，或者聘请合营各方同意的第三者评定。

作为外国合营者出资的机器设备或者其他物料，应当是合营企业生产所必需的，作价不得高于同类机器设备或者其他物料当时的国际市场价格。

作为外国合营者出资的工业产权或者专有技术，必须符合下列条件之一：

(1)能显著改进现有产品的性能、质量，提高生产效率的；

(2)能显著节约原材料、燃料、动力的。

外国合营者以工业产权或者专有技术作为出资，应当提交该工业产权或者专有技术的有关资料，外国合营者作为出资的机器设备或者其他物料、工业产权或者专有技术，应当报审批机构批准。

（二）合营各方的出资期限

合营各方应当在合营合同中订明出资期限，并且应当按照合营合同规定的期限缴清各自的出资。对此，国家工商行政管理总局、原对外经济贸易部于1988年1月1日发布的且经国务院批准的《中外合资经营企业合营各方出资的若干规定》做了具体规定：

(1)合营合同中规定一次缴清出资的，合营各方应当从营业执照签发之日起6个月内缴清。

(2)合营合同中规定分期缴付出资的，合营各方第一期出资不得低于各自认缴出资额的15%，并且应当在营业执照签发之日起3个月内缴清。合营各方缴付第一期出资后，超过合营合同规定的其他任何一期出资期限3个月，仍未出资或者出资不足时，工商行政管理机关应当会同原审批机关发出通知，要求合营各方在1个月内缴清出资。未按照前款规定的通知期限缴清出资的，原审批机关有权撤销对该合营企业的批准证书。

国家工商行政管理总局、原对外贸易经济合作部于 1994 年 11 月 3 日发布《关于进一步加强外商投资企业审批和登记管理有关问题的通知》，又对外商投资企业投资者分期出资的总期限作以下规定：

(1)注册资本在 50 万美元以下(含 50 万美元)的，自营业执照核发之日起一年内，应将资本全部缴齐；

(2)注册资本在 50 万美元以上、100 万美元以下(含 100 万美元)的，自营业执照核发之日起一年半内，应将资本全部缴齐；

(3)注册资本在 100 万美元以上、300 万美元以下(含 300 万美元)的，自营业执照核发之日起两年内，应将资本全部缴齐；

(4)注册资本在 300 万美元以上、1 000 万美元以下(含 1 000 万美元)的，自营业执照核发之日起三年内，应将资本全部缴齐；

(5)注册资本在 1 000 万美元以上的，出资期限由审批机关根据实际情况审定。

合同经审批后，如确因特殊情况需要超过合同规定的缴资期限延期缴资的，应报原审批机关批准和登记机关备案，并办理相关手续。

六、中外合资经营企业的权力机构和经营管理机构

(一)合营企业的权力机构

董事会是合营企业的最高权力机构，决定合营企业的一切重大问题。董事会成员不得少于 3 人。董事名额的分配由合营各方参照出资比例协商确定。董事的任期为 4 年，经合营各方继续委派可以连任。董事长是合营企业的法定代表人。董事长不能履行职责时，应当授权副董事长或者其他董事代表合营企业。董事会会议每年至少召开 1 次，由董事长负责召集并主持。董事长不能召集时，由董事长委托副董事长或者其他董事负责召集并主持董事会会议。经 1/3 以上董事提议，可以由董事长召开董事会临时会议。董事会会议应当有 2/3 以上董事出席方能举行。董事不能出席的，可以出具委托书委托他人代表其出席和表决。

下列事项由出席董事会会议的董事一致通过方可作出决议：

(1)合营企业章程的修改；

(2)合营企业的中止、解散；

(3)合营企业注册资本的增加、减少；

(4)合营企业的合并、分立。

其他事项可以根据合营企业章程载明的议事规则作出决议。

(二)合营企业的经营管理机构

合营企业设经营管理机构，负责企业的日常经营管理工作。经营管理机构设总经理 1 人，副总经理若干人。副总经理协助总经理工作。总经理执行董事会会议的各项决议，组织领导合营企业的日常经营管理工作。在董事会授权范围内，总经理对外代表合营企业，对内任免下属人员，行使董事会授予的其他职权。总经理、副总经理由合营企业董事会聘请，可以由中国公民担任，也可以由外国公民担任。经董事会聘请，董事长、副董事长、董事可以兼任合营企业的总经理、副总经理或者其他高级管理职务。总经理处理重要问题时，应当同副总经理协商。

合营企业需要在国外和港澳地区设立分支机构(含销售机构)时，应当报国家对外经济贸易主管部门批准。

七、中外合资经营企业的经营管理

(一)合营企业的计划

合营企业的基本建设计划应根据批准的可行性研究报告编制，并纳入企业主管部门的基本建设计划，企业主管部门应优先予以安排和保证实施。合营企业按照合营合同规定的经营范围和生产规模所制订的生产经营计划由董事会批准执行。企业主管部门和各级计划管理部门不得对合营企业下达指令性生产经营计划。

(二)合营企业的物资采购与产品销售

合营企业所需的机器设备、原材料、燃料、配套件、运输工具和办公用品等(以下简称物资)，有权自行决定在中国购买或者向国外购买。合营企业需要在中国购置的办公、生活用品，按需要量购买，不受限制。中国政府鼓励合营企业向国际市场销售其产品。合营企业有权自行出口其产品，也可以委托外国合营者的销售机构或者中国的外贸公司代销或者经销。

(三)利润分配

合营企业缴纳所得税后的利润按下列顺序分配：

(1)支付各项赔偿金、违约金、滞纳金、罚息、罚款；

(2)弥补企业以前年度亏损；

(3)提取储备基金、企业发展基金和职工奖励及福利基金；

(4)向投资人分配利润。

(四)税务管理

合营企业应当按照我国有关法律的规定缴纳各种税款，同时也依法享受各种减免税的优惠待遇。合营企业的职工也应当按照我国《个人所得税法》的有关规定，缴纳个人所得税。

(五)外汇管理

合营企业的一切外汇事宜，按照《中华人民共和国外汇管理条例》和有关管理办法的规定办理。

合营企业凭营业执照，在境内银行开立外汇账户和人民币账户，由开户银行监督收付。

合营企业在国外或者港澳地区的银行开立外汇账户，应当经国家外汇管理局或者其分局批准，并向国家外汇管理局或者其分局报告收付情况和提供银行对账单。

企业根据经营业务的需要，可以向境内的金融机构申请外汇贷款和人民币贷款，也可以按照国家有关规定从国外或者港澳地区的银行借入外汇资金，并向国家外汇管理局或者其分局办理登记或者备案手续。

(六)财务会计管理

合营企业的财务与会计制度，应按照中国有关法律和财务会计制度的规定，结合合营企业的情况加以制定，并报当地财政、税收机关备案。

(七)劳动管理

合营企业职工的招收、招聘、辞退以及工资福利、劳动保险、劳动保护、劳动纪律等事宜，均由合营企业按照我国《劳动法》、《劳动合同法》和社会保障的有关规定办理。

合营企业的工资、奖励制度必须符合按劳分配、多劳多得的原则。合营企业的高级管理人员的工资待遇由董事会决定。

八、合营企业的期限、解散和清算

(一)合营企业的期限

合营企业的期限，是指合营各方根据中国的法律、行政法规的规定和合营企业的经营目标的期望，在合营企业协议、合同或者章程中对合营企业存续期间的规定。《中外合资经营企业法》规定，合营企业的合营期限，可以按不同行业、不同情况约定。有的行业的合营企业，应当约定合营期限；有的行业的合营企业，可以约定合营期限，也可以不约定合营期限。

合营企业约定合营期限，合营各方同意延长合营期限的，应当在距合营期满 6 个月前向审查批准机关提出申请。审查批准机关应当在收到申请之日起 1 个月内决定批准或者不批准。

(二)合营企业的解散

根据《中外合资经营企业法》及其实施条例的规定，合营企业在下列情况下解散：

(1)合营期限届满；

(2)合营企业发生严重亏损，无力继续经营；

(3)合营一方不履行合营企业协议、合同、章程规定的义务，致使企业无法继续经营；

(4)因自然灾害、战争等不可抗力遭受严重损失，无法继续经营；

(5)合营企业未达到其经营目的，同时又无发展前途；

(6)合营合同、章程所规定的其他解散原因已经出现。

(三)合营企业的清算

合营企业宣告解散时，应当进行清算。除企业破产应当按照有关法律规定的程序进行清算外，合营企业的清算应当按照《公司法》等规定成立清算委员会，由清算委员会负责清算事宜。

清算委员会的成员一般应当在合营企业的董事中选任。董事不能担任或者不适合担任清算委员会成员时，合营企业可以聘请中国的注册会计师、律师担任。审查批准机关认为必要时，可以派人进行监督。

合营企业的清算工作结束后，由清算委员会提出清算结束报告，提请董事会会议通过后，报告审查批准机关，并向登记管理机关办理注销登记手续，缴销营业执照。

第三节　中外合作经营企业法

一、中外合作经营企业的概念及特点

中外合作经营企业，简称合作企业，是指中国合作者与外国合作者依照中华人民共和国法律的规定，在中国境内共同举办的，按合作企业合同的约定分配收益或者产品、分担风险和亏损的企业。其特点有：

(1)中外合作经营企业属于契约式的合营企业，中外合作者的投资或者提供的合作条件并不折算成股份。合作各方对收益或者产品的分配、风险和亏损的分担是依照合作合同的约定，并非按出资比例。

(2)中外合作经营企业的组织形式具有多样化的特点，即中外合作者可以共同举办具有法人资格的合作企业，也可以共同兴办不具有法人资格的合作企业。

(3)中外合作经营企业的组织机构与管理方式具有灵活多样的特征，既可以是董事会制，也可以是联合管理委员会制，还可以是委托第三方管理。

二、中外合作经营企业的设立

(一)国家鼓励兴办的中外合作经营企业

《中外合作经营企业法》第4条规定："国家鼓励兴办产品出口的或者技术先进的生产型合作企业。"产品出口企业，是指产品主要用于出口，年度外汇总收入额减去年度生产经营支出额和外国投资者汇出分得利润所需外汇额以后，外汇有结余的生产型合作企业。先进技术企业，是指外国投资者提供先进技术，从事新产品的开发，实现产品升级换代，以增加出口创汇或者替代进口的生产型合作企业。

(二)申请设立合作企业应由中方合作者向审批机关报送的文件

(1)设立合作企业的项目建议书；

(2)合作各方共同编制的可行性研究报告；

(3)合作企业协议、合同、章程；

(4)合作各方的营业执照或注册登记证明、资信证明及法定代表人的有效证明文件，外国合作者是自然人的，应当提供有关身份、履历和资信情况的有效证明文件；

(5)合作各方协商确定的合作企业董事长、副董事长、董事或者联合管理委员会主任、副主任、委员的人选名单；

(6)审查批准机关要求报送的其他文件。

申请设立合作企业，有下列情形之一的，不予批准：

(1)损害国家主权或者社会公共利益的；

(2)危害国家安全的；

(3)对环境造成污染损害的；

(4)有违反法律、行政法规或者国家产业政策的其他情形的。

三、中外合作经营企业的组织形式与注册资本

(一)组织形式

合作企业符合中国法律关于法人条件规定的，依法取得中国法人资格。也就是说，可以申请设立具有法人资格的合作企业，也可以申请设立不具有法人资格的合作企业。具有法人资格的合作企业，其组织形式为有限责任公司；不具有法人资格的合作企业，合作各方的关系是一种合伙关系。合作各方应在合作合同中约定各自承担债务责任的比例。

(二)注册资本

合作企业的注册资本是指为设立合作企业，在工商行政管理机关登记的合作各方认缴的出资额之和。注册资本可以用人民币表示，也可以用合作各方约定的一种可自由兑换的外币表示。合作企业的注册资本在合作期限内不得减少，但因投资总额和生产经营规模等变化，确需减少的，须经审查批准机关批准。

四、中外合作经营企业的投资和合作条件

(一)合作各方的出资方式和出资比例

合作各方应依法和依合作企业合同的约定，向合作企业投资或提供合作条件。

合作各方投资或提供合作条件的方式可以是货币，也可以是实物或者工业产权、专有技术、土地使用权等财产权利。合作各方以自有的财产或财产权利作为投资或合作条件，对该投资或合作条件不得设立抵押或其他形式的担保。合作各方缴纳投资或提供合作条件后，应当由中国注册会计师验证，合作企业据此发给合作各方出资证明书。

关于合作各方的出资比例，依法取得法人资格的，外方合作者的投资一般不低于合作企业注册资本的25％；不具备法人资格的，其具体要求由对外贸易主管部门确定。

(二)合作企业的出资期限

应约定合作各方向合作企业投资或提供合作条件的期限。合作各方未按期缴纳投资或提供合作条件的，工商行政管理部门应当限期履行；期限届满仍未履行的，审查批准机关应当撤销批准证书，工商行政管理机关应当吊销营业执照，并予以公告。未按合作企业合同缴纳投资或提供合作条件的一方，应当向已经缴纳投资或提供合作条件的他方承担违约责任。

五、中外合作经营企业的组织机构与议事规则

(一)组织机构

合作企业的组织机构有以下三种形式：

1. 董事会制

具有法人资格的合作企业，一般实行董事会制。董事会是合作企业的最高权力机构，决定合作企业的重大问题，董事长、副董事长由合作各方协商产生。中外合作者的一方担任董事长的，由他方担任副董事长。

2. 联合管理制

不具有法人资格的合作企业，一般实行联合管理制。联合管理机构由合作各方代表组成，是合作企业的最高权力机构，决定合作企业的重大问题。一方合作者担任联合管理机构主任的，由他方担任副主任。设立经营管理机构的，总经理由联合管理机构决定任命或者聘请，负责合作企业的日常经营管理工作，对联合管理机构负责；不设经营管理机构的，由联合管理机构直接管理企业。

3. 委托管理制

经合作各方一致同意，合作企业可以委托中外合作一方进行经营管理，另一方不参加管理；也可以委托合作方以外的第三方经营管理企业。合作企业成立后改为委托第三方经营管理的，属于合作合同的重大变更，必须经董事会或者联合管理机构一致同意。合作企业应当与第三方签订委托管理合同，连同第三方的资信证明文件，报审批机关审批，向工商行政管理机关办理变更登记手续。

(二)议事规则

合作企业的董事会会议或者联合管理委员会会议每年至少召开一次，由董事长或者主任召集并主持。董事长或者主任因特殊情况不能履行职务时，由指定的副董事长、副主任或者其他董事、委员召集并主持。1/3以上的董事或者委员可以提议召开董事会会议或者联合管理委员会会议。

召开董事会会议或者联合管理委员会会议，应当在会议召开10日前通知全体董事或者委员。董事会或联合管理委员会作出决议一般由出席会议的董事或委员过半数同意。但是，章程的修改、合作企业注册资本的增减、合作企业的解散、资产抵押、合作企业的合并与分立、变

更组织形式，须由董事会会议或者联合管理委员会会议一致通过，方可作出决议。

六、中外合作经营企业的收益分配和投资回收

合作企业在分配方式上，可以实行利润分成，也可以实行产品分成。中外合作者在合作企业合同中约定合作期满时合作企业的全部固定资产归中国合作者所有的，可以在合作企业合同中约定外国合作者在合作期限内先行回收投资的办法。

外国合作者先行回收投资制度，是《中外合作经营企业法》中独有的制度。先行回收投资的办法一般有两种：

(1)通过加速固定资产折旧，用折旧金偿还；

(2)扩大外国合作者利润分成或产品分成的比例。

值得注意的是，允许外国合作者先行回收投资，并不意味着允许其风险义务的提前解除。合作各方应在合同中对先行回收投资后风险义务的承担予以明确。

七、中外合作经营企业的期限和解散

(一)合作企业的期限

合作企业的期限由中外合作者协商确定，并在合作企业合同中订明。合作企业期限届满，合作各方协商同意要求延长合作期限的，应当在期限届满的180日前向审查批准机关提出申请，说明原合作企业合同执行情况和延长合作期限的原因，同时报送合作各方就延长的期限内各方的权利、义务等事项所达成的协议。审查批准机关应当自接到申请之日起30日内决定批准或者不批准。

合作企业合同约定外国合作者先行回收投资，并且投资已经回收完毕的，合作企业期限届满不再延长。但是，外国合作者增加投资的，经合作各方协商同意，可以向审查批准机关申请延长合作期限。

(二)合作企业的解散

根据《中外合作经营企业法》及其实施细则的规定，合作企业在下列情形之一出现时解散：

(1)合作期限届满；

(2)合作企业发生严重亏损，或者因不可抗力遭受严重损失，无力继续经营；

(3)中外合作者一方或者数方不履行合作企业合同、章程规定的义务，致使合作企业无法继续经营；

(4)合作企业合同、章程中规定的解散原因已经出现；

(5)合作企业违反法律、行政法规，被依法责令关闭。

第四节　外资企业法

一、外资企业的概念及特点

外资企业是依照中国的法律规定，在中国境内设立的、全部资本由外国投资者投资的企业，不包括外国的企业和其他经济组织在中国境内的分支机构。其特点有：

(1)外资企业的全部资本由外国投资者投资；

(2)外资企业是外国投资者根据中国法律在中国境内设立的；

(3)外资企业是独立的法律主体，以自己的名义进行经营活动，独立承担民事责任，外国投资者对其债务不承担无限责任。

二、外资企业的设立和变更

(一)外资企业的设立

1. 设立外资企业的条件

根据《外资企业法》及其实施细则的规定，设立外资企业，必须有利于中国国民经济的发展，能够取得显著的经济效益。国家鼓励外资企业采用先进技术和设备，从事新产品开发，实现产品升级换代，节约能源和原材料，并鼓励举办产品出口的外资企业。禁止或者限制设立外资企业的行业，按照国家指导外商投资方向的规定及外商投资产业指导目录执行。

申请设立外资企业，有下列情况之一的，不予批准：

(1)有损中国主权或者社会公共利益的；

(2)危及中国国家安全的；

(3)违反中国法律、法规的；

(4)不符合中国国民经济发展要求的；

(5)可能造成环境污染的。

2. 设立外资企业的申请

外国投资者设立外资企业，应当通过拟设立外资企业所在地的县级或者县级以上人民政府向审批机关提出申请，并报送下列文件：

(1)设立外资企业申请书；

(2)可行性研究报告；

(3)外资企业章程；

(4)外资企业法定代表人(或者董事会人选)名单；

(5)外国投资者的法律证明文件和资信证明文件；

(6)拟设立外资企业所在地的县级或者县级以上人民政府的书面答复；

(7)需要进口的物资清单等。

两个或两个以上外国投资者共同申请设立外资企业，应当将其签订的合同副本报送审批机关备案。

3. 设立外资企业的审批

设立外资企业的申请，由国家对外经济贸易主管部门或者国务院授权的机关审查批准。审批机关应当在收到申请文件之日起90日内决定批准或者不批准。

4. 设立外资企业的登记

设立外资企业的申请经批准后，外国投资者应当在接到批准证书之日起30日内，向国家工商行政管理总局或者国家工商行政管理总局授权的地方工商行政管理局申请开业登记。登记主管机关应当在受理申请后30日内，作出核准登记或者不予核准登记的决定。申请开业登记的外国投资者，经登记主管机关核准登记注册，领取营业执照后，企业即告成立。外资企业应当在企业成立之日起30日内在税务机关办理税务登记。外资企业符合中国法律关于法人条件规定的，依法取得中国法人资格。

(二)外资企业的变更

外资企业改变名称、住所、经营场所、法定代表人、经济性质、经营范围、经营方式、注册资本、经营期限，以及增设或撤销分支机构，应当报审查批准机关批准；外资企业申请变更登记，应当在审查批准机关批准后30日内，向登记主管机关申请办理变更登记。外资企业分立、合并、迁移，应当报审查批准机关批准，并在批准后30日内，向登记主管机关申请办理变更登记、开业登记或者注销登记。

三、外资企业的组织形式与注册资本

（一）外资企业的组织形式

根据《外资企业法》及其实施细则的规定，外资企业的组织形式为有限责任公司，经批准也可以为其他责任形式。外资企业为有限责任公司的，外资企业以其全部资产为其债务承担责任，外国投资者对企业的责任以其认缴的出资额为限。所谓其他责任形式，主要是指合伙形式和独资形式，则外国投资者应对企业债务承担无限责任或连带责任。

（二）外资企业的注册资本

外资企业的注册资本，是指为设立外资企业在工商行政管理机关登记的资本总额，也即外国投资者认缴的全部出资额。外资企业的注册资本要与其经营规模相适应，注册资本与投资总额的比例应当符合中国法律的有关规定。外资企业在经营期限内不得减少其注册资本，但因投资总额和生产经营规模等发生变化，确需减少注册资本的，须经审批机关批准。外资企业注册资本的增加、转让，须经审批机关批准，并向工商行政管理机关办理变更登记手续。外资企业将其财产或者权益对外抵押、转让，须经审批机关批准，并向工商行政管理机关备案。

四、外国投资者出资的方式与期限

（一）外国投资者的出资方式

外国投资者可以用可自由兑换的外币出资，也可以用机械、工业产权、专有技术等作价出资。经审批机关批准，外国投资者也可以用其从中国境内举办的其他外商投资企业获得的人民币利润出资。外国投资者缴付出资的期限，应当在设立外资企业申请书和企业章程中载明。外国投资者可以分期缴付出资，但最后一期出资应当在营业执照签发之日起3年内缴清。其第一期出资不得少于外国投资者认缴的出资额的15%，并应当在外资企业营业执照签发之日起90日内缴清。外国投资者缴付每期出资后，外资企业应当聘请中国注册会计师验证，并出具验资报告，报审批机关和工商行政管理机关备案。

（二）外国投资者的出资期限

设立外资企业申请书和外资企业章程中应载明外国投资者缴付出资的期限。外国投资者未能在企业营业执照签发之日起90日内缴付第一期出资的，无正当理由逾期30日不缴付其他各期出资的，外资企业批准证书即自动失效，外资企业应当向工商行政管理机关办理注销登记手续，缴销营业执照；不办理注销登记手续和缴销营业执照的，由工商行政管理机关吊销其营业执照并予以公告。

外国投资者有正当理由要求延期出资的，应当经审批机关同意，并报工商行政管理机关备案。

外国投资者缴付每期出资后，外国企业应聘请中国注册会计师验证，并出具验资报告，报审批机关和工商行政管理机关备案。

五、外资企业的用地和费用

(一)外资企业用地的解决

外资企业的用地，由外资企业所在地的县级或者县级以上地方人民政府根据本地区的情况审核后，予以安排。外资企业应当在营业执照签发之日起30日内，持批准证书和营业执照到外资企业所在地的县级或者县级以上地方人民政府的土地管理部门办理土地使用手续，领取土地证书。土地证书为外资企业使用土地的法律凭证。外资企业的土地使用年限，与经批准的该外资企业的经营期限相同。外资企业在经营期限内未经批准，其土地使用权不得转让。

(二)外资企业的土地使用费用

外资企业在领取土地证书时，应当向其所在地人民政府的土地管理部门缴纳土地使用费。

外资企业使用经过开发的土地，应当缴付土地开发费。土地开发费包括征地拆迁安置费用和为外资企业配套的基础设施建设费用。土地开发费可由土地开发单位一次性计收或者分年计收。外资企业使用未经开发的土地，可以自行开发或者委托中国有关单位开发。基础设施的建设，应当由外资企业所在地的县级或者县级以上地方人民政府统一安排。

六、外资企业的经营管理

根据我国《外资企业法》第11条的规定，外资企业依照经批准的章程进行经营管理活动，不受干涉。

(一)外资企业的物资购买

外资企业有权自行决定购买本企业自用的机器设备、原材料、燃料、零部件、配套件、运输工具和办公用品等。上述物资，外资企业可以在中国市场购买，也可以在国际市场购买。

(二)外资企业的财务与会计

1. 财务会计制度的建立

外资企业应当执行国家统一的财务会计制度，并根据中国有关法律和财务会计制度的规定，制定适合本企业的财务会计制度，报当地财政、税务机关备案。

2. 会计年度和会计凭证、账簿、报表的文字

外资企业的会计年度自公历的1月1日起至12月31日止。外资企业的会计账簿和会计报表应当用中文书写，用外文书写的，应当加注中文。

3. 利润分配

外资企业依照中国税法规定缴纳所得税后的利润，应当提取储备基金和职工奖励及福利基金。储备基金的提取比例不得低于税后利润的10%，当累计提取金额达到注册资本的50%时，可以不再提取。职工奖励及福利基金的提取比例由外资企业自行确定。外资企业以往会计年度的亏损未弥补前，不得分配利润；以往会计年度未分配的利润，可与本会计年度可供分配的利润一并分配。

4. 账簿的设置和查阅

外资企业应当在企业所在地设置会计账簿，并接受财政、税务机关的监督。违反这一规定的，财政、税务机关可以处以罚款，工商行政管理机关可以责令其停止营业或者吊销其营业执照。

5. 有关报表的报送

外资企业应当独立核算。外资企业的年度会计报表和清算会计报表，应当依照中国财政、

税务机关的规定编制。以外币编报会计报表的，应当同时编报外币折合为人民币的会计报表。外资企业的年度会计报表和清算会计报表，应当聘请中国的注册会计师进行验证并出具报告。外资企业的年度会计报表和清算会计报表，连同中国的注册会计师出具的报告，应当在规定的时间内报送财政、税务机关，并报审批机关和工商行政管理机关备案。

(三)外资企业的劳动、工资及保险福利

(1)外资企业可以根据生产经营需要，按照国际通行的办法行使用人自主权。外资企业雇用中国职工应当依法签订合同，并在合同中明确雇用、辞退、报酬、福利、劳动保护、劳动保险等事项。对违反规章制度，且造成一定后果的职工，外资企业可以根据情节轻重，给予不同处分，甚至开除。外资企业招聘、招收、辞退或者开除职工，应当向当地劳动人事部门备案。

(2)外资企业有权自行确定工资标准、工资形式和奖励、津贴制度。

(3)外资企业要按照所在地人民政府的规定，缴纳中方职工退休养老基金和行业保险基金。

(4)外资企业的职工依法建立工会组织，开展工会活动，维护职工的合法权益。外资企业应当为本企业工会提供必要的活动条件。

七、外资企业的经营期限、终止和清算

(一)外资企业的经营期限

根据《外资企业法》及其实施细则的规定，外资企业的经营期限，根据不同行业和企业的具体情况，由外国投资者在设立外资企业的申请书中拟订，经审批机关批准。外资企业的经营期限，从其营业执照签发之日起计算。

外资企业经营期满需要延长经营期限的，应当在距经营期满 180 日前向审批机关提出申请。审批机关应当在收到申请书之日起 30 日内决定批准或者不批准。外资企业经批准延长经营期限的，应当自收到批准延长期限文件之日起 30 日内，向工商行政管理机关办理变更登记手续。

(二)外资企业的终止

外资企业有下列情形之一的，应予终止：

(1)经营期限届满；

(2)经营不善，严重亏损，外国投资者决定解散；

(3)因自然灾害、战争等不可抗力而遭受严重损失，无法继续经营；

(4)破产；

(5)违反中国法律、法规，危害社会公共利益被依法撤销；

(6)外资企业章程规定的其他解散的事由已经出现。

外资企业如存在上述(2)、(3)、(4)项所列情形，应当自行提交终止申请书，报审批机关核准，审批机关作出核准的日期为企业的终止日期。

(三)外资企业的清算

外资企业依照前述(1)、(2)、(3)、(6)项的规定终止的，应当在终止之日起 15 日内对外公告并通知债权人，并在终止公告发出之日起 15 日内提出清算程序、原则和清算委员会人选，报审批机关审核后进行清算。清算委员会应当由外资企业的法定代表人、债权人代表以及有关主管机关的代表组成，并聘请中国的注册会计师、律师等参加。清算委员会行使下列职权：

(1)召集债权人会议；

(2)接管并清理企业财产,编制资产负债表和财产目录;

(3)提出财产作价和计算依据;

(4)制订清算方案,收回债权和清偿债务;

(5)追回股东应缴而未缴的款项;

(6)分配剩余财产;

(7)代表外资企业起诉和应诉。

清算费用应从外资企业现存财产中优先支付。清算终了,外资企业的清算净收益即清算所得,依法缴纳所得税。缴纳所得税后的剩余财产,按照外资企业章程的规定进行分配。外资企业处理财产时,在同等条件下,中国的企业或者其他经济组织有优先购买权;外资企业清算结束后,应当向工商行政管理机关办理注销登记手续,缴销营业执照。

外资企业如果是由于破产而终止的,参照中国有关法律、法规进行清算。外资企业如果是由于违反中国法律、法规,危害社会公共利益被依法撤销而终止的,依照中国有关规定进行清算。

外资企业在清算结束之前,外国投资者不得将该企业的资金汇出或者携出中国境外,不得自行处理企业的财产。

复习思考题

1. 简述外商投资企业的概念及特征。
2. 简述中外合资经营企业与中外合作经营企业的区别。
3. 简述中外合作经营企业外方先行回收投资的条件。

案例分析

我国某机械制造厂欲引进国外先进技术生产汽车,经与美国一家汽车公司协商,达成合资经营协议。该协议的主要内容为:(1)合营企业的注册资本为900万美元,其中,中方出资680万美元,美方出资220万美元。中方出资方式是:场地使用费80万美元,机械设备300万美元,厂房200万美元,知识产权100万美元;美方出资方式是:知识产权120万美元(已设定抵押权),机械设备100万美元(系向某国租赁来的)。(2)合营企业今后以向社会发行股票的方式筹集企业扩大再生产的资本。(3)注册资本一般不得增加,除非经股东大会通过。(4)中外双方对合营企业的债务均承担无限连带责任。(5)在合同执行中如果发生争议,双方同意选择适用外方国家的法律解决。

要求:根据上述事实及有关法律规定,分析该合营企业协议存在哪些问题,分别说明理由。

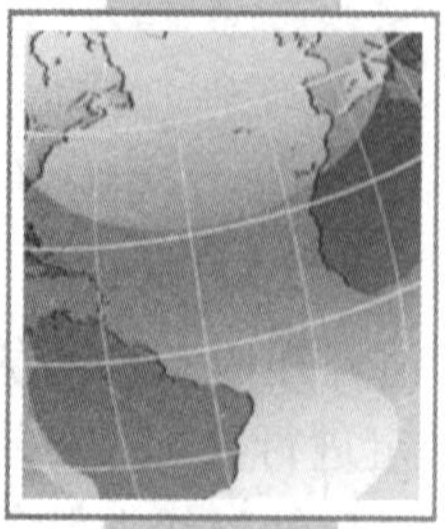

第五章 企业破产法律制度

第一节 破产法概述

一、企业破产的概念与特征

(一)企业破产的概念

企业破产是指在债务人不能清偿到期债务时,由法院强制执行其全部财产,公平清偿全体债权人,或者在法院监督下,由债权人与债务人会议达成和解协议,重整复苏企业,清偿债务,避免倒闭清算的法律制度。

我国《企业破产法》第二条规定:“企业法人不能清偿到期债务,并且资产不足以清偿全部债务或者明显缺乏清偿能力的,依照本法规定清理债务。企业法人有前款规定情形,或者有明显丧失清偿能力可能的,可以依照本法规定进行重整。”

这个概念表明了企业破产的基本含义:

(1)企业破产以企业法人不能清偿到期债务为前提。

(2)企业破产是人民法院依法主持清偿债务的一种特殊程序,不同于一般的债权债务清偿。首先,企业破产由人民法院裁定,债务人自己无法决定企业是否破产;其次,人民法院适用《企业破产法》主持企业破产程序,而非适用《民事诉讼法》。

(二)企业破产的特征

企业破产是一种特殊的债务清偿程序,与一般的债务清偿制度相比,具有以下特征:

(1)破产是一种清理债务的法定手段,法律后果是全部财产用于还债后,债务人主体资格消灭。依据《企业破产法》的规定,债务人必须以自己的全部财产作为债务清偿的基础,并且这种清偿是一次性的。清偿程序结束后,债务人的主体资格消灭。

(2)破产以债务人不能清偿到期债务为前提。具体而言,是指企业法人不能清偿到期债务,并且资产不足以清偿全部债务或者明显缺乏清偿能力。

(3)破产的目的主要是使债权得到公平清偿。企业法人破产时,通常具有多个债权人,各个债权数额不同、先后顺序不同,性质也有差异,破产制度要求债务清偿与债权的性质和数额相适应,在同一顺序中平等受偿,从而实现多个债权人之间的公平清偿。

(4)破产是一种强制执行程序,在法院的主持和监督下依法定程序实施。企业破产后债务人主体资格消灭,破产程序是债权人获得清偿的最后机会。为了确保在债务人现有财产范围内，实现多个债权人之间的公平清偿，破产程序必须由人民法院来主持。

二、企业破产法的概念、适用范围

（一）破产法的概念

破产法，是指调整因企业法人破产而形成的各种社会关系的法律规范的总称。

我国的破产法立法主要包括两个方面：

（1）《中华人民共和国企业破产法》（以下简称《企业破产法》）。该法由中华人民共和国第十届全国人民代表大会常务委员会第二十三次会议于2006年8月27日通过，自2007年6月1日起施行。我国的破产法立法主要是《企业破产法》。

（2）《中华人民共和国民事诉讼法》（以下简称《民事诉讼法》）。该法于1991年4月9日通过、2007年10月28日第一次修正、2012年8月31日第二次修正。我国《企业破产法》规定，破产案件审理程序，本法没有规定的，适用《民事诉讼法》的有关规定。

（二）适用范围

我国《企业破产法》规定，企业法人不能清偿到期债务，并且资产不足以清偿全部债务或者明显缺乏清偿能力的，依照本法规定清理债务。企业法人有前款规定情形，或者有明显丧失清偿能力可能的，可以依照本法规定进行重整。

1. 我国破产法的适用对象

我国《企业破产法》的适用对象主要是企业法人，即具有法人资格的企业，比如公司、中外合资经营企业等。企业法人以外的组织，如合伙企业等，参照适用《企业破产法》。

2. 我国破产法的适用事项

我国《企业破产法》适用于企业法人破产后的债务清偿，也适用于企业法人破产后的重整、和解。所以，从内容上看，我国《企业破产法》事实上包含重整、和解、破产清算三大程序。

第二节　破产申请与受理

一、破产申请

破产申请是破产申请人请求法院受理破产案件的意思表示。在我国，破产程序的开始不以申请为准而是以受理为准。因此，破产申请不是破产程序开始的标志，而是破产程序开始的条件。

我国《企业破产法》规定，人民法院受理破产申请前，申请人可以请求撤回申请。请求撤回破产申请，与提出破产申请一样，都是破产申请人的权利。但是，人民法院受理破产申请后，破产程序就开始了，申请人即刻丧失撤回申请的权利，以免对社会造成不利影响。

（一）破产申请的主体

（1）债务人。企业法人不能清偿到期债务，并且资产不足以清偿全部债务或者明显缺乏清偿能力的，债务人可以向人民法院提出重整、和解或者破产清算申请。

（2）债权人。债务人不能清偿到期债务，债权人可以向人民法院提出对债务人进行重整或者破产清算的申请。

（3）其他负有清算责任的人。企业法人已解散但未清算或者未清算完毕，资产不足以清偿债务的，依法负有清算责任的人应当向人民法院申请破产清算。

(二)破产申请文件

申请人向人民法院提出破产申请,应当提交破产申请书和有关证据。

破产申请书应当载明下列事项:

(1)申请人、被申请人的基本情况;

(2)申请目的;

(3)申请的事实和理由;

(4)人民法院认为应当载明的其他事项。

申请目的是指申请人向人民法院提出破产申请时,请求人民法院裁定债务人是破产清算还是重整。债务人提出申请的,还应当向人民法院提交财产状况说明、债务清册、债权清册、有关财务会计报告、职工安置预案以及职工工资的支付和社会保险费用的缴纳情况。

二、破产申请的受理

破产申请的受理是指人民法院在收到破产案件申请后,认为申请符合法定条件而予以接受,并由此开始破产程序的司法行为。法院裁定受理破产申请,是破产程序开始的标志。

(一)人民法院对破产申请的裁定

人民法院对破产申请的裁定,是指人民法院经过审查,对破产申请作出受理或者不受理的决定的司法活动。人民法院收到破产申请后,应当在法定时限内对破产申请进行审查,包括形式审查和实质审查。人民法院经审查认为破产申请符合法定条件的,应当裁定受理破产申请;人民法院认为破产申请不符合法定条件或者申请理由不成立的,则应裁定驳回破产申请。

我国《企业破产法》规定,破产案件由债务人住所地人民法院管辖。对破产案件有管辖权的人民法院对破产申请进行裁定的期限规定如下:

(1)债权人提出破产申请的,人民法院应当自收到申请之日起5日内通知债务人。债务人对申请有异议的,应当自收到人民法院的通知之日起7日内向人民法院提出。人民法院应当自异议期满之日起10日内裁定是否受理。

(2)债务人或其他人提出破产申请的,人民法院应当自收到破产申请之日起15日内裁定是否受理。

有特殊情况需要延长前两款规定的裁定受理期限的,经上一级人民法院批准,可以延长15日。

(二)破产申请裁定的送达

人民法院的裁定结果,应当送达申请人。

(1)人民法院裁定受理破产申请的,应当自裁定作出之日起5日内送达申请人。债权人提出申请的,人民法院应当自裁定作出之日起5日内送达债务人,债务人应当自裁定送达之日起15日内,向人民法院提交财产状况说明、债务清册、债权清册、有关财务会计报告以及职工工资的支付和社会保险费用的缴纳情况。

(2)人民法院裁定不受理破产申请的,应当自裁定作出之日起5日内送达申请人并说明理由。申请人对裁定不服的,可以自裁定送达之日起10日内向上一级人民法院提起上诉。

(三)破产申请受理后的驳回

我国《企业破产法》规定,人民法院受理破产申请后至破产宣告前,经审查发现债务人没有达到破产界限的,可以裁定驳回申请。申请人对裁定不服的,可以自裁定送达之日起10日内向上一级人民法院提起上诉。

三、破产程序开始的法律后果

人民法院受理破产申请的裁定送达申请人，标志着破产程序开始。破产程序开始后，企业的正常经营活动停止，债务人财产成为司法的对象，人民法院、破产当事人及关系人之间产生一系列的权利义务关系。

（一）人民法院的责任

1. 指定管理人

我国《企业破产法》规定，人民法院裁定受理破产申请的，应当同时指定管理人。管理人负责对债务人的财产进行管理、处分和分配。

2. 告知债权人

我国《企业破产法》规定，人民法院应当自裁定受理破产申请之日起25日内通知已知债权人，并予以公告。通知和公告应当载明下列事项：(1)申请人、被申请人的名称或者姓名；(2)人民法院受理破产申请的时间；(3)申报债权的期限、地点和注意事项；(4)管理人的名称或者姓名及其处理事务的地址；(5)债务人的债务人或者财产持有人应当向管理人清偿债务或者交付财产的要求；(6)第一次债权人会议召开的时间和地点；(7)人民法院认为应当通知和公告的其他事项。

（二）债务人的有关人员的责任

我国《企业破产法》规定，自人民法院受理破产申请的裁定送达债务人之日起至破产程序终结之日，债务人的有关人员承担下列义务：

(1)妥善保管其占有和管理的财产、印章和账簿、文书等资料；

(2)根据人民法院、管理人的要求进行工作，并如实回答询问；

(3)列席债权人会议并如实回答债权人的询问；

(4)未经人民法院许可，不得离开住所地；

(5)不得新任其他企业的董事、监事、高级管理人员。

前款所称有关人员，是指企业的法定代表人；经人民法院决定，可以包括企业的财务管理人员和其他经营管理人员。

（三）对债务人的影响

1. 对个别债权人的清偿无效

我国《企业破产法》规定，人民法院受理破产申请后，债务人对个别债权人的债务清偿无效。企业进入破产程序以后，除有财产担保的债权人可以就担保财产优先受偿外，其他普通债权人必须通过破产程序按比例受偿，债务人对个别债权人进行清偿必然使得其他债权人无法获得公平清偿，违背了《企业破产法》公平清偿所有债权人的目的，因此是无效的。

2. 财产保全措施解除，执行程序中止

我国《企业破产法》规定，人民法院受理破产申请后，有关债务人财产的保全措施应当解除，执行程序应当中止。财产保全，是指人民法院根据《民事诉讼法》的规定，在利害关系人起诉前或者当事人起诉后，为保障将来的生效判决能够得到执行或者避免财产遭受损失，对当事人的财产或者争议的标的物，采取查封、扣押、冻结等强制措施。破产程序开始后，要求将债务人的全部财产用于破产债务清偿，因此必须解除保全措施，以保证破产程序的正常进行。执行程序，是指根据《民事诉讼法》的规定，由法定组织和人员运用国家的强制力量，根据生效法律文书的规定，强制民事义务人履行所负义务的程序。但是，破产程序开始后，全体债权人的权利应当通过破产程序进行落实，所以，必须中止这些执行程序，按照破产程序来落实债权人的权利。

3. 民事诉讼或仲裁中止

我国《企业破产法》规定，人民法院受理破产申请后，已经开始而尚未终结的有关债务人的民事诉讼或者仲裁应当中止；在管理人接管债务人的财产后，该民事诉讼或者仲裁继续进行。民事诉讼和仲裁是解决民事纠纷的两种方式。破产程序开始以后，债务人失去了对财产的处分权，涉及债务人财产的民事诉讼与仲裁当然应该中止。在管理人接管债务人财产以后，民事诉讼和仲裁可以继续进行，不过因为破产程序已经开始，即使债权人取得了生效的判决、裁定，也只能据此向管理人申报债权，在破产程序中得到清偿。

4. 民事诉讼只能向受理法院提起

我国《企业破产法》规定，人民法院受理破产申请后，有关债务人的民事诉讼，只能向受理破产申请的人民法院提起。企业进入破产程序以后，为了提高破产程序的效率，方便破产案件的管理，有关债务人的民事诉讼，只能向受理破产申请的人民法院提起。

(四)管理人接管破产企业

1. 管理人接受他人债务清偿和财产交付

我国《企业破产法》规定，人民法院受理破产申请后，债务人的债务人或者财产持有人应当向管理人清偿债务或者交付财产。人民法院受理破产申请以后，管理人接管破产企业，负责管理、处分和分配破产财产，因此，债务人的债务人或者财产持有人不能向债务人清偿债务或者交付财产，而应当向管理人清偿债务或者交付财产。债务人的债务人或者财产持有人故意违反前款规定向债务人清偿债务或者交付财产，使债权人受到损失的，不免除其清偿债务或者交付财产的义务。其中，债务人的债务人是指破产程序开始前，已经对债务人负有债务的人。债务人的财产持有人，是指破产程序开始前，已经实际占有债务人所有或者经营管理的财产，但对该财产没有处分权的人。

2. 管理人决定交易、营业是否继续

我国《企业破产法》规定，人民法院受理破产申请后，管理人对破产申请受理前成立而债务人和对方当事人均未履行完毕的合同有权决定解除或者继续履行，并通知对方当事人。管理人自破产申请受理之日起2个月内未通知对方当事人，或者自收到对方当事人催告之日起30日内未答复的，视为解除合同。管理人决定继续履行合同的，对方当事人应当履行；但是，对方当事人有权要求管理人提供担保，管理人不提供担保的，视为解除合同。在第一次债权人会议召开之前，管理人决定继续或者停止债务人的营业，但应当经人民法院许可。

(五)债权人申报债权

1. 债权的申报期限

我国《企业破产法》规定，人民法院受理破产申请后，应当确定债权人申报债权的期限。债权申报期限自人民法院发布受理破产申请公告之日起计算，最短不得少于30日，最长不得超过3个月。债权人应当在人民法院确定的债权申报期限内向管理人申报债权。债权人未依照《企业破产法》的规定申报债权的，不得行使权利。

在人民法院确定的债权申报期限内，债权人未申报债权的，可以在破产财产最后分配前补充申报；但是，此前已进行的分配，不再对其补充分配。为审查和确认补充申报债权的费用，由补充申报人承担。

2. 可以申报的债权

人民法院受理破产申请时，对债务人享有债权的债权人可以依照《企业破产法》规定的程序行使债权申报的权利。根据我国《企业破产法》的规定，未到期的债权，在破产申请受理时视为到期；附利息的债权，自破产申请受理时起停止计息；附条件、附期限的债权和诉讼、仲裁未决的债权，债权人可以申报。未到期的债权，因为破产程序的开始而提前到期，从而确保能够在破产程序中得到清偿；附利息的债权，需要在债权人申报债权时确定具体的数额，所以自破产申请受理之日起停止计息；附条件、附期限的债权，无论条件是否成就、期限是否届满，只要债权合法存在，都可以向管理人申报；诉讼和仲裁未决的债权，债权人可以依据其向法院或者仲裁机构主张的债权数额来申报债权。

3. 债权申报的一般规则

我国《企业破产法》规定，债权人申报债权时，应当书面说明债权的数额和有无财产担保，并提交有关证据。

4. 债权申报的特殊规则

(1)连带债权人的债权申报。我国《企业破产法》规定，债权人申报债权时，申报的债权是连带债权的，应当说明；连带债权人可以由其中一人代表全体连带债权人申报债权，也可以共同申报债权。连带债权人，是指对债务人享有连带权利的债权人，各个债权人都有权利要求债务人履行义务，所以，全体连带债权人可以选定一人代表全体连带债权人向管理人申报债权，也可以以共同的名义向管理人申报债权。

(2)债务人的保证人或者其他连带债务人的债权申报。我国《企业破产法》规定，债务人的保证人或者其他连带债务人已经代替债务人清偿债务的，以其对债务人的求偿权申报债权。债务人的保证人或者其他连带债务人尚未代替债务人清偿债务的，以其对债务人的将来求偿权申报债权。但是，债权人已经向管理人申报全部债权的除外。保证人在承担保证责任以后，有权利向债务人追偿，因此对债务人享有求偿权。债务人的保证人已经代替债务人清偿债务的，保证人有权以其对债务人的求偿权向管理人申报债权，申报数额为保证人已经代替债务人清偿的债务数额。保证人尚未代替债务人清偿债务的，保证人以其对债务人的将来求偿权向管理人申报债权。为了保护已经对外清偿债务的连带债务人的合法权益，当连带债务人中一人或者数人进入破产程序以后，其他连带债务人有权以其对债务人的求偿权申报债权。

(3)连带债务人的债权人的债权申报。我国《企业破产法》规定，连带债务人数人被裁定适用破产程序的，其债权人有权就全部债权分别在各破产案件中申报债权。连带债务人的债权人是所有连带债务人的债权人，当多名连带债务人同时或者先后进入破产程序以后，债权人有权分别在各个破产案件中申报债权。

(4)因解除合同产生损害导致的债权申报。我国《企业破产法》规定，管理人或者债务人依照本法规定解除合同的，对方当事人以因合同解除所产生的损害赔偿请求权申报债权。

(5)受托人的债权申报。我国《企业破产法》规定，债务人是委托合同的委托人，被裁定适用本法规定的程序，受托人不知该事实，继续处理委托事务的，受托人以由此产生的请求权申报债权。

(6)因票据关系产生的债权申报。我国《企业破产法》规定，债务人是票据的出票人，被裁定适用本法规定的程序，该票据的付款人继续付款或者承兑的，付款人以由此产生的请求权申报债权。

5. 管理人审查债权、编制债权表

我国《企业破产法》规定，管理人收到债权申报材料后，应当登记造册，对申报的债权进行审查，并编制债权表。债权表和债权申报材料由管理人保存，供利害关系人查阅。

6. 债权核查、确认

我国《企业破产法》规定，依法编制的债权表，应当提交第一次债权人会议核查。债务人、债权人对债权表记载的债权无异议的，由人民法院裁定确认；债务人、债权人对债权表记载的债权有异议的，可以向受理破产申请的人民法院提起诉讼。

7. 不必申报的债权

我国《企业破产法》规定，债务人所欠职工的工资和医疗、伤残补助、抚恤费用，所欠的应当划入职工个人账户的基本养老保险、基本医疗保险费用，以及法律、行政法规规定应当支付给职工的补偿金，不必申报，由管理人调查后列出清单并予以公示。职工对清单记载有异议的，可以要求管理人更正；管理人不予更正的，职工可以向人民法院提起诉讼。考虑到企业的职工人数通常较多，破产企业所欠职工的债务相对明确、性质同一，可以直接依据破产企业的财务账册来确定。

第三节　管理人、债权人会议与债权人委员会

一、管理人

我国《企业破产法》规定，管理人由人民法院指定。

（一）管理人的担任和任职资格

1. 管理人的担任

为了确保管理人在执行职务过程中的公正性，管理人既不能由债权人担任，也不能由债务人担任，而应该由独立的第三方担任。依据《企业破产法》的规定，担任管理人有三种情况：

（1）清算组担任管理人。清算组是在债务人被宣告破产之后，根据人民法院的指定，由有关部门、机构的人员所组成的负责对破产企业财产进行保管、清理、估价、处分和分配的清算机构。清算组不是债权人的代表，也不是债务人的代表，而是公众、独立的第三方。清算组担任管理人，有利于维护债权人、债务人双方的利益，有利于确保破产程序的公正性。

（2）社会中介机构担任管理人。社会中介机构主要是指依法设立的律师事务所、会计师事务所、破产清算事务所等，它们具有参与破产程序的专业知识和任职资格，同时，作为独立的第三方，也可以确保破产程序的公正性。

（3）专业人员担任管理人。某些债务人规模较小，债权债务关系相对比较简单，人民法院可以根据债务人的实际情况，在征询有关社会中介机构的意见后，指定该机构具备相关专业知识并取得执业资格的人员（比如注册会计师、律师）担任管理人。

2. 管理人的任职资格

我国《企业破产法》规定，有下列情形之一的，不得担任管理人：

（1）因故意犯罪受过刑事处罚；

（2）曾被吊销相关专业执业证书；

（3）与本案有利害关系；

(4)人民法院认为不宜担任管理人的其他情形。

另外,由于个人担任管理人具有较高的风险,我国《企业破产法》还规定,个人担任管理人的,应当参加执业责任保险。

管理人不宜经常变更。我国《企业破产法》规定,管理人没有正当理由不得辞去职务,管理人辞去职务应当经人民法院许可。这样规定主要是为了确保管理人处理破产事宜的稳定性和统一性,进而保证破产程序的顺利进行。所谓辞去职务的正当理由,可以是生理上的(比如管理人突然患病,丧失民事行为能力),也可以是能力上的(比如破产案件过于复杂,管理人自认为无法处理)。

(二)管理人的报酬

管理人履行职责,付出劳动,理应获得合理的报酬。我国《企业破产法》规定,管理人的报酬由人民法院确定,债权人会议对管理人的报酬有异议的,有权向人民法院提出。指定管理人和确定管理人报酬的办法,由最高人民法院规定。管理人获得的报酬是纯报酬,不包括其因执行职务、进行破产管理工作中需要支付的其他费用,如公告费用、变价财产费用等。

我国《企业破产法》规定,管理人经人民法院许可,可以聘用必要的工作人员。管理人聘用工作人员的费用为破产费用。

(三)管理人的职责

管理人应当勤勉尽责,忠实执行职务。根据我国《企业破产法》的规定,管理人应该履行下列职责:(1)接管债务人的财产、印章和账簿、文书等资料;(2)调查债务人财产状况,制作财产状况报告;(3)决定债务人的内部管理事务;(4)决定债务人的日常开支和其他必要开支;(5)在第一次债权人会议召开之前,决定继续或者停止债务人的营业;(6)管理和处分债务人的财产;(7)代表债务人参加诉讼、仲裁或者其他法律程序;(8)提议召开债权人会议;(9)人民法院认为管理人应当履行的其他职责。我国《企业破产法》对管理人的职责另有规定的,适用其规定。

在第一次债权人会议召开之前,管理人决定继续或者停止债务人的营业,或者有下列行为的,应当经人民法院许可:(1)涉及土地、房屋等不动产权益的转让;(2)探矿权、采矿权、知识产权等财产权的转让;(3)全部库存或者营业的转让;(4)借款;(5)设定财产担保;(6)债权和有价证券的转让;(7)履行债务人和对方当事人均未履行完毕的合同;(8)放弃权利;(9)担保物的取回;(10)对债权人利益有重大影响的其他财产处分行为。

管理人未依法勤勉尽责、忠实执行职务的,人民法院可以依法处以罚款;给债权人、债务人或者第三人造成损失的,依法承担赔偿责任。

二、债权人会议与债权人委员会

(一)债权人会议

1. 债权人会议的概念与性质

债权人会议,是由所有依法申报债权的债权人组成,以保障债权人共同利益为目的,为实现债权人的破产程序参与权,讨论决定有关破产事宜、表达债权人意志、协调债权人行为的破产议事机构。

在破产程序中,债权人会议不是一个独立的民事权利主体,而只是具有自治性质的团体机构。债权人会议仅在破产程序中与法院、管理人、债务人或破产人等有关当事人进行交涉,负责处理涉及全体债权人共同利益的问题,协调债权人的法律行为,采用少数服从多数的表决方式在其职权范围内议决有关破产事宜。债权人会议不能与破产程序之外的主体发生法律关系。债权人会议以召集会议的方式进行活动，虽属于法定必设机关，但不是常设的机构，而是会议体临时机构。债权人会议仅为决议机关，虽享有法定职权，但本身无执行功能，其作出的相关决议一般由管理人负责执行。

2. 债权人会议的组成及表决权的行使

根据《企业破产法》的规定，债权人会议的成员为所有依法申报债权的债权人。债权人会议的成员有权参加债权人会议，对相关事项享有表决权。

债权人行使表决权应当满足一定的条件。首先，债权尚未确定的债权人，除人民法院能够为其行使表决权而临时确定债权额以外，不得行使表决权。债权尚未确定，包括债权数额尚未确定，也包括债权的发生尚未确定，比如正在诉讼且还无定论的债权。因此，可以行使表决权的债权应当是确定的债权。其次，对债务人的特定财产享有担保权的债权人，未放弃优先受偿权利的，对于《企业破产法》规定的有关事项不享有表决权。有担保的债权可以优先受偿，享有优先受偿权的债权人在债权人会议中行使表决权决定他人的利益事项（如破产财产的分配），对其他债权人来说是不公平的。所以，除非放弃优先受偿权，否则有担保的债权人就相关事项没有表决权。

3. 债权人会议的职权

债权人会议行使下列职权：

(1)核查债权；

(2)申请人民法院更换管理人，审查管理人的费用和报酬；

(3)监督管理人；

(4)选任和更换债权人委员会成员；

(5)决定继续或者停止债务人的营业；

(6)通过重整计划；

(7)通过和解协议；

(8)通过债务人财产的管理方案；

(9)通过破产财产的变价方案；

(10)通过破产财产的分配方案；

(11)人民法院认为应当由债权人会议行使的其他职权。

债权人会议应当对所议事项的决议作成会议记录。

4. 债权人会议的会议制度

(1)债权人会议的召集和通知。第一次债权人会议由人民法院召集，自债权申报期限届满之日起 15 日内召开。以后的债权人会议，在人民法院认为必要时，或者在管理人、债权人委员会、占债权总额 1/4 以上的债权人向债权人会议主席提议时召开。召开债权人会议，管理人应当提前 15 日通知已知的债权人。

(2)债权人会议的主持和出席。第一，债权人会议设主席一人，由人民法院从有表决权的债权人中指定。债权人会议主席主持债权人会议。第二，债权人可以委托代理人出席债权人会议，行使表决权。代理人出席债权人会议，应当向人民法院或者债权人会议主席提交债权人的授权委托书。第三，债权人会议应当有债务人的职工和工会的代表参加，对有关事项发表意见。

(3)债权人会议的决议。第一，表决规定。债权人会议的决议，由出席会议的有表决权的债权人过半数通过，并且其所代表的债权额占无财产担保债权总额的 1/2 以上。由出席会议的有表决权的债权人过半数通过和债权额占无财产担保债权总额的 1/2 以上并用，平衡了有财产担保债权人与无财产担保债权人的利益，防止债权人会议决议困难，提高债权人会议的工作效率。但是，法律对债权人会议通过和解协议与重整计划的决议有更为严格的规定，在相关部分将作具体讲解。第二，债权人会议决议的效力。根据我国《企业破产法》的规定，债权人会议的决议，对于在该决议事项上有表决权的全体债权人均有约束力。第三，债权人的救济。立法为反对债权人会议决议者提供了救济渠道。债权人认为债权人会议的决议违反法律规定，且损害其利益的，可以自债权人会议作出决议之日起 15 日内，请求人民法院裁定撤销该决议，责令债权人会议依法重新作出决议。

5. 其他事项

(1)人民法院裁定的情形。债务人财产的管理方案、破产财产的变价方案，经债权人会议表决未通过的，由人民法院裁定；破产财产的分配方案，经债权人会议二次表决仍未通过的，由人民法院裁定；以上裁定，人民法院可以在债权人会议上宣布或者另行通知债权人。

(2)债权人的救济。债权人对人民法院就债务人财产的管理方案、破产财产的变价方案作出的裁定不服的，债权额占无财产担保债权总额 1/2 以上的债权人对人民法院就破产财产的分配方案作出的裁定不服的，可以自裁定宣布之日或者收到通知之日起 15 日内向该人民法院申请复议。复议期间不停止裁定的执行。

(二)债权人委员会

1. 债权人委员会的概念与性质

债权人委员会是遵循债权人的共同意志，代表债权人会议监督管理人行为以及破产程序的合法、公正进行，处理破产程序中的有关事项，维护债权人利益的常设监督机构。

我国《企业破产法》规定，债权人会议可以决定设立债权人委员会。由此，我国建立了各国破产法中均存在的破产监督人制度。在破产程序中设立债权人委员会具有重要的意义，它的设立有助于保护全体债权人的利益，保障债权人会议职能的有效执行，并在债权人会议闭会期间对破产程序进行日常必要的监督。

债权人委员会为破产程序中的选任机关，不是必须设立的，由债权人会议根据案件具体情况决定是否有必要设置。债权人委员会中的债权人代表由债权人会议选任、罢免。

2. 债权人委员会的组成

债权人委员会中除了由债权人会议选任的债权人代表，还应当有一名债务人企业的职工代表或者工会代表。为便于决定事项、开展工作，债权人委员会的成员人数原则上应为奇数，最多不得超过 9 人。出任债权人委员会的成员应当经人民法院书面认可。

3. 债权人委员会的职权

债权人委员会行使下列职权：

(1)监督债务人财产的管理和处分；

(2)监督破产财产分配；

(3)提议召开债权人会议；

(4)债权人会议委托的其他职权。

债权人委员会执行职务时，有权要求管理人、债务人的有关人员对其职权范围内的事务作出说明或者提供有关文件。管理人、债务人的有关人员违反本法规定拒绝接受监督的，债权人委员会有权就监督事项请求人民法院作出决定；人民法院应当在 5 日内作出决定。

4. 管理人应当向债权人委员会报告的行为

管理人实施下列行为的，应当及时报告债权人委员会：(1)涉及土地、房屋等不动产权益的转让；(2)探矿权、采矿权、知识产权等财产权的转让；(3)全部库存或者营业的转让；(4)借款；(5)设定财产担保；(6)债权和有价证券的转让；(7)履行债务人和对方当事人均未履行完毕的合同；(8)放弃权利；(9)担保物的取回；(10)对债权人利益有重大影响的其他财产处分行为。未设立债权人委员会的，管理人实施前款规定的行为应当及时报告人民法院。

第四节　债务人财产、破产费用和共益债务

一、债务人财产

(一)债务人财产的概念

我国《企业破产法》规定，债务人财产包括破产申请受理时属于债务人的全部财产，以及破产申请受理后至破产程序终结前债务人取得的财产。据此规定，确定债务人财产范围的界定时点是破产申请受理时，而不是破产宣告时。债务人财产在破产宣告后称为破产财产。已作为担保物的财产也属于债务人财产。

(二)人民法院可以撤销的行为

人民法院根据管理人的请求，对发生在一定期限内、有可能损害债权人利益、针对债务人财产的行为予以撤销，可以最大限度地保护债务人财产，维护债权人的利益。我国《企业破产法》规定，人民法院受理破产申请前1年内，涉及债务人财产的下列行为，管理人有权请求人民法院予以撤销：

(1)无偿转让财产的；

(2)以明显不合理的价格进行交易的；

(3)对没有财产担保的债务提供财产担保的；

(4)对未到期的债务提前清偿的；

(5)放弃债权的。

人民法院受理破产申请前6个月内，债务人已经不能清偿到期债务，并且资产不足以清偿全部债务或明显缺乏清偿能力的情况下，仍对个别债权人进行清偿的，管理人有权请求人民法院予以撤销。但是，个别清偿使债务人财产受益的除外。

(三)人民法院宣告无效的行为

人民法院宣告行为无效与人民法院行使撤销权是不同的，区别主要表现在以下两点：(1)人民法院宣告行为无效不需要管理人的申请，人民法院可以依据职权主动作出；人民法院行使撤销权则需要由管理人提出申请。(2)人民法院宣告行为无效没有时间限制，无论该行为发生在何时，人民法院都可以宣告无效；人民法院行使撤销权是有时间限制的，该行为必须发生在人民法院受理破产申请前1年或6个月。

我国《企业破产法》规定，涉及债务人财产的下列行为无效：

(1)为逃避债务而隐匿、转移财产的。隐匿财产是指债务人隐瞒、藏匿财产的行为。转移财产是指通过改变财产的物理位置的方式，使得管理人在破产程序开始后不能有效地接管债务人财产，往往是债务人通过与他人合谋的方式，使得债务人的财产名义上转移到他人的名下。

(2)虚构债务或者承认不真实的债务的。虚构债务或者承认不真实的债务，是指通过订立虚假的合同、虚构应付账款、在财务账册上多列支出等方式，来达到转移财产、逃避债务的目的。

我国《企业破产法》规定，违反上述规定而取得的债务人财产，管理人有权追回。无论是可撤销的行为还是宣告无效的行为，其被撤销或被宣告无效后，该行为的法律效力都归于消灭，当事人之间的权利义务关系应该恢复到行为发生之前的状态。例如，第三人在人民法院受理破产申请前1年内无偿取得债务人财产的，该行为经管理人申请、人民法院撤销以后，第三人应该将财产返还给债务人；债务人为逃避债务将财产转移给第三人的，应当将财产转回。

(四)管理人对债务人财产的追回

1. 向出资人追讨出资

我国《企业破产法》规定，人民法院受理破产申请后，债务人的出资人尚未完全履行出资义务的，管理人应当要求该出资人缴纳所认缴的出资，而不受出资期限的限制。出资人的出资是构成债务人财产的重要部分，如果人民法院受理破产申请时，债务人的出资人并未完全履行出资人义务，势必削弱债务人的清偿能力，进而伤害债权人的利益。所以，我国法律规定，人民法院受理破产申请后，债务人的出资人应当缴纳所有出资，且不受出资期限的限制。

2. 向董事、监事、高管追回财产

我国《企业破产法》规定，债务人的董事、监事和高级管理人员利用职权从企业获取的非正常收入和侵占的企业财产，管理人应当追回。根据我国《公司法》的规定，债务人的董事、监事和高级管理人员不得利用职权收受贿赂或其他非法收入，不得侵占公司的财产。债务人的董事、监事和高级管理人员利用职权从企业获取的非正常收入和侵占的企业财产，归公司所有。在该财产被债务人的董事、监事和高级管理人员占有以后，管理人有权利并且有义务追回，将其纳入破产财产的范畴。

3. 取回担保物

我国《企业破产法》规定，人民法院受理破产申请后，管理人可以通过清偿债务或者提供为债权人所接受的担保，取回质物、留置物。在质物或者留置物的价值低于被担保的债权额时，以该质物或者留置物当时的市场价值为限。

管理人取回质物、留置物应当通过两种方式：(1)管理人向质权人、留置权人清偿债务；(2)管理人向质权人、留置权人提供其可以接受的替代担保。管理人为了取回质物、留置物向质权人、留置权人清偿债务或者提供为债权人所接受的担保，在质物或者留置物的价值低于被担保的债权额时，应该以该质物或者留置物当时的市场价值为限，否则就相当于给予了质权人、留置权人额外的利益，损害了其他债权人的利益。

(五)取回权和抵销权

1. 取回权

所谓取回权，是指当破产清算组接管破产企业移交的财产时，对于不属于破产企业的那部分财产，其所有人有从破产管理人处取回的权利。取回权的作用在于，一方面是有助于财产的真正权利人恢复其对财产的权利，另一方面是有助于管理人甄别其可控制的财产。

2. 抵销权

抵销权是指债权人在破产案件受理前对债务人负有债务的，无论其债权与所负债务种类是否相同，也不论该债权和债务是否附有期限或条件，都可以用该债权抵销其对债务人所负债务的权利。债权人行使抵销权，实际上是用债务人财产全额清偿了债权人的债权，从而使得债权人避免了因接受破产财产分配(与同一顺序中债权人按比例清偿)而受到损失。

从表面看，抵销权似乎违反了破产程序公平清偿的原则，其实不然。如果不允许债权人行使抵销权，那么破产管理人有权要求债权人全额履行债务，而债权人只能接受按比例清偿，这对债权人来说是不公平的。而且，抵销权还可以减轻管理人追索债务的工作，节省开支，提高工作效率。

我国《企业破产法》规定，债权人在破产申请受理前对债务人负有债务的，可以向管理人主张抵销。但是，有下列情形之一的，不得抵销：(1)债务人的债务人在破产申请受理后取得他人对债务人的债权的。(2)债权人已知债务人有不能清偿到期债务或者破产申请的事实，对债务人负担债务的；但是，债权人因为法律规定或者有破产申请1年前所发生的原因而负担债务的除外。(3)债务人的债务人已知债务人有不能清偿到期债务或者破产申请的事实，对债务人取得债权的；但是，债务人的债务人因为法律规定或者有破产申请1年前所发生的原因而取得债权的除外。

二、破产费用和共益债务

(一)破产费用和共益债务的概念

1. 破产费用的概念

破产费用是指在破产程序开始时以及办理过程中，为了破产程序的进行而产生的各项费用。具体包括破产申请受理费、召开债权人会议所需费用、对债务人财产进行管理而支出的费用、对债务人财产进行变价和分配所需费用、为保证债务人财产管理与破产事务的正常进行而聘用工作人员所开支的费用、管理人执行职务的费用和报酬等。

2. 共益债务的概念

共益债务是指人民法院受理破产申请后，为了全体债权人的共同利益以及破产程序顺利进行而发生的债务。具体包括履行双务合同所产生的债务、债务人财产受无因管理所产生的债务、由债务人财产不当得利所产生的债务、在破产程序中为继续营业向劳动者支付的劳动报酬和社会保险费用、管理人或相关人员执行职务致人损害所产生的债务等。

3. 破产费用和共益债务的异同点

破产费用和共益债务的相同点表现在：(1)产生的时间都是人民法院受理破产申请后；(2)产生的目的都是为了破产程序的顺利进行，为了更好地管理债务人财产，为了保护债权人或者有利害关系第三人的利益；(3)两种费用的支付来源都是债务人的财产，支付方式都是随时支付的。

破产费用和共益债务的不同点表现在：(1)两者所指的范围存在区别。破产费用是在破产程序进行和债务人财产管理过程中支出的常规性、程序性费用；而共益债务是在破产程序中为了债权人的共同利益而支出的不确定费用。(2)清偿顺序不同。当债务人的财产能够完全支付这两种费用的时候，不存在支付顺序问题；当债务人的财产不能完全支付所有的破产费用和共益债务的时候，应当先清偿破产费用；当债务人的全部财产不足以支付破产费用或共益债务的时候，各破产费用、共益债务按照比例清偿。

(二)破产费用和共益债务的清偿

我国《企业破产法》规定，破产费用和共益债务由债务人财产随时清偿。对于破产费用和共益债务的清偿，应当把握三大原则：

1. 随时清偿

在破产程序中，破产费用和共益债务是随时发生的，为了保证破产程序的正常进行，当任何一笔破产费用或者共益债务发生时，应当从债务人财产中及时予以清偿，无需等到破产清算。

2. 破产费用优先清偿

在破产程序中，当债务人财产不足以同时清偿破产费用和共益债务时，优先清偿破产费用。

3. 按比例清偿

在破产程序中，债务人财产不足以清偿所有的破产费用和共益债务的，优先清偿破产费用；债务人财产不足以清偿破产费用的，按照未清偿破产费用数额的比例公平清偿；债务人财产清偿全部破产费用以后，不足以清偿共益债务的，按照未清偿共益债务数额的比例公平清偿。

第五节 重整与和解

一、重整

(一)重整的概念和意义

1. 重整的概念

重整是指对已经或可能发生破产原因但又有挽救希望与价值的企业，通过对各方利害关系人的利益协调，借助法律强制进行股权、营业、资产重组与债务清理，以避免破产的法律制度。重整是我国破产法规定的三大程序之一。

2. 重整的意义

传统的破产清算制度在保障债务公平清偿、维护债权人和债务人的正当权益、维护社会经济秩序等方面具有重要的意义与作用，但也存在一些难以协调解决的问题。破产清算程序耗时长、费资多、成本高，而债权人实际分配所得往往很少。破产企业被清算消灭，企业各项有形、无形的构成因素被分解变卖，丧失作为完整运营体的社会价值，许多财产或权利完全丧失经济价值或大幅贬值，在清算中很难以合理价格及时变现，不仅使企业的股东、债权人受到严重损失，甚至血本无归，对社会财富与生产力来说，也是一种破坏。企业的破产倒闭还会造成职工失业，乃至发生其供应商、销售商、连环担保企业等相关企业的连锁破产，对企业所在城市与社区的经济、税收、社会发展都可能产生消极影响，危及社会稳定与和谐。重整制度的设置，就是要在可能的情况下尽力解决这些问题，挽救企业的经济与社会价值，减轻社会损失。

(二)重整申请和重整期间

1. 重整申请

我国《企业破产法》规定，债务人或者债权人可以依照本法规定，直接向人民法院申请对债务人进行重整。债权人申请对债务人进行破产清算的，在人民法院受理破产申请后、宣告债务人破产前，债务人或者出资额占债务人注册资本 1/10 以上的出资人，可以向人民法院申请重整。

重整申请有两种情况：一是直接向人民法院提出重整申请，希望债务人进入重整程序；二是债权人申请对债务人进行破产清算的，在人民法院受理破产申请后、宣告债务人破产前，债务人或者出资额占债务人注册资本1/10以上的出资人向人民法院提出重整申请，从破产清算程序向重整程序转换。

重整申请人主要有以下三种：

(1)债务人。债务人重整申请提出的时间分为两种：第一，当债务人不能清偿到期债务，并且资产不足以清偿全部债务或者明显缺乏清偿能力的，债务人可以直接向人民法院提出重整申请。第二，债权人申请对债务人进行破产清算的，在人民法院受理破产申请以后、宣告企业破产以前，债务人为了避免破产倒闭，可以向人民法院提出重整申请。

(2)债权人。当债务人不能清偿到期债务，并且资产不足以清偿全部债务或者明显缺乏清偿能力的，债权人可以直接向人民法院提出重整申请。

(3)出资人。企业的出资人也可以向人民法院提出重整申请，但是必须满足两个条件：第一，申请的期间应当是在债权人申请对债务人进行破产清算的情况下，人民法院受理破产申请后、宣告债务人破产前。第二，出资人的出资额必须占债务人注册资本的1/10以上。

人民法院经审查认为重整申请符合本法规定的，应当裁定债务人重整，并予以公告。

2. 重整期间

自人民法院裁定债务人重整之日起至重整程序终止，为重整期间。需要注意的是，所谓重整期间，仅指重整申请受理至重整计划草案得到债权人会议分组表决通过和人民法院审查批准，或重整计划草案未能得到债权人会议分组表决通过或人民法院不予批准的期间，不包括重整计划得到批准后的执行期间。

(1)重整期间的起止时间

重整期间，也称为“冻结期间”，或“中止期间”。我国《企业破产法》规定，自人民法院裁定债务人重整之日起至重整程序终止，为重整期间。

重整期间的开始时间为人民法院裁定债务人重整之日。重整程序发生效力，只需要人民法院作出裁定即可，无需通知或者送达利害相关人，相关人是否知悉债务人重整，均受债务人重整期间效力的约束。

重整期间的结束时间为重整程序终止之时。重整程序终止的情况主要有以下几种：①在重整期间，债务人的经营状况和财产状况继续恶化，缺乏挽救的可能性，或者债务人有欺诈、恶意减少企业财产、无理拖延或其他显著不利于债权人的行为，或者由于债务人的行为致使管理人无法执行职务的；②债务人或管理人未按期提出重整计划草案的；③人民法院裁定批准重整计划草案的；④重整计划草案未能获得债权人会议通过或没能得到人民法院裁定批准的；⑤人民法院经审查认为重整计划草案不符合法律规定的。

(2)重整期间的重整人

在重整程序中，重整人始终居于主导地位。无论是重整计划的草拟、洽谈、磋商、修改还是最终执行，都依赖重整人，而且重整期间的公司营业也由重整人负责操持。

①债务人作为重整人。我国《企业破产法》规定，在重整期间，经债务人申请、人民法院批准，债务人可以在管理人的监督下自行管理财产和营业事务；已接管债务人财产和营业事务的管理人应当向债务人移交财产和营业事务，本法规定的管理人的职权由债务人行使。在重整期间，由熟悉业务的债务人从事企业经营，更有可能获得成功，更有利于实现重整的目的，因此，由债务人担任重整人是可以的。但是，债务人作为重整人必须经过债务人的申请和人民法院的批准，自行管理财产和营业事务必须接受管理人的监督。

②管理人作为重整人。债务人没有申请自行管理财产和营业事务，或者虽然申请但是没

有得到人民法院批准的，重整程序仍然要继续，此时，则由管理人来担任重整人，履行重整人的职责。

(3)重整期间担保事务的处理

我国《企业破产法》规定，在重整期间，对债务人的特定财产享有的担保权暂停行使。但是，担保物有损坏或者价值明显减少的可能，足以危害担保权人权利的，担保权人可以向人民法院请求恢复行使担保权。在重整期间，债务人或者管理人为继续营业而借款的，可以为该借款设定担保。

①担保权暂停行使。在重整期间，若担保债权人随意行使其对债务人设押财产的权利，尤其是在债务人对企业经营所必备的机器设备、设施等设定抵押的情况下，企业很难重获新生，不利于重整目标的实现。因此，为了债务人和全体债权人的利益，让个别债权人在权利的行使上作出暂时的牺牲，相对来说是公平的。但是，如果担保物有损坏或者价值明显减少的可能，足以危害担保权人权利的，担保权人可以向人民法院请求恢复行使担保权。

②可以设定借款担保。在重整期间，重整人需要在重整计划制订和通过之前为营业的继续提供资金，获得贷款对于债务人的持续营业和重获新生至关重要，重整人为继续营业而对外借款的，可以为该借款设定担保。债务人在重整期间的借款属于共益债务。

(4)重整期间债务人的财产保障

①对取回权的限制。我国《企业破产法》规定，债务人合法占有的他人财产，该财产的权利人在重整期间要求取回的，应当符合事先约定的条件。根据我国法律的规定，人民法院受理破产申请以后，对于不属于债务人的财产，该财产的所有人可以通过管理人取回。但是，在重整程序中，这些财产可能是债务人继续营业所必需的，对于重整目标的实现至关重要，因此，虽然财产的所有人对该财产享有所有权，但若想在重整期间取回财产，必须满足事先的约定条件。

②对债务人收益分配的禁止。我国《企业破产法》规定，在重整期间，债务人的出资人不得请求投资收益分配。重整期间对债务人的投资人进行收益分配，既不利于重整目标的实现，也不利于债权人利益的保护。因此，对于债务人的出资人的投资收益分配请求，一律禁止。

③对债务人的董事、监事、高管股权转让的禁止。我国《企业破产法》规定，在重整期间，债务人的董事、监事、高级管理人员不得向第三人转让其持有的债务人的股权。但是，经人民法院同意的除外。禁止债务人的董事、监事、高级管理人员对外转让股权，有利于调动他们参与重整的积极性，有利于债务人企业的经营，有利于重整目标的实现。

(5)重整程序的终止

在重整期间，有下列情形之一的，经管理人或者利害关系人请求，人民法院应当裁定终止重整程序，并宣告债务人破产：①债务人的经营状况和财产状况继续恶化，缺乏挽救的可能性；②债务人有欺诈、恶意减少债务人财产或者其他显著不利于债权人的行为；③由于债务人的行为致使管理人无法执行职务。

(三)重整计划的制订和批准

重整计划，是指由重整人制订的，以维持债务人继续营业、谋求债务人复兴为目的，以清理债权债务关系为内容的多方协议。重整计划名为计划，实际是一个协议。

1. 提交重整计划的期限

我国《企业破产法》规定，债务人自行管理财产和营业事务的，由债务人制作重整计划草案；管理人负责管理财产和营业事务的，由管理人制作重整计划草案。债务人或者管理人应当自人民法院裁定债务人重整之日起 6 个月内，同时向人民法院和债权人会议提交重整计划草案。期限届满，经债务人或者管理人请求，有正当理由的，人民法院可以裁定延期 3 个月。债务人或者管理人未按期提出重整计划草案的，人民法院应当裁定终止重整程序，并宣告债务人破产。

2. 重整计划草案的内容

我国《企业破产法》规定，重整计划草案应当包括下列内容：(1)债务人的经营方案；(2)债权分类；(3)债权调整方案；(4)债权受偿方案；(5)重整计划的执行期限；(6)重整计划执行的监督期限；(7)有利于债务人重整的其他方案。

3. 债权分类和分组表决

重整计划应分组表决。分组表决避免了不同债务人之间的牵累，切实保护了各个债权人的利益，并且加大了计划方案的可行性，增加了重整计划方案顺利通过债权人会议的几率。根据债权的性质不同，债权人会议依照下列债权分类，原则上分为四个组分别进行表决：

(1)对债务人的特定财产享有担保权的债权；

(2)债务人所欠职工的工资和医疗、伤残补助、抚恤费用，所欠的应当划入职工个人账户的基本养老保险、基本医疗保险费用，以及法律、行政法规规定应当支付给职工的补偿金；

(3)债务人所欠税款；

(4)普通债权。

另外，人民法院在必要时可以决定在普通债权组中设小额债权组对重整计划草案进行表决。

4. 重整计划草案的表决和批准

(1)人民法院召开债权人会议。人民法院应当自收到重整计划草案之日起 30 日内召开债权人会议，对重整计划草案进行表决。重整人(债务人或者管理人)应当向债权人会议就重整计划草案作出说明，并回答询问。

(2)债权人表决。出席会议的同一表决组的债权人过半数同意重整计划草案，并且其所代表的债权额占该组债权总额的 2/3 以上的，即为该组通过重整计划草案。各表决组均通过重整计划草案时，重整计划即为通过。部分表决组未通过重整计划草案的，债务人或者管理人可以同未通过重整计划草案的表决组协商。该表决组可以在协商后再表决一次。双方协商的结果不得损害其他表决组的利益。未通过重整计划草案的表决组拒绝再次表决或者再次表决仍未通过重整计划草案，但重整计划草案满足一定条件的，债务人或者管理人可以申请人民法院批准重整计划草案。

(3)重整人提出批准申请。自重整计划通过之日起 10 日内，债务人或者管理人应当向人民法院提出批准重整计划的申请。人民法院经审查认为符合破产法规定的，应当自收到申请之日起 30 日内裁定批准，终止重整程序，并予以公告。

(4)人民法院对未通过的重整计划草案的强制批准。未通过重整计划草案的表决组拒绝再次表决或者再次表决仍未通过重整计划草案，但重整计划草案符合下列条件的，债务人或者管理人可以申请人民法院批准重整计划草案：

①按照重整计划草案，债权分类第一项所列债权就该特定财产将获得全额清偿，其因延期清偿所受的损失将得到公平补偿，并且其担保权未受到实质性损害，或者该表决组已经通过重整计划草案；

②按照重整计划草案，债权分类第二项、第三项所列债权将获得全额清偿，或者相应表决

组已经通过重整计划草案；

③按照重整计划草案，普通债权所获得的清偿比例，不低于其在重整计划草案被提请批准时依照破产清算程序所能获得的清偿比例，或者该表决组已经通过重整计划草案；

④重整计划草案对出资人权益的调整公平、公正，或者出资人组已经通过重整计划草案；

⑤重整计划草案公平对待同一表决组的成员，并且所规定的债权清偿顺序不违反破产法的规定；

⑥债务人的经营方案具有可行性。

人民法院经审查认为重整计划草案符合以上规定的，应当自收到申请之日起30日内裁定批准，终止重整程序，并予以公告。

重整计划草案未获得通过且未获得批准，或者已通过的重整计划草案未获得批准的，人民法院应当裁定终止重整程序，并宣告债务人破产。

5. 重整计划的法律效力

经人民法院裁定批准的重整计划，对债务人和全体债权人均有约束力。按照重整计划减免的债务，自重整计划执行完毕时起，债务人不再承担清偿责任。债权人未依照本法规定申报债权的，在重整计划执行期间不得行使权利；在重整计划执行完毕后，可以按照重整计划规定的同类债权的清偿条件行使权利。债权人对债务人的保证人和其他连带债务人所享有的权利，不受重整计划的影响。

(四)重整计划的执行、监督和终止

1. 重整计划的执行

我国《企业破产法》规定，重整计划由债务人负责执行。重整的对象是债务人，债务人对本企业最为了解，由债务人担任重整计划的执行人，有利于发挥债务人的积极性，也更有利于实现重整目的，比委任其他人担任执行人更为有利。为了保证重整计划的执行，我国法律规定，人民法院裁定批准重整计划后，已接管财产和营业事务的管理人应当向债务人移交财产和营业事务。

2. 重整计划的监督

我国《企业破产法》规定，自人民法院裁定批准重整计划之日起，在重整计划规定的监督期内，由管理人监督重整计划的执行。在监督期内，债务人应当向管理人报告重整计划执行情况和债务人财务状况。监督期届满时，管理人应当向人民法院提交监督报告。自监督报告提交之日起，管理人的监督职责终止。管理人向人民法院提交的监督报告，重整计划的利害关系人有权查阅。经管理人申请，人民法院可以裁定延长重整计划执行的监督期限。

3. 重整计划的终止

我国《企业破产法》规定，债务人不能执行或者不执行重整计划的，人民法院经管理人或者利害关系人请求，应当裁定终止重整计划的执行，并宣告债务人破产。

人民法院裁定终止重整计划执行将产生以下法律后果：(1)债权人在重整计划中作出的债权调整的承诺失去效力，债权人因执行重整计划所受的清偿仍然有效，债权未受清偿的部分作为破产债权。因此，债权人可以在原来总的债权额基础上，扣除实施重整计划过程中已经受偿的债权额，以余下未受清偿部分作为破产债权行使权利。(2)在重整计划执行过程中已经部分受偿的债权人，只有在其他同顺位债权人与自己所受的清偿达到同一比例时，才能继续接受分配。(3)人民法院裁定终止重整计划的执行并宣告债务人破产的，为重整计划的执行提供的担保继续有效。为重整计划的执行提供担保，目的是为了防止因债务人不执行重整计划而使得债权人利益受损，如果在人民法院裁定重整计划终止以后，为重整计划的执行提供的担保也随之终止，便等于没有提供担保，从根本上失去了设立担保的意义。

二、和解

（一）和解的概念和意义

和解是预防债务人破产的法律制度之一。在发生破产原因时，债务人可以提出和解申请及和解协议草案，由债权人会议表决，如能获得通过，再经人民法院裁定认可后生效执行，可以避免被宣告破产。因和解程序只有在债务人发生破产原因后才能提出申请，挽救企业的时机较晚，且不能约束对债务人的特定财产享有担保权的债权人，所以其挽救债务人的强制性效果不如重整程序，主要适用于没有重要财产设置物权担保的企业以及中小型企业，但其具有简单易行、成本低廉、时间快等优势。

（二）和解程序

和解申请只能由债务人一方提出，这与破产清算申请和重整申请还可由债权人等其他主体提出是不同的。根据我国《企业破产法》的规定，债务人可以依照本法规定，直接向人民法院申请和解；也可以在人民法院受理破产申请后、宣告债务人破产前，向人民法院申请和解。

债务人申请和解，应当提出和解协议草案。人民法院经审查认为和解申请符合法律规定的，应当受理其申请，裁定和解，予以公告，并召集债权人会议讨论和解协议草案。和解程序对就债务人特定财产享有担保权的权利人无约束力，该权利人自人民法院裁定和解之日即受理和解申请、启动和解程序之日起，可以对担保物行使权利。

债权人会议通过和解协议的决议由出席会议的有表决权的债权人过半数同意，并且其所代表的债权额占无财产担保债权总额的 2/3 以上。对债务人的特定财产享有担保权的债权人，对此事项无表决权，也不受和解协议的约束。

债权人会议通过和解协议的，由人民法院裁定认可，终止和解程序，并予以公告。管理人应当向债务人移交财产和营业事务，并向人民法院提交执行职务的报告。和解协议草案经债权人会议表决未获得通过，或者已经债权人会议通过的和解协议未获得人民法院认可的，人民法院应当裁定终止和解程序，并宣告债务人破产。

（三）和解协议的效力

1. 和解协议对债务人与和解债权人的效力

经人民法院裁定认可的和解协议，对债务人与全体和解债权人均有约束力。债务人应当按照和解协议规定的条件清偿债务。按照和解协议减免的债务，自和解协议执行完毕时起，债务人不再承担清偿责任。

和解债权人未依照法律规定申报债权的，在和解协议执行期间不得行使权利；在和解协议执行完毕后，可以按照和解协议规定的清偿条件行使权利。在和解程序中，债权人未依法申报债权的，在债务人向债权人会议提交和解协议草案付诸表决后，不得再补充申报债权，以免打乱和解协议中的债权调整、清偿方案，影响和解程序的进行。

2. 和解协议对债务人的保证人和其他连带债务人的效力

和解债权人对债务人的保证人和其他连带债务人所享有的权利不受和解协议的影响。也就是说，和解协议对债务人的保证人或连带债务人无效。和解债权人对债务人所作的债务减免清偿或延期偿还的让步，效力不及于债务人的保证人或连带债务人，他们仍应按原来债务的约定或法定责任承担保证或连带责任。

3. 和解协议的终止

因债务人的欺诈或者其他违法行为而成立的和解协议，人民法院应当裁定无效，并宣告债务人破产。有上述情形的，和解债权人因执行和解协议所受的清偿，在其他债权人所受清偿同等比例的范围内，不予返还。

债务人不能执行或者不执行和解协议的，人民法院经和解债权人请求，应当裁定终止和解协议的执行，并宣告债务人破产。破产法上的和解协议只具有程序法上的意义，没有强制执行的效力。债务人不履行和解协议时，债权人只能向人民法院申请终止和解协议、宣告其破产，依照破产清算程序获得清偿，而不能提起对和解协议的强制执行程序，否则可能出现债务人的财产全部被部分债权人执行完毕，而其他债权人得不到清偿的不公现象。

人民法院裁定终止和解协议执行的，和解债权人在和解协议中作出的债权调整的承诺失去效力，但债务人方面为和解协议的执行提供的担保继续有效。和解债权人因执行和解协议所受的清偿仍然有效，不予退回，和解债权未受清偿的部分作为破产债权。上述债权人只有在其他债权人与自己所受的和解清偿达到同一比例时，才能继续接受破产分配。

为尊重当事人的自主决定权，《企业破产法》还规定，人民法院受理破产申请后，债务人与全体债权人就债权债务的处理自行达成协议的，可以请求人民法院裁定认可，并终结破产程序。

第六节　破产宣告与破产清算

一、破产宣告

(一)破产宣告的概念

破产宣告是指人民法院依据当事人的申请或法定职权裁定宣布债务人破产以清偿债务，使债务人进入破产清算程序的司法活动。破产宣告，标志着通过对债务人进行破产清算从而最终导致债务人消亡程序的开始。人民法院依法宣告债务人破产的，应当自裁定作出之日起5日内送达债务人和管理人，自裁定作出之日起10日内通知已知债权人，并予以公告。

人民法院受理破产申请以后，债务人并不一定进入清算程序，还可能通过重整、和解，使得债务人与债权人就债务清偿达成协议，避免债务人被宣告破产，继而被清算、消灭。我国规定的破产宣告既可能发生在破产申请受理的同时，也可能发生在破产申请受理以后的破产程序进行过程中。

(二)破产宣告的法律后果

人民法院宣告破产，债务人即进入清算程序。破产宣告前，有破产宣告障碍的，应当裁定终结破产程序。破产宣告障碍，是指阻止人民法院宣告债务人进行破产清算的法定事由。我国《企业破产法》规定，有下列情形之一的，人民法院应当裁定终结破产程序，并予以公告：(1)第三人为债务人提供足额担保或者为债务人清偿全部到期债务的；(2)债务人已清偿全部到期债务的。

债务人被宣告破产后，债务人称为破产人，债务人财产称为破产财产，人民法院受理破产申请时对债务人享有的债权称为破产债权。

(三)别除权

我国《企业破产法》规定，对破产人的特定财产享有担保权的权利人，对该特定财产享有优先受偿的权利。此项权利即是破产法理论上的别除权。别除权是指债权人因其债权设有物权担保或享有法定特别优先权,而在破产程序中就债务人特定财产享有的优先受偿权利。别除权的优先受偿权不受破产清算与和解程序的限制,但在重整程序中受到一定限制。

根据《企业破产法》的规定,别除权之债权属于破产债权,其担保物属于破产财产。因此,别除权人享有破产申请权,也应当申报债权,未依法申报债权者不得依照破产法规定的程序行使权利。

别除权人就破产人的特定财产享有优先受偿权利,即该项财产的变价款必须优先清偿别除权人的担保债权,只有在全部清偿其担保债权后仍有剩余财产时,才能够用于对其他普通债权人的清偿。所以别除权人对破产人的特定财产处于最优先的清偿顺序,但法律另有规定的除外。

别除权人行使优先受偿权利未能完全受偿的,其未受偿的债权作为普通债权;别除权人放弃优先受偿权利的,其债权作为普通债权。

二、破产清算

(一)破产清算的概念

破产清算,是指破产宣告后,以破产财产对破产人的普通债务按照规定的顺序进行清偿。在破产清算中,用于清偿的财产,是破产人的破产财产;需要清偿的债务,是破产债权。

(二)破产财产的变价

破产财产变价,是指对破产财产中的实物、财产权利进行变价出售,将破产财产变为货币形式,方便破产财产的分配。我国《企业破产法》规定,破产财产的分配应当以货币分配方式进行,但是债权人会议另有决议的除外。管理人应当及时拟订破产财产变价方案,提交债权人会议讨论。管理人应当按照债权人会议通过的或者人民法院依法裁定的破产财产变价方案,适时变价出售破产财产。

变价出售破产财产应当通过拍卖进行,但是债权人会议另有决议的除外。拍卖,是指以公开竞价的方式出售财产的买卖行为。破产财产的变价出售必须以价值最大化即债权人利益最大化为原则。采用拍卖的方式对财产进行变价,由出价最高者获得标的物,可以保证破产财产变价的公平性,有利于维护破产债权人的利益。但是在实践中,虽然拍卖方式有助于保证公平,但有时不一定能够使破产财产以最高价格售出,而且其成本较高、耗时较长,所以只要债权人会议作出相应决议,也可以不采取拍卖方式处分财产。

(三)破产财产的分配

1. 破产财产的分配顺序

根据我国《企业破产法》的规定,破产财产在优先清偿破产费用和共益债务后,依照下列顺序清偿:

(1)破产人所欠职工的工资和医疗、伤残补助、抚恤费用,所欠的应当划入职工个人账户的基本养老保险、基本医疗保险费用,以及法律、行政法规规定应当支付给职工的补偿金;

(2)破产人欠缴的除上述以外的社会保险费用和破产人所欠税款;

(3)普通破产债权。

破产财产不足以清偿同一顺序的清偿要求的,按照比例分配。

2. 分配方案的制订和执行

(1)管理人拟订破产财产分配方案。我国《企业破产法》规定,管理人应当及时拟订破产财产分配方案，提交债权人会议讨论。破产财产分配方案应当载明下列事项：参加破产财产分配的债权人名称或者姓名、住所；参加破产财产分配的债权额；可供分配的破产财产数额；破产财产分配的顺序、比例及数额；实施破产财产分配的方法。债权人会议通过破产财产分配方案后，由管理人将该方案提请人民法院裁定认可。

(2)管理人执行破产财产分配方案。我国《企业破产法》规定，破产财产分配方案经人民法院裁定认可后，由管理人执行。管理人应当在破产财产分配方案生效后，及时通知参加破产财产分配的债权人，接受分配，并按照破产财产分配方案规定的顺序、方式、地点和时间，将可供分配的破产财产分配给债权人。破产财产的分配可以采取一次分配或多次分配的方式。一次分配，是指将破产财产在特定的时间一次性地分配给债权人；多次分配，是指将破产财产根据变现的情况在不同的时间分多次分配给债权人。管理人按照破产财产分配方案实施多次分配的，应当公告本次分配的财产额和债权额。管理人实施最后分配的，应当在公告中指明，并载明规定的事项。

(3)分配额的提存。分配额提存是指由于债权人的原因而无法向其交付标的物时，债务人将该标的物提交给提存机关而消灭债务的一项制度。分配额提存是债务消灭的原因之一。提存发生后，债务消灭，债权人不能再向债务人主张权利，提存标的物的灭失、毁损风险转移给债权人，提存费用从提存的标的物中扣除。根据我国《企业破产法》的规定，发生以下情形，管理人应该将分配额提存：第一，对于附生效条件或者解除条件的债权，管理人应当将其分配额提存。在最后分配公告日，生效条件未成就或者解除条件成就的，提存的分配额应当分配给其他债权人；在最后分配公告日，生效条件成就或者解除条件未成就的，提存的分配额应当交付给债权人。第二，债权人未受领的破产财产分配额，管理人应当提存。债权人自最后分配公告之日起满2个月仍不领取的，视为放弃受领分配的权利，管理人或者人民法院应当将提存的分配额分配给其他债权人。第三，破产财产分配时，对于诉讼或者仲裁未决的债权，管理人应当将其分配额提存。自破产程序终结之日起满2年仍不能受领分配的，人民法院应当将提存的分配额分配给其他债权人。

(四)破产程序的终结

1. 破产程序终结的概念

破产程序终结，是指破产程序过程中，发生法律规定的应当终止破产程序的情形，由人民法院裁定终结破产程序。

破产程序进行的目的在于公平分配债务人的破产财产，以清偿债权人的债权。在破产程序过程中，如果发生债务人已无财产可供分配、破产财产分配完成、债权人已经获得清偿等情况，或者由于其他原因的出现，继续进行破产程序已无必要，人民法院应当依申请或职权，裁定终结已经开始的破产程序。

2. 破产程序终结的原因

破产程序终结方式主要有四种：其一，因和解、重整程序顺利完成而终结；其二，因债务人以其他方式解决债务清偿问题(包括第三人代为清偿债务、自行和解)而终结；其三，因债务人的破产财产不足以支付破产费用而终结；其四，因破产财产分配完毕而终结。在破产清算程序中仅涉及后两种情况。

破产人无财产可供分配的，管理人应当请求人民法院裁定终结破产程序。在破产人有财产可供分配的情况下，管理人在最后分配完毕后，应当及时向人民法院提交破产财产分配报告，并提请人民法院裁定终结破产程序。人民法院应当自收到管理人终结破产程序的请求之日起15日内作出是否终结破产程序的裁定。裁定终结的，应当予以公告。管理人应当自破产程序终结之日起10日内，持人民法院终结破产程序的裁定，向破产人的原登记机关办理注销登记。

3. 遗留事务的处理

通常情况下，管理人应于办理破产人注销登记完毕的次日终止执行职务。但是，破产案件中存在债权诉讼或者仲裁未决等情况时，管理人可以在破产程序终结后，继续办理破产案件的遗留事务。

在破产程序因债务人财产不足以支付破产费用而终结，或者因破产人无财产可供分配或破产财产分配完毕而终结时，自终结之日起2年内，有下列情形之一的，债权人可以请求人民法院按照破产财产分配方案进行追加分配：

(1)发现在破产案件中有可撤销行为、无效行为或者债务人的董事、监事和高级管理人员利用职权从企业获取非正常收入和侵占企业财产的情况，应当追回财产的；

(2)发现破产人有应当供分配的其他财产的。

有上述情形，但财产数额不足以支付分配费用的，不再进行追加分配，由人民法院将财产上交国库。

破产人的保证人和其他连带债务人，在破产程序终结后，对债权人依照破产清算程序未受清偿的债权依法继续承担清偿责任。

复习思考题

1. 简述破产的概念及特征。
2. 简述管理人的职权。
3. 简述债务人财产的含义及范围。
4. 简述破产财产的清偿顺序。

案例分析

某年3月1日，甲公司就自己不能支付到期债务向人民法院提出破产申请，人民法院于3月10日裁定受理该公司的破产申请，并指定了破产管理人。管理人接管甲公司后，对该公司的财产进行了清理，有关清理情况如下：

(1)甲公司资产总额为5 600万元(变现价值)。其中，全部厂房变现价值为3 200万元，办公楼变现价值为650万元，全部机器设备变现价值为820万元。

(2)负债总额为11 000万元。其中：①流动负债的情况为：应付职工工资180万元，未交税金220万元；以甲公司全部厂房作抵押，向中国工商银行贷款500万元；以机器设备作抵押，向中国建设银行贷款420万元。②应付账款包括：a. 应付乙公司到期货款380万元。人民法院终审判决甲公司支付乙公司欠款及违约金和赔偿金等共计405万元，乙公司申请强制执行，人民法院对甲公司办公楼予以查封。人民法院受理甲公司破产申请时，此判决尚未执行。b. 应付丙公司到期货款180万元，以甲公司机器设备作抵押，已办理抵押登记。c. 应付丁公司尚未到期货款200万元。

(3)至人民法院受理破产申请之日止，甲公司的分公司账外资金累计余额为90万元，被分公司的负责人在上一年度末作为奖金予以私分。

(4)甲公司在破产程序中支付的破产费用为40万元。

要求：根据以上事实，在不考虑债权利息的情况下，分别回答下列问题：

(1)人民法院查封的甲公司办公楼可否用于偿还所欠乙公司的货款？并说明理由。

(2)对甲公司的分公司私分的财产应如何处置？并说明理由。

(3)甲公司的破产财产额是多少？并说明如何分配。

(4)丁公司尚未到期货款是否属于破产债权？并说明理由。如果是破产债权，丁公司可分配的财产具体数额为多少？并列出计算过程(金额保留至元)。

第六章 证券法律制度

第一节　证券法律制度概述

一、证券与证券市场

(一)证券的概念及特征

证券是以证明或设定权利为目的所作成的一种书面凭证。法律意义上的证券，是指各类记载并代表一定权利的法律凭证，用以证明持有人有权依其所持凭证记载的内容而取得相应的权益。证券包括有价证券和凭证证券两大类，其中，凭证证券不能作为财产使用，不能流通。因此，流通中的证券都是有价证券。

《证券法》规范的证券也只限于资本证券的范畴，具体包括：

(1)在中国境内发行和交易的股票、公司债券以及国务院依法认定的其他证券；

(2)上市交易的政府债券和证券投资基金份额；

(3)发行、交易的证券衍生品种。

证券具有以下几个方面的特征：

(1)证券是一种投资凭证。证券是投资者权利的载体，投资者权利通过证券记载，并凭借证券获取相应的收益。

(2)证券是一种权益凭证。证券体现一定的权利：股票体现的是股权，债券则代表着债权。

(3)证券是一种可转让的权利凭证。证券具有流通性，其持有者可以随时将证券转让出售，以实现自身的权利。

(二)证券的种类

根据不同的标准，证券可以分为不同的种类。按照经济性质不同，证券可以分为基础证券和金融衍生证券。其中，股票、债券和投资基金份额属于基础证券，是证券市场的主要交易对象。金融衍生证券，是指由基础证券派生出来的证券交易品种。目前，我国证券市场上流通的证券种类主要有股票、债券、投资基金份额、认股权证和期货等。

1. 股票

股票是股份有限公司签发的、证明股东所持股份的凭证。我国证券市场上流通的股票有人民币普通股(A股)和境内上市外资股(B股)，另外，中国境内注册的公司还可以发行境外上市外资股。

(1)人民币普通股(A股),是指由中国境内注册的股份有限公司发行,供境内机构、组织或个人(不含港、澳、台地区投资者)以人民币认购和交易的普通股股票。

(2)境内上市外资股(B股),是指在中国境内注册的股份有限公司向境内外投资者发行、筹集外币资金并在中国境内证券交易所上市交易的股票。

(3)境外上市外资股,是指在中国境内注册的股份有限公司在境外上市的股票,包括H股(香港上市)、N股(纽约上市)、L股(伦敦上市)、S股(新加坡上市)等。

2. 债券

债券,是指政府、金融机构、公司企业等单位依照法定程序发行的,且约定在一定期限还本付息的有价证券,交易方式有现券交易和回购交易。我国证券市场流通的债券有国债、央行票据、短期融资券、金融债、企业债、公司债、可转换公司债券、资产支持证券等。就发行量而言,央行票据、国债和政策性银行金融债是一级市场的主要品种,三者的发行量合计90%以上。

3. 证券投资基金份额

证券投资基金份额,是指基金投资人持有基金单位的权利凭证。证券投资基金,是指通过公开发售基金份额筹集资金,由基金托管人托管,由基金管理人管理和运用资金,为基金份额持有人的利益,从事股票、债券等金融工具组合投资,是一种利益共享、风险共担的集合证券投资方式。基金托管人由依法设立并取得托管资格的商业银行担任,基金管理人由依法设立的基金管理公司担任。证券投资基金,依照其运作方式不同,可以分为封闭式基金和开放式基金。

4. 认股权证

权证,是指证明持有人拥有特定权利的契约,持有权证的投资者有权在到期时(或到期前)以约定价格买入或卖出特定证券。按照未来权利的不同,权证可以分为认购权证和认沽权证,分别表明未来买入权利和未来卖出权利的权证。

5. 期货

期货是一种跨越时间的交易方式。买卖双方通过签订标准化合约,同意按约定的时间、价格与其他交易条件,交收指定数量的现货。按照现货标的物的种类不同,期货可以分为商品期货与金融期货。

(三)证券市场的结构和要素

证券市场是指证券发行与交易的场所,具有直接交换权利、利益和风险的特征,在筹集资本、引导投资、配置资源方面有着不可替代的独特功能。

1. 证券市场的结构

证券市场的结构,是指证券市场的构成及其各部分之间的量比的关系。证券市场的结构包括纵向结构和横向结构:

(1)证券市场的纵向结构,是指按照有价证券进入市场的顺序而形成的结构,包括发行市场和交易市场。发行市场,又称"一级市场"或"初级市场",是发行人以筹集资金为目的,按照一定的发行条件和程序,向投资者出售证券所形成的市场;交易市场,又称"二级市场"或"次级市场",是已发行的证券通过买卖交易实现流通转让的场所。

(2)证券市场的横向结构,是指依据有价证券的品种而形成的结构,包括股票市场、债券市场、投资基金市场以及金融衍生品市场等。

2. 证券市场的要素

证券市场的要素,包括证券市场主体、证券市场交易工具和证券交易场所等相关内容。

(1)证券市场主体,包括证券发行人、证券投资者(机构投资者和个人投资者)、上市公司、证券中介机构(证券经营机构、资产评估机构、会计师事务所和律师事务所)、证券交易场所(证券交易所和其他交易场所)、证券自律性组织(证券交易所和证券业协会)、证券监管机构等。

(2)证券市场交易工具,包括经允许发行、交易的各种类型的证券品种。

(3)证券交易场所,包括证券交易所以及柜台交易市场、第三市场和第四市场等。

二、证券法的概念及适用范围

(一)证券法的概念

证券法有广义和狭义之分。狭义的证券法,专指《中华人民共和国证券法》(以下简称《证券法》),是由国家立法机关依照法定程序制定的、只调整证券和证券行为的规则。该法由第九届全国人民代表大会常务委员会(以下简称全国人大常委会)第6次会议于1988年12月29日通过,经第十届全国人大常委会第11次会议于2004年8月28日修正、第十届全国人大常委会第18次会议于2005年10月27日修订,修订后自2006年1月1日起施行。2013年6月29日,中华人民共和国第十二届全国人民代表大会常务委员会第3次会议通过并公布对《证券法》第一百二十九条第一款进行修改,进一步规范了证券公司的行为。

广义的证券法,是指调整证券发行与交易活动中以及证券监管过程中所发生的社会关系的法律规范的总称。本章所称证券法是指广义的证券法。证券法调整的社会关系,包括发生在证券发行人、证券投资者、证券中介机构以及证券监管机构、证券交易所、证券业协会之间的证券发行关系、证券交易关系、证券中介服务关系、证券统一监管关系以及证券自律性管理关系等。

(二)证券法的适用范围

(1)《证券法》适用于在中国境内,股票、公司债券和国务院依法认定的其他证券的发行和交易;《证券法》未规定的,适用《公司法》和其他法律、行政法规的规定。

(2)《证券法》适用于政府债券、证券投资基金份额的上市交易;其他法律、行政法规另有规定的,适用其规定。

(3)证券衍生品种发行、交易的管理办法,由国务院依照《证券法》的原则规定。

三、证券法的基本原则

证券法的基本原则是证券法的基本精神的体现,是证券发行、证券交易和证券监管都必须遵循的最基本的准则。它贯穿于证券立法、执法和司法活动的始终。根据《证券法》的规定,在证券发行、交易和监管中,应当遵循以下原则:

(一)公开、公平、公正原则

《证券法》规定:“证券的发行、交易活动,必须实行公开、公平、公正的原则。”

其中,公开原则是证券发行、交易制度的核心,只有以公开为基础,才能实现公平和公正。

(1)公开原则,是指有关证券发行、交易的信息要公开,让投资者在充分了解真实情况的基础上自行作出投资决策。贯彻公开原则的基本要求是,公开的信息必须真实、准确、完整,不得有虚假记载、误导性陈述或者重大遗漏。公开的形式包括向社会公告、将有关信息刊登在报纸或刊物上、将有关资料置备于有关场所供公众随时查阅等。

(2)公平原则,是指证券市场的所有参与者在法律上都具有平等地位,在市场中机会平等。贯彻公平原则的基本要求是,投资者能够公平地参与竞争,公平地面对机会和风险。

(3)公正原则，是指证券的发行、交易活动执行统一的规则，适用统一的规范。贯彻公正原则的基本要求是，证券市场参与者的合法权益受法律保护，违法行为同样受法律制裁。

(二)自愿、有偿、诚实信用原则

《证券法》规定："证券发行、交易活动的当事人具有平等的法律地位，应当遵守自愿、有偿、诚实信用的原则。"

(1)自愿原则，是指当事人有权按照自己的意愿参与证券发行和证券交易活动，任何机构、组织或个人都不得非法干预，任何一方都不得把自己的意志强加给对方。

(2)有偿原则，是指在证券发行和交易活动中，一方当事人不得无偿占有他方当事人的财产和劳动。

(3)诚实信用原则，是指有关各方当事人应当自觉遵守社会公德，参与民事活动要诚实守信、客观公正、信守承诺，不弄虚作假，不欺人骗人。

(三)监督管理与自律管理相结合原则

《证券法》规定："国务院证券监督管理机构依法对全国证券市场实行集中统一监督管理。""国务院证券监督管理机构根据需要可以设立派出机构，按照授权履行监督管理职责。""在国家对证券发行、交易活动实行集中统一监督管理的前提下，依法设立证券业协会，实行自律性管理。""国家审计机关依法对证券交易所、证券公司、证券登记结算机构、证券监督管理机构进行审计监督。"

第二节　证券发行

证券发行和证券交易是证券市场的主要构成部分，两者相辅相成。证券发行是发行人、上市公司筹集资金的基本途径。公开发行证券，必须符合法律、行政法规规定的条件，并依法报经国务院证券监督管理机构或者国务院授权的部门核准；未经依法核准，任何单位和个人不得公开发行证券。

一、证券发行概述

(一)证券发行的概念

证券发行有广义和狭义之分。广义的证券发行，是指符合发行条件的政府、金融机构、工商企业等组织，以筹集资金为目的，依照法律规定的程序向公众投资者出售代表一定权利的资本证券的行为。狭义的证券发行，是指发行人在所需资金募集后，作成证券并交付投资人受领的单方行为。通常所说的证券发行，是指广义的证券发行。证券发行本质上是一种直接融资方式，与通过银行等金融机构进行的间接融资方式相对应。

(二)证券发行的类型

根据不同的标准，证券发行可以分为不同的类型：

1. 公开发行和非公开发行

根据证券发行的对象不同，证券发行可以分为公开发行和非公开发行。

(1)公开发行，是指发行人面向社会公众，即不特定的公众投资者进行的证券发行。公开发行必须严格遵循《证券法》有关信息披露的规定。

(2)非公开发行，是指向少数特定的投资者进行的证券发行。

2. 设立发行和增资发行

根据证券发行的目的不同，证券发行可以分为设立发行和增资发行。

(1)设立发行，是指发行人为设立股份有限公司而向社会投资者发行股票的行为。设立发行的法律结果为成立新的股份有限公司。

(2)增资发行，是指对已成立股份有限公司因生产经营需要追加资本而发行股票的行为。增资发行的法律结果是扩大已有的公司规模。

3. 直接发行和间接发行

根据证券发行的方式不同，证券发行可以分为直接发行和间接发行。

(1)直接发行，又称自办发行，是指证券发行人不通过证券承销机构，自行承担风险，办理发行事宜的发行方式。

(2)间接发行，又称承销发行，是指证券发行人委托证券承销机构发行证券，并由证券承销机构办理证券发行事宜、承担证券发行风险的行为。

4. 议价发行和招标发行

根据证券发行条件的确定方式不同，证券发行可以分为议价发行和招标发行。

(1)议价发行，是指由证券发行人与承销人通过协商发行条件，向公众投资者或股东发行证券的方式。协议内容包括发行数量、金额、价格、申请办理发行手续、发行起止日期及对发行人的限制等。

(2)招标发行，是指证券发行人与证券承销商之间以公开招标方式确定发行条件的发行方式。招标方式确定证券发行价格及其报酬率。这种方式常见于国债发行。

5. 平价发行、溢价发行和折价发行

根据证券发行价格与证券票面金额之间的关系，证券发行可以分为平价发行、溢价发行和折价发行。

(1)平价发行，又称面值发行或等价发行，是指证券发行时的发行价格与票面金额相同的发行方式。

(2)溢价发行，是指证券发行时的发行价格超过票面金额的发行方式。其通常按某一时期(一般是指发行时期)金融证券市场的价格，或接近于当时金融证券市场的同类证券价格所确定的价格发行。

(3)折价发行，又称贴现发行，是指证券发行时的发行价格低于票面金额的发行方式。

我国《公司法》规定："股票发行价格可以按票面金额，也可以超过票面金额，但不得低于票面金额。"可见，我国允许股票平价发行、溢价发行，但禁止折价发行，以保障公司资本的充足。《证券法》规定："股票发行采取溢价发行的，其发行价格由发行人与承销的证券公司协商确定。"

二、股票发行的条件

(一)首次公开发行股票的条件

设立股份有限公司公开发行股票(以下简称首次公开发行股票)，应当符合《证券法》、《公司法》规定的发行条件和经国务院批准的国务院证券监督管理机构规定的其他发行条件，包括中国证监会《首次公开发行股票并上市管理办法》(2006)等规定的发行条件。

(二)上市公司公开发行新股的条件

上市公司公开发行新股，应当符合《证券法》、《公司法》规定的发行条件和经国务院批准的国务院证券监督管理机构规定的其他发行条件，包括中国证监会《上市公司证券发行管理办法》(2006)等规定的发行条件。

上市公司非公开发行新股，应当符合经国务院批准的国务院证券监督管理机构规定的条件，并报国务院证券监督管理机构核准。

公司对公开发行股票所募集的资金，必须按照招股说明书所列资金用途使用。改变招股说明书所列资金用途，必须经股东大会作出决议。擅自改变用途而未作纠正的，或者未经股东大会认可的，不得公开发行新股，上市公司也不得非公开发行新股。

三、公司债券发行的条件

(一)公开发行公司债券的条件

(1)股份有限公司的净资产不低于人民币 3 000 万元，有限责任公司的净资产不低于人民币 6 000 万元；

(2)累计债券余额不超过公司净资产的 40%；

(3)最近 3 年平均可分配利润足以支付公司债券 1 年的利息；

(4)筹集的资金投向符合国家产业政策；

(5)债券的利率不超过国务院限定的利率水平；

(6)国务院规定的其他条件。

公开发行公司债券募集的资金，必须用于核准的用途，不得用于弥补亏损和非生产性支出。上市公司发行可转换为股票的公司债券，除应当符合《证券法》规定的公开发行公司债券的条件外，还应当符合《证券法》关于公开发行股票的条件，并报国务院证券监督管理机构核准。

(二)不得再次公开发行公司债券的情形

有下列情形之一的，不得再次公开发行公司债券：

(1)前一次公开发行的公司债券尚未募足；

(2)对已公开发行的公司债券或者其他债务有违约或者延迟支付本息的事实，仍处于继续状态；

(3)违反《证券法》规定，改变公开发行公司债券所募资金的用途。

四、证券发行的程序

(一)证券发行的核准

发行人依法申请核准发行证券所报送的申请文件的格式、报送方式，由依法负责核准的机构或者部门规定。发行人申请核准公开发行股票、公司债券，应当按照规定缴纳审核费用。

发行人申请首次公开发行股票的，在提交申请文件后，应当按照国务院证券监督管理机构的规定预先披露有关申请文件。

国务院证券监督管理机构设发行审核委员会，依法审核股票发行申请。发行审核委员会由国务院证券监督管理机构的专业人员和所聘请的该机构外的有关专家组成，以投票方式对股票发行申请进行表决，提出审核意见。国务院证券监督管理机构依照法定条件负责核准股票发行申请。核准程序应当公开，依法接受监督。国务院授权的部门对公司债券发行申请的核准，参照前述规定执行。

国务院证券监督管理机构或者国务院授权的部门应当自受理证券发行申请文件之日起 3 个月内，依照法定条件和法定程序作出予以核准或者不予核准的决定，发现人根据要求补充、修改发行申请文件的时间不计算在内；不予核准的，应当说明理由。

证券发行申请经核准，发行人应当依照法律、行政法规的规定，在证券公开发行前，公告公开发行募集文件，并将该文件置备于指定场所供公众查阅。发行证券的信息依法公开前，任何知情人不得公开或者泄露该信息。发行人不得在公告公开发行募集文件前发行证券。

国务院证券监督管理机构或者国务院授权的部门对已作出的核准证券发行的决定，发现不符合法定条件或者法定程序，尚未发行证券的，应当予以撤销，停止发行。已经发行尚未上市的，撤销发行核准决定，发行人应当按照发行价并加算银行同期存款利息返还证券持有人；保荐人应当与发行人承担连带责任，但是能够证明自己没有过错的除外；发行人的控股股东、实际控制人有过错的，应当与发行人承担连带责任。

（二）证券发行的承销

证券承销，是指证券经营机构依照协议包销或者代销发行人向社会公开发行的证券的行为。发行人向不特定对象公开发行的证券，法律、行政法规规定应当由证券公司承销的，发行人应当同证券公司签订承销协议。公开发行证券的发行人有权依法自主选择承销的证券公司。

证券承销业务采取代销或者包销方式：

(1)证券代销，是指证券公司代发行人发售证券，在承销期结束时，将未售出的证券全部退还给发行人的承销方式。

(2)证券包销，是指证券公司将发行人的证券按照协议全部购入，或者在承销期结束时将售后剩余证券全部自行购入的承销方式。

证券的代销、包销期限最长不得超过 90 日。证券公司在代销、包销期内，对所代销、包销的证券应当保证先行出售给认购人，证券公司不得为本公司预留所代销的证券和预先购入并留存所包销的证券。

第三节　证券交易

证券交易市场通过公开集中竞价买卖的方式形成公认的交易价格，使公众投资者获得投资机会。《证券法》规定："依法公开发行的股票、公司债券及其他证券，应当在依法设立的证券交易所上市交易或者在国务院批准的其他证券交易场所转让。"虽然我国允许投资者在证券交易所或在场外交易，鉴于《证券法》主要规范了证券交易所中的证券交易行为，本节着重介绍证券上市制度、持续信息公开制度、限制的交易行为和禁止的交易行为。

一、证券交易概述

（一）证券交易的概念

证券交易，主要指证券买卖，即证券持有人依照证券交易规则，将已依法发行的证券转让给其他证券投资者的行为。证券交易当事人依法买卖的证券，必须是依法发行并交付的证券。非依法发行的证券，不得买卖。

（二）证券交易的类型

根据不同的标准，证券交易可以分为不同的类型：

根据证券交易形式不同，证券交易可以分为现货交易、期货交易、信用交易和期权交易。

(1)现货交易，是指证券交易双方在成交后即时清算交割证券和价款的交易形式。现货交易是证券交易的基本形式，广泛为各国证券交易所采用。现货交易双方分别为持券待售者和持币待购者。持券待售者意欲将所持证券转变为现金，持币待购者则希望将所持货币转变为证券。

(2)期货交易，是指证券交易双方在期货交易所集中交易标准化期货合约的交易形式。期货交易对象是期货合约，是指由期货交易所统一制定的、规定在将来某一特定的时间和地点交割一定数量标的物的标准化合约。根据期货合约，一方当事人应于交割期限内，向持有期货合约的另一方交付期货合约指定数量的商品或金融产品。

(3)信用交易，又称保证金交易，是指证券投资者按照法律规定，在买卖证券时只向证券公司交付一定的保证金，由证券公司进行融资或融券交易的交易形式。

(4)期权交易，是指证券交易双方在期货交易所集中交易标准化期权合约的交易形式。期权交易是当事人为获得证券市场价格波动带来的利益，约定在一定时间内，以特定价格买进或卖出指定证券，或者放弃买进或卖出指定证券的交易。

二、证券上市制度

证券上市是证券发行与证券交易的桥梁，连接证券一级市场和证券二级市场。证券上市是已依法发行的证券进入证券交易所进行证券交易的前提。

(一)证券上市的概念

狭义的证券上市，是指某种已发行证券获准成为证券交易所的交易对象的过程。证券一旦获准在证券交易所上市交易，即为上市证券。广义的证券上市，还可以指证券在场外交易市场取得交易资格的过程。通常所说的证券上市，仅仅是指狭义的证券上市。证券上市的目的主要是筛选出适合特定的证券交易所的上市条件的证券，并为其提供实现证券流通性的场所。

(二)证券上市的条件

1. 股票上市的条件

股份有限公司申请股票上市，应当符合下列条件：

(1)股票经国务院证券监督管理机构核准已公开发行。

(2)公司股本总额不少于人民币 3 000 万元。

(3)公开发行的股份达到公司股份总数的 25%以上；公司股本总额超过人民币 4 亿元的，公开发行股份的比例为 10%以上。

(4)公司最近 3 年无重大违法行为，财务会计报告无虚假记载。

证券交易所可以规定高于上述规定的上市条件，并报国务院证券监督管理机构批准。国家鼓励符合产业政策并符合上市条件的公司股票上市交易。

申请股票上市交易，应当向证券交易所报送下列文件：(1)上市报告书；(2)申请股票上市的股东大会决议；(3)公司章程；(4)公司营业执照；(5)依法经会计师事务所审计的公司最近 3 年的财务会计报告；(6)法律意见书和上市保荐书；(7)最近一次的招股说明书；(8)证券交易所上市规则规定的其他文件。

上市公司有下列情形之一的，由证券交易所决定终止其股票上市交易：

(1)公司股本总额、股权分布等发生变化而不再具备上市条件，在证券交易所规定的期限内仍不能达到上市条件；

(2)公司不按照规定公开其财务状况，或者对财务会计报告作虚假记载，且拒绝纠正；

(3)公司最近 3 年连续亏损，在其后 1 个年度内未能恢复盈利；

(4)公司解散或者被宣告破产；

(5)证券交易所上市规则规定的其他情形。

2. 公司债券上市的条件

公司申请公司债券上市交易，应当符合下列条件：

(1)公司债券的期限为1年以上；

(2)公司债券实际发行额不少于人民币5 000万元；

(3)公司申请债券上市时应符合法定的公司债券发行条件。

申请公司债券上市交易，应当向证券交易所报送下列文件：(1)上市报告书；(2)申请公司债券上市的董事会决议；(3)公司章程；(4)公司营业执照；(5)公司债券募集办法；(6)公司债券的实际发行数额；(7)证券交易所上市规则规定的其他文件。申请可转换为股票的公司债券上市交易，还应当报送保荐人出具的上市保荐书。

公司债券上市交易后，公司有下列情形之一的，由证券交易所决定暂停其公司债券上市交易：

(1)公司有重大违法行为；

(2)公司情况发生重大变化而不符合公司债券上市条件；

(3)公司债券所募集资金不按照核准的用途使用；

(4)未按照公司债券募集办法履行义务；

(5)公司最近两年连续亏损。

三、信息披露制度

信息披露制度，又称信息公开制度，是证券发行人、上市公司及其他主体依照法律规定的方式，将证券发行、交易及与之有关的重大信息予以公开的一种法律制度。

信息披露制度包括证券发行的信息披露和持续信息公开。

(一)证券发行的信息披露

《证券法》规定，发行人、上市公司依法披露的信息必须真实、准确、完整，不得有虚假记载、误导性陈述或者重大遗漏。经国务院证券监督管理机构核准依法公开发行股票，或者经国务院授权的部门核准依法公开发行公司债券，应当公告招股说明书、公司债券募集办法。依法公开发行新股或者公司债券的，还应当公告财务会计报告。

(二)持续信息公开

持续信息公开，是指证券上市交易过程中，发行人、上市公司对证券上市交易及与证券交易有关的信息要进行持续的披露。该类信息披露文件主要有上市公司定期报告(包括中期报告和年度报告)和上市公司临时报告(即重大事件公告)。凡是对投资者作出投资决策有重大影响的信息，均应当披露。

1. 中期报告

上市公司和公司债券上市交易的公司，应当在每一会计年度的上半年结束之日起2个月内，向国务院证券监督管理机构和证券交易所报送记载以下内容的中期报告，并予公告：(1)公司财务会计报告和经营情况；(2)涉及公司的重大诉讼事项；(3)已发行的股票、公司债券变动情况；(4)提交股东大会审议的重要事项；(5)国务院证券监督管理机构规定的其他事项。

2. 年度报告

上市公司和公司债券上市交易的公司，应当在每一会计年度结束之日起4个月内，向国务院证券监督管理机构和证券交易所报送记载以下内容的年度报告，并予公告：(1)公司概况；(2)公司财务会计报告和经营情况；(3)董事、监事、高级管理人员简介及其持股情况；(4)已发行的股票、公司债券情况，包括持有公司股份最多的前10名股东名单和持股数额；(5)公司的实际控制人；(6)国务院证券监督管理机构规定的其他事项。

3. 上市公司临时报告

发生可能对上市公司股票交易价格产生较大影响的重大事件，投资者尚未得知时，上市公司应当立即将有关该重大事件的情况向国务院证券监督管理机构和证券交易所报送临时报告，并予公告，说明事件的起因、目前的状态和可能产生的法律后果。

所谓重大事件，主要包括：(1)公司的经营方针和经营范围的重大变化；(2)公司的重大投资行为和重大的购置财产的决定；(3)公司订立重要合同，可能对公司的资产、负债、权益和经营成果产生重要影响；(4)公司发生重大债务和未能清偿到期重大债务的违约情况；(5)公司发生重大亏损或者重大损失；(6)公司生产经营的外部条件发生重大变化；(7)公司的董事、1/3以上监事或者经理发生变动；(8)持有公司5%以上股份的股东或者实际控制人，其持有股份或者控制公司的情况发生较大变化；(9)公司减资、合并、分立、解散及申请破产的决定；(10)涉及公司的重大诉讼，股东大会、董事会决议被依法撤销或者宣告无效；(11)公司涉嫌犯罪被司法机关立案调查，公司董事、监事、高级管理人员涉嫌犯罪被司法机关采取强制措施；(12)国务院证券监督管理机构规定的其他事项。

四、限制的交易行为

证券交易所、证券公司和证券登记结算机构的从业人员，证券监督管理机构的工作人员以及法律、行政法规禁止参与股票交易的其他人员，在任期或者法定期限内，不得直接或者以化名、借他人名义持有、买卖股票，也不得收受他人赠送的股票。任何人在成为上述所列人员时，其原已持有的股票必须依法转让。

为股票发行出具审计报告、资产评估报告或者法律意见书等文件的证券服务机构和人员，在该股票承销期内和期满后6个月内，不得买卖该种股票。除上述规定外，为上市公司出具审计报告、资产评估报告或者法律意见书等文件的证券服务机构和人员，自接受上市公司委托之日起至上述文件公开后5日内，不得买卖该种股票。

发起人持有的本公司股份，自公司成立之日起1年内不得转让。公司公开发行股份前已发行的股份，自公司股票在证券交易所上市交易之日起1年内不得转让。公司董事、监事、高级管理人员应当向公司申报所持有的本公司股份及其变动情况，在任职期间每年转让的股份不得超过其所持有的本公司股份总数的25%；所持有的本公司股份自公司股票上市交易之日起1年内不得转让。上述人员离职后半年内，不得转让其所持有的本公司股份。公司章程可以对公司董事、监事、高级管理人员转让其所持有的本公司股份作出其他限制性规定。

五、禁止的证券交易行为

(一)虚假陈述或信息误导

1. 虚假陈述

虚假陈述，是指信息披露义务人违反证券法律规定，在证券发行或者交易过程中，对重大事件作出违背事实真相的虚假记载、误导性陈述，或者在披露信息时发生重大遗漏、不正当披露信息的行为。

(1)虚假记载,是指信息披露义务人在披露信息时,将不存在的事实在信息披露文件中予以记载的行为。

(2)误导性陈述,是指虚假陈述行为人在信息披露文件中或者通过媒体,作出使投资人对其投资行为发生错误判断并产生重大影响的陈述。

(3)重大遗漏,是指信息披露义务人在信息披露文件中,未将应当记载的事项完全或者部分予以记载。

(4)不正当披露,是指信息披露义务人未在适当期限内或者未以法定方式公开披露应当披露的信息。

2. 信息误导

(1)禁止国家工作人员、传播媒介从业人员和有关人员编造、传播虚假信息,扰乱证券市场。

(2)禁止证券交易所、证券公司、证券登记结算机构、证券服务机构及其从业人员,证券业协会、证券监督管理机构及其工作人员,在证券交易活动中作出虚假陈述或者信息误导。

(3)各种传播媒介传播证券市场信息必须真实、客观,禁止误导。

(二)内幕交易

内幕交易,是指证券交易内幕信息的知情人和非法获取内幕信息的人利用内幕信息买卖其所持有的该公司的证券,或者泄露该信息或建议他人买卖该证券的行为。

禁止证券交易内幕信息的知情人和非法获取内幕信息的人利用内幕信息从事证券交易活动。

1. 内幕信息的知情人

证券交易内幕信息的知情人包括:

(1)发行人的董事、监事、高级管理人员;

(2)持有公司5%以上股份的股东及其董事、监事、高级管理人员,公司的实际控制人及其董事、监事、高级管理人员;

(3)发行人控股的公司及其董事、监事、高级管理人员;

(4)由于所任公司职务可以获取公司有关内幕信息的人员;

(5)证券监督管理机构工作人员以及由于法定职责对证券的发行、交易进行管理的其他人员;

(6)保荐人、承销的证券公司、证券交易所、证券登记结算机构、证券服务机构的有关人员;

(7)国务院证券监督管理机构规定的其他人。

2. 内幕信息

内幕信息,是指证券交易活动中,涉及公司的经营、财务或者对该公司证券的市场价格有重大影响的尚未公开的信息。下列信息皆属内幕信息:

(1)《证券法》第六十七条第二款所列重大事件(即本章“信息披露制度”部分所列的重大事件);

(2)公司分配股利或者增资的计划;

(3)公司股权结构的重大变化;

(4)公司债务担保的重大变更;

(5)公司营业用主要资产的抵押、出售或者报废一次超过该资产的30%;

(6)公司的董事、监事、高级管理人员的行为可能依法承担重大损害赔偿责任;

(7)上市公司收购的有关方案；

(8)国务院证券监督管理机构认定的对证券交易价格有显著影响的其他重要信息。

证券交易内幕信息的知情人和非法获取内幕信息的人，在内幕信息公开前，不得买卖该公司的证券，或者泄露该信息，或者建议他人买卖该证券。

持有或者通过协议、其他安排与他人共同持有公司5%以上股份的自然人、法人、其他组织收购上市公司的股份，《证券法》另有规定的，适用其规定。

(三)操纵证券市场

操纵证券市场，是指以获取利益或减少损失为目的，利用手中掌握的资金等优势影响证券市场价格，制造证券市场假象，诱导或者致使投资者在不了解事实真相的情况下作出证券投资决定，扰乱证券市场秩序的行为。

禁止任何人以下列手段操纵证券市场：

(1)单独或者通过合谋，集中资金优势、持股优势或者利用信息优势联合或者连续买卖，操纵证券交易价格或者证券交易量；

(2)与他人串通，以事先约定的时间、价格和方式相互进行证券交易，影响证券交易价格或者证券交易量；

(3)在自己实际控制的账户之间进行证券交易，影响证券交易价格或者证券交易量；

(4)以其他手段操纵证券市场。

(四)欺诈客户

欺诈客户，是指证券公司及其从业人员在证券交易及相关活动中所进行的违背客户真实意思表示、损害其利益的行为。

禁止证券公司及其从业人员从事下列损害客户利益的欺诈行为：

(1)违背客户的委托为其买卖证券；

(2)不在规定时间内向客户提供交易的书面确认文件；

(3)挪用客户所委托买卖的证券或者客户账户上的资金；

(4)未经客户的委托，擅自为客户买卖证券，或者假借客户的名义买卖证券；

(5)为牟取佣金收入，诱使客户进行不必要的证券买卖；

(6)利用传播媒介或者通过其他方式提供、传播虚假或者误导投资者的信息；

(7)其他违背客户真实意思表示、损害客户利益的行为。

(五)其他禁止的交易行为

(1)禁止法人非法利用他人账户从事证券交易；禁止法人出借自己或者他人的证券账户。

(2)依法拓宽资金入市渠道，禁止资金违规流入股市。

(3)禁止任何人挪用公款买卖证券。

证券交易所、证券公司、证券登记结算机构、证券服务机构及其从业人员对证券交易中发现的禁止的交易行为，应当及时向证券监督管理机构报告。

第四节　证券监管体制

证券监管是以事实为依据、以法律为准绳的法律制度的监管。国家为了规范证券业的经营活动，同时也是为了规范证券监管机构的监管行为，制定和颁布了一系列法律法规。证券监管的法律法规通常是针对证券市场实际运行中已经出现的各种突出问题规定的特定行为规范。

一、我国证券监管体制主要经历的发展阶段

(一)第一阶段(1992年5月以前)

第一阶段是我国证券监管体制的萌芽时期。对证券市场的监管是在国务院部署下,主要由上海、深圳两地地方政府进行管理,有关证券法律法规也是由两地政府和两地的人民银行制定并执行的。在1990年12月之后,随着沪、深两家证券交易所的成立以及股份制试点工作的开展,国务院及其有关部委制定了大量的关于股份制企业组建和试点的政策、法规,但地方政府的规章和证券交易的自律规章仍起主导作用。在沪、深两家证券交易所成立前后,我国证券市场经历了第一次大规模的强制性干预。此外,国务院及其部委颁发了《股份有限公司规范意见》、《国务院关于进一步加强证券市场宏观管理的通知》,明确了国家对未来证券市场与监管的定位。

(二)第二阶段(1992年5月~1997年底)

第二阶段是对证券市场的监管由中央与地方、中央各部门共同参与管理向集中统一管理的过渡阶段。1992年5月,中国人民银行成立证券管理办公室。同年7月,国务院建立国务院证券管理办公会议制度,代表国务院行使对证券业的日常管理职能。1992年10月,国务院成立国务院证券委员会及其执行机构,即中国证券监督管理委员会(中国证监会)为专门的国家证券监管机构。同时,国务院赋予中央有关部门部分证券监管的职责,形成了各部门共管的局面。这一时期是我国证券市场不断制度化、持续规范化的阶段,大量法律、法规和规章纷纷出台。1993年4月的《股票发行与交易管理暂行条例》成为《证券法》颁布以前,全面规范股票发行、交易、清算、保管,上市公司收购与信息披露,制约证券违法行为,并以法规形式确立监管体制的最主要的行政法规。同年,《证券交易所管理暂行办法》、《禁止证券欺诈行为暂行办法》相继颁布。此外,1997年10月修订的《刑法》增列了有关证券犯罪的条款,结束了我国缺乏维护证券市场秩序的系统的刑事法律规范的历史。

(三)第三阶段(1997年底至今)

第三阶段是初步建立全国集中统一的证券监管体系阶段。1997年11月,中央金融工作会议决定撤销国务院证券委员会,其监管职能移交中国证监会。1998年4月,中国人民银行行使的对证券市场监管职能(主要是对证券公司的监管)也移交中国证监会。1999年7月1日,《证券法》开始实施,与此同时,中国证监会派出机构正式挂牌。这标志着我国集中统一的证券、期货两级监管体制基本建立。这一阶段是我国证券市场统一立法体系的基本形成阶段。1998年12月,全国人大审议通过《中华人民共和国证券法》,自1999年7月1日起开始实施。这结束了我国证券市场缺乏基础性大法的历史,解决了原法律体系中大量法规权威低下、内容互有抵触的问题,突破了原有法律规范的某些不确定性和落后性,确立了中国证券市场法律规范的总体框架。2005年10月27日,《证券法》修订草案经第十届全国人大常委会第十八次会议审议通过,并于2006年1月1日正式施行。新的《证券法》在一定程度上回应了中国证券市场出现的新问题,努力谋求管制与自律之间的平衡。

二、我国的证券市场监管特点

(一)重视政府监管

政府监管是计划经济向市场经济转型过程中的管理体制,以及对自由经济逐渐实施管制的管理体制间的切入点。

政府计划或者政府行为是平衡市场交易关系的重要手段，对我国证券市场依然存在巨大影响。对于新生且脆弱的证券市场来说，政府监管是十分必要的。

(二)强调实质管理

在实质管理体制中，《证券法》对证券发行条件与程序作出规定，即使证券发行人依法承担和履行信息披露义务，政府监管部门也有权审查发行人条件并决定是否准许其进行证券发行。在《证券法》理论上，形式审查是与实质管理相对应的管理体制，它是指证券发行人应当依法披露与证券发行有关的各类信息，政府仅负责审查拟发行证券是否符合公开原则的规定、是否向投资者进行了充分的披露，而不管其是否给投资者带来足够的盈利。我国现行《证券法》不仅严格规定了各类证券发行的基本条件和发行人信息披露义务，而且政府监管机构将依照其监管职责，审查并确定其是否真正具备证券发行条件，这在性质上属于实质管理体制。

(三)强调集中管理

国务院证券监督管理机构依法对全国证券市场实行集中统一监督管理。这种集中管理能够充分发挥证券市场的融资能力，促进企业转换经营管理机制，为推动社会资源合理配置和流动奠定了良好的法律基础。

三、国务院证券监督管理机构

(一)证券监管机构的职责

国务院证券监督管理机构依法对证券市场实行监督管理，维护证券市场秩序，保障其合法运行。国务院证券监督管理机构在对证券市场实施监督管理中履行下列职责：

(1)依法制定有关证券市场监督管理的规章、规则，并依法行使审批或者核准权；

(2)依法对证券的发行、上市、交易、登记、存管、结算进行监督管理；

(3)依法对证券发行人、上市公司、证券公司、证券投资基金管理公司、证券服务机构、证券交易所、证券登记结算机构的证券业务活动进行监督管理；

(4)依法制定从事证券业务人员的资格标准和行为准则，并监督实施；

(5)依法监督检查证券发行、上市和交易的信息公开情况；

(6)依法对证券业协会的活动进行指导和监督；

(7)依法对违反证券市场监督管理法律、行政法规的行为进行查处；

(8)法律、行政法规规定的其他职责。

国务院证券监督管理机构可以和其他国家或者地区的证券监督管理机构建立监督管理合作机制，实施跨境监督管理。

(二)证券监管机构的执法措施

国务院证券监督管理机构依法履行职责，有权采取下列措施：

(1)对证券发行人、上市公司、证券公司、证券投资基金管理公司、证券服务机构、证券交易所、证券登记结算机构进行现场检查。

(2)进入涉嫌违法行为发生场所调查取证。

(3)询问当事人以及与被调查事件有关的单位和个人，要求其对与被调查事件有关的事项作出说明。

(4)查阅、复制与被调查事件有关的财产权登记、通信记录等资料。

(5)查阅、复制当事人以及与被调查事件有关的单位和个人的证券交易记录、登记过户记录、财务会计资料及其他相关文件和资料；对可能被转移、隐匿或者毁损的文件和资料，可予以封存。

(6)查询当事人以及与被调查事件有关的单位和个人的资金账户、证券账户和银行账户;对有证据证明已经或者可能转移或者隐匿违法资金、证券等涉案财产,或者隐匿、伪造、毁损重要证据的,经国务院证券监督管理机构主要负责人批准,可以冻结或者查封。

(7)在调查操纵证券市场、内幕交易等重大证券违法行为时,经国务院证券监督管理机构主要负责人批准,可以限制被调查事件当事人的证券买卖,但限制的期限不得超过15个交易日;案情复杂的,可以延长15个交易日。

四、自律性监管机构

(一)自律性监管的概念

自律性监管机构是通过制度公约、章程、准则、细则,对证券市场活动进行自我监管的组织。自律组织一般实行会员制。符合条件的证券经营机构及其他机构,可申请加入自律组织成为其会员,如证券同业公会、证券交易所等。我国的自律性监管机构主要有中国证券业协会以及上海、深圳两家证券交易所。

(二)自律性监管的组织形态

证券自律监管,是证券市场参与者通过自律组织的方式实现的,各国自律组织名称有异,但大体上分为证券业协会和证券交易所两大类。

1. 证券业协会

我国于1992年8月成立了中国证券业协会,该协会是依法注册成立的具有法人资格的全国性证券行业的自律性组织,采取会员制的组织形式,其会员有证券交易所、证券公司、兼营证券业务的金融机构和团体以及有关部门领导及从事证券研究和业务工作的人员。该协会的主要职能包括依法制定自律性规则、监督会员遵守证券法律法规、加强行业管理、协调本行业和有关部门的关系等。

2. 证券交易所

在证券市场的组成中,证券交易所的地位可谓举足轻重。在英国式的管理模式中,证券交易所更是证券管理的主要承担者。法律明确规定了由证监会行使监管权,但从证券交易所自己制定的上市交易规则看,证券交易所本身也有监管权。1993年7月7日,原国务院证券委员会发布《证券交易所管理暂行办法》,这是我国对证券交易所进行规范管理的行政法规依据。该《证券交易所管理暂行办法》赋予了证券交易所相当的权力,大体包括:

(1)证券交易所应根据有关法律、行政法规的规定制定具体的上市规则。

(2)证券交易所应建立上市推荐人制度,保证上市公司符合上市要求,并在上市后由上市推荐人指导上市公司履行相关义务。

(3)证券交易所应根据证监会统一制定的格式和证券交易所的有关业务规则,复核上市公司的配股说明书、上市公告书等与募集资金及证券上市直接相关的公开说明文件,并监督上市公司按时公布。

第五节 违反证券法的法律责任

一、证券法律责任的类型

证券法律责任的类型,包括民事责任、行政责任、刑事责任和经济法责任。由于证券法规范主要由强制性规范构成，因此，证券法律责任主要以行政责任、经济法责任等法律责任为主，但是，不同类型的证券法律责任中同一性质的责任承担形式，以民事责任优先。

二、违反证券法的民事责任

违反证券法的民事责任的主要表现形式是“赔偿”，包括赔偿责任和连带赔偿责任。归责原则包括无过错责任、严格责任和过错责任等。

(一)虚假陈述行为的民事责任

发行人、上市公司公告的招股说明书、公司债券募集办法、财务会计报告、上市报告文件、年度报告、中期报告、临时报告以及其他信息披露资料，有虚假记载、误导性陈述或者重大遗漏，致使投资者在证券交易中遭受损失的，发行人、上市公司应当承担赔偿责任；发行人、上市公司的董事、监事、高级管理人员和其他直接责任人员以及保荐人、承销的证券公司，应当与发行人、上市公司承担连带赔偿责任，但是能够证明自己没有过错的除外；发行人、上市公司的控股股东、实际控制人有过错的，应当与发行人、上市公司承担连带赔偿责任。

(二)其他禁止交易行为的民事责任

(1)内幕交易行为给投资者造成损失的，行为人应当依法承担赔偿责任。

(2)操纵证券市场行为给投资者造成损失的，行为人应当依法承担赔偿责任。

(3)欺诈客户行为给客户造成损失的，行为人应当依法承担赔偿责任。

(三)证券公司的民事责任

(1)证券公司承销或者代理买卖未经核准擅自公开发行的证券，给投资者造成损失的，应当与发行人承担连带赔偿责任。

(2)证券公司违反证券承销业务规定，给其他证券承销机构或者投资者造成损失的，依法承担赔偿责任。

(3)证券公司违背客户的委托买卖证券、办理交易事项，或者违背客户真实意思表示，办理交易以外的其他事项，给客户造成损失的，依法承担赔偿责任。

三、违反证券法的行政责任

违反证券法的行政责任的形式繁多，包括“责令”形式的责任、警告、取缔、没收违法所得或非法收入、罚款、暂停或者撤销相关业务许可、撤销任职资格或者证券从业资格等。对未经允许从事证券业务的行为的取缔，主要由依法履行监督管理职责的机构或者部门会同县级以上地方人民政府、县级以上人民政府或者证券监督管理机构行使。证券公司成立后，无正当理由超过 3 个月未开始营业的，或者开业后自行停业连续 3 个月以上的，由公司登记机关吊销其公司营业执照。拒绝、阻碍证券监督管理机构及其工作人员依法行使监督检查、调查职权未使用暴力、威胁方法的，依法给予治安管理处罚。提交虚假证明文件或者采取其他欺诈手段隐瞒重要事实骗取证券业务许可的，或者证券公司在证券交易中有严重违法行为，不再具备经营资格的，由证券监督管理机构撤销证券业务许可。

证券监督管理机构工作人员进行内幕交易的，从重处罚。证券监督管理机构的工作人员和发行审核委员会的组成人员，不履行证券法规定的职责，滥用职权、玩忽职守，利用职务便利牟取不正当利益，或者泄露所知悉的有关单位和个人的商业秘密的，依法追究法律责任。

四、违反证券法的经济法责任

违反证券法的经济法责任的形式主要有证券市场禁入责任和股东权利限制责任。

(一)证券市场禁入责任

违反法律、行政法规或者国务院证券监督管理机构的有关规定,情节严重的,国务院证券监督管理机构可以对有关责任人员采取证券市场禁入的措施。证券市场禁入,是指在一定期限内直至终身不得从事证券业务或者不得担任上市公司董事、监事、高级管理人员的制度。

被中国证监会采取证券市场禁入措施的人员,在禁入期间内,除不得继续在原机构从事证券业务或者担任原上市公司董事、监事、高级管理人员职务外,也不得在其他任何机构从事证券业务或者担任其他上市公司董事、监事、高级管理人员职务。

违反法律、行政法规或者中国证监会有关规定,情节严重的,可以对有关责任人员采取3～5年的证券市场禁入措施。行为恶劣、严重扰乱证券市场秩序、严重损害投资者利益或者在重大违法活动中起主要作用等情节较为严重的,可以对有关责任人员采取5～10年的证券市场禁入措施。有下列情形之一的,可以对有关责任人员采取终身的证券市场禁入措施:

(1)严重违反法律、行政法规或者中国证监会有关规定,构成犯罪的;

(2)违反法律、行政法规或者中国证监会有关规定,行为特别恶劣,严重扰乱证券市场秩序并造成严重社会影响,或者致使投资者利益遭受特别严重损害的;

(3)组织、策划、领导或者实施重大违反法律、行政法规或者中国证监会有关规定的活动的;

(4)其他违反法律、行政法规或者中国证监会有关规定,情节特别严重的。

(二)股东权利限制责任

(1)收购人未按照证券法规定履行上市公司收购的公告、发出收购要约、报送上市公司收购报告书等义务或者擅自变更收购要约的,在改正前,其持有或者通过协议、其他安排与他人共同持有被收购公司股份超过30%的部分不得行使表决权。

(2)证券公司为其股东或者股东的关联人提供融资或者担保,股东有过错的,在按照要求改正前,国务院证券监督管理机构可以限制其股东权利;拒不改正的,可以责令其转让所持证券公司股权。

五、违反证券法的刑事责任

违反证券法规定,构成犯罪的,依法追究刑事责任。

(一)《刑法》规定的证券类犯罪的罪名

《中华人民共和国刑法》(1997)主要规定了如下证券类犯罪的罪名:(1)欺诈发行股票、债券罪;(2)违规披露、不披露重要信息罪;(3)背信损害上市公司利益罪;(4)擅自设立金融机构罪;(5)伪造、变造、转让金融机构经营许可证、批准文件罪;(6)伪造、变造国家有价证券罪;(7)伪造、变造股票,公司、企业债券罪;(8)擅自发行股票,公司、企业债券罪;(9)内幕交易、泄露内幕信息罪;(10)编造并传播证券、期货交易虚假信息罪;(11)诱骗投资者买卖证券、期货合约罪;(12)操纵证券、期货市场罪;(13)背信运用受托财产罪;(14)提供虚假证明文件罪;(15)出具证明文件重大失实罪。

(二)《刑法修正案(七)》有关"老鼠仓"的条款

"老鼠仓",是指庄家在用公有资金拉升股价前,先用自己个人(机构负责人、操盘手及其亲属、关系户)的资金在低位建仓,待用公有资金拉升到高位后个人仓位率先卖出获利。"老鼠仓"不但没有风险,而且还能获得高额回报,但它损害了其所在金融机构或基金持有人的利益,甚至有可能导致其所服务的金融机构严重亏损,社会影响极坏。有鉴于此,第十一届全国人民代表大会常务委员会第七次会议于2009年2月28日通过的《刑法修正案(七)》将严重破坏金融管理秩序、损害投资者合法权益的"老鼠仓"行为确定为犯罪行为。

《刑法修正案(七)》增加的有关规定是:证券交易所、期货交易所、证券公司、期货经纪公司、基金管理公司、商业银行、保险公司等金融机构的从业人员以及有关监管部门或者行业协会的工作人员,利用因职务便利获取的内幕信息以外的其他未公开的信息,违反规定,从事与该信息相关的证券、期货交易活动,或者明示、暗示他人从事相关交易活动,情节严重的,处5年以下有期徒刑或者拘役,并处或者单处违法所得1倍以上5倍以下罚金。

复习思考题

1. 简述《证券法》的基本原则及适用范围。
2.《证券法》限制和禁止交易的情形有哪些?
3. 简述股份有限公司股票上市应具备的条件。
4. 简述公司发行债券的条件。

案例分析

中国证监会在组织对A上市公司(本题下称"A公司")进行例行检查时,发现该公司存在下列事实:

(1)A公司是由B国有企业(本题下称"B企业")经批准于1997年7月独家发起、向社会公开发行股票、以募集方式设立的股份有限公司。A公司申请公开发行股票时,拟订的募集资金投向包括投资人民币3 000万元新建一条化工生产线。在上市后,董事会通过决议将原用于该项目的资金用于补充流动资金。

(2)A公司根据有关规定向公司职工发行了500万股公司职工股。甲会计师事务所在查验公司提供的公司职工股股东名单后,就认购公司职工股的股款出具了验资报告。A公司在其上市公告书中称,公司职工股股款已经全部到位。后经查实,公司职工股股款未完全到位。

(3)2016年10月18日,A公司决定投资收购一家生物医药开发公司,该收购行为完成后,将使A公司经营范围发生重大变化。在上述信息披露之前,B企业购入A公司流通股票,并于该信息披露后售出,赢利1 000万元人民币。

要求:根据上述事实及有关法律规定,回答下列问题:

(1)根据要点(1)所述内容,A公司改变募集资金投向的程序是否符合法律规定?并说明理由。

(2)根据要点(2)所述内容,A公司及甲会计师事务所有何违法之处?并说明应承担的法律责任。

(3)根据要点(3)所述内容,B企业有何违法之处?并说明应承担的法律责任。

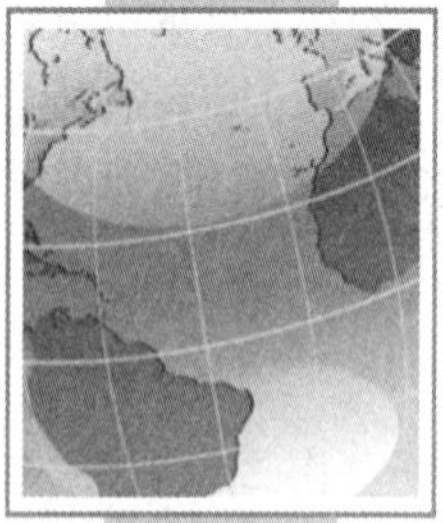

第七章 合同法律制度

第一节　合同法概述

一、合同的概念和分类

(一)合同的概念

合同,又称为契约,是指平等主体的自然人、法人、其他组织之间设立、变更、终止民事权利义务关系的协议。

(二)合同的法律特征

合同的法律特征主要有以下四个:

(1)合同是双方或多方当事人自愿达成的民事法律行为。第一,从合同的主体看,必须有两个以上当事人;第二,从意思表示看,必须是合同当事人意思表示一致;第三,合同是一种民事法律行为。

(2)合同以设立、变更、终止民事权利义务关系为目的。当事人订立合同的目的是为了设立、变更、终止民事权利义务关系,这种权利义务关系是为了满足当事人的某种需求或实现某种愿望。

(3)合同当事人的法律地位是平等的。在合同法律关系中,当事人之间的法律地位是平等的,没有上下级之分,没有高低,不分大小,一律平等。任何一方都不得以强凌弱,把自己的意志强加给对方。

(4)合同是国家规定的一项法律制度,受国家强制力的保护和约束。合同一旦成立生效,当事人不得随意变更或解除,当事人无正当理由不履行合同,就要承担法律责任。

(三)合同的分类

合同的分类,是指基于一定的标准,将合同划分为不同的类型。一般来说,合同可以作出如下分类:

1. 有名合同和无名合同

根据法律是否明文规定了一定合同的名称,可以将合同分为有名合同和无名合同。

(1)有名合同,又称典型合同,是指由法律赋予其特定名称及具体规则的合同。如我国《合同法》所规定的15类合同,包括买卖合同,供用电、水、气、热力合同,赠与合同,借款合同,租赁合同,融资租赁合同,承揽合同,建设工程合同,运输合同,技术合同,保管合同,仓储合同,委托合同,行纪合同和居间合同,都属于有名合同。

(2)无名合同,又称非典型合同,是指法律上尚未确定一定的名称与规则的合同。根据合同自由原则,合同当事人可以自由决定合同的内容,因此即使当事人订立的合同不属于有名合同的范围,只要不违背法律的禁止性规定和社会公共利益,也仍然是有效的。可见,当事人可以自由订立无名合同。

2. 双务合同和单务合同

根据合同当事人是否互相负有给付义务,可以将合同分为双务合同和单务合同。

(1)双务合同,是指当事人双方互负对待给付义务的合同,即双方当事人互享债权、互负债务,一方的权利正好是对方的义务,彼此形成对价关系。例如在买卖合同中,卖方有获得价款的权利,而买方正好有支付价款的义务;反过来,买方有取得货物的权利,而卖方正好有交付货物并转移货物所有权的义务。

(2)单务合同,是指合同双方当事人中仅有一方负担义务而另一方只享有权利的合同。例如在赠与合同中,赠与人负担交付赠与物的义务,而受赠人只享有接受赠与物的权利,不负担任何义务。在实践中,大多数的合同都是双务合同,单务合同比较少见。

3. 有偿合同和无偿合同

根据合同当事人之间的权利义务是否存在对价关系,可以将合同分为有偿合同和无偿合同。

(1)有偿合同,是指当事人一方给予对方某种利益,对方要得到该利益必须为此支付相应代价的合同。实践中,绝大多数反映交易关系的合同都是有偿的,如买卖合同、租赁合同、承揽合同、运输合同、仓储合同等。

(2)无偿合同,是指一方给付对方某种利益,对方取得该利益时并不支付相应代价的合同,如赠与合同、借款合同等。实践中,无偿合同数量比较少。而有的合同既可以是有偿的,也可以是无偿的,如自然人之间的保管合同、委托合同等,双方既可以约定是有报酬即有偿的保管、委托,也可以约定为没有报酬即无偿的保管、委托。

4. 诺成合同和实践合同

根据合同的成立是否需要交付标的物,可以将合同分为诺成合同和实践合同。

(1)诺成合同,又称不要物合同,是指当事人双方意思表示一致就可以成立的合同。大多数的合同都属于诺成合同,如买卖合同、租赁合同、借款合同等。

(2)实践合同,又称要物合同,是指除当事人双方意思表示一致以外,尚需交付标的物才能成立的合同。在实践合同中,仅有双方当事人的意思表示一致,还不能产生合同上的权利义务关系,必须有一方实际交付标的物的行为,才能产生合同成立的法律效果。例如赠与合同,必须由赠与人将赠与物交给受赠人,合同才成立;又如小件寄存合同,必须要寄存人将寄存的物品交给保管人,合同才能成立。

实践中,大多数的合同都属于诺成合同,少部分为实践合同。一般认为,借贷、保管、运送、赠与等属于实践合同,但这种分类并非是绝对的。根据我国《合同法》的规定,经过公证的赠与合同和具有救灾、扶贫性质的赠与合同,也为诺成合同而非实践合同。

5. 要式合同和不要式合同

根据法律对合同的形式是否有特定要求,可以将合同分为要式合同和不要式合同。

(1)要式合同,是指根据法律规定必须采取特定形式的合同。对于一些重要的交易,法律常要求当事人必须采取特定的方式订立合同。例如,中外合资经营企业合同必须由审批机关批准,合同方能成立。

(2)不要式合同,是指当事人订立的合同依法并不需要采取特定的形式,当事人可以采取口头方式,也可以采取书面形式。除法律有特别规定以外,合同均为不要式合同。根据合同自由原则,当事人有权选择合同形式,但对于法律有特别的形式要件规定的,当事人必须遵循法律规定。

6. 主合同和从合同

根据合同相互间的主从关系,可以将合同分为主合同和从合同。

主合同是指不以其他合同的存在为前提而能够独立存在的合同。从合同是指不能独立存在而以其他合同的存在为存在前提的合同。例如,甲与乙订立借款合同,丙为担保乙偿还借款而与甲签订保证合同,则甲、乙之间的借款合同为主合同,甲、丙之间的保证合同为从合同。

二、合同法概述

(一)合同法的概念

合同法是调整平等主体之间的交易关系的法律,它主要规范合同的订立,合同的效力,合同的履行、变更、转让、终止,违反合同的责任及各类有名合同等问题。在我国,合同法并不是一个独立的法律部门,而只是我国民法的重要组成部分。

合同法在为经济交易关系提供准则、保护合同当事人的合法权益、维护正常的交易秩序方面具有重大意义,一部好的合同法能够促进一国经济的发展。为了维护社会主义市场经济秩序,促进社会主义市场经济的健康发展,切实保护合同当事人的合法权益,促进社会主义现代化建设,我国于1999年3月15日第九届全国人民代表大会第二次会议通过《中华人民共和国合同法》(以下简称《合同法》),1999年10月1日正式实施。

(二)合同法的调整范围

合同法调整平等主体的自然人、法人、其他组织之间的财产关系。婚姻、收养、监护等有关身份关系的协议,不适用合同法,适用其他法律的规定。

(三)合同法的基本原则

合同法的基本原则是合同当事人在合同活动中应当遵守的基本准则,也是人民法院、仲裁机构在审理、仲裁合同纠纷时应当遵循的原则。我国《合同法》规定了以下基本原则:

1. 平等原则

合同当事人的法律地位平等,一方不得将自己的意志强加给另一方。在法律上,合同当事人是平等主体,没有高低从属之分,不存在命令者与被命令者、管理者与被管理者。不论所有制性质、经济实力强弱,其法律地位是平等的,都是独立、平等的合同当事人。平等的当事人之间的权利义务也是对等的,既享有权利,同时又承担义务,而且彼此的权利义务是相应的。

2. 自愿原则

自愿原则是指合同当事人通过协商,自愿决定和调整相互的权利义务关系,任何单位和个人不得非法干涉。自愿原则贯穿于合同活动全过程,包括:(1)订不订合同自愿;(2)与谁订合同自愿;(3)合同内容由当事人在不违法的情况下自愿约定;(4)在合同履行过程中,当事人可以协议补充、协议变更有关内容;(5)双方也可以协议解除合同;(6)在发生争议时,当事人可以自愿选择解决争议的方式等。

3. 公平原则

公平原则要求当事人之间的权利义务要对等,要公平合理,要以利益均衡作为价值判断标准来调整合同主体之间的关系，强调双方负担和风险的合理分配。具体包括：(1)在订立合同时，应当遵循公平原则确定双方的权利和义务，不得滥用权力，不得欺诈，不得假借订立合同恶意进行磋商；(2)根据公平原则确定风险的合理分配；(3)根据公平原则确定违约责任。

4. 诚实信用原则

当事人行使权利、履行义务应当遵循诚实信用原则。诚实信用原则要求当事人在订立、履行合同以及合同终止后的全过程中，都要诚实，讲信用，相互协作。具体包括：(1)当事人在订立合同时，不得有欺诈或其他违背诚实信用的行为；(2)在履行合同义务时，当事人应当遵循诚实信用的原则，根据合同的性质、目的和交易习惯，履行及时通知、协助、提供必要的条件、防止损失扩大、保密等义务；(3)合同终止后，当事人也应当遵循诚实信用的原则，根据交易习惯履行通知、协助、保密等义务。

5. 遵守法律、尊重社会公德原则

当事人订立、履行合同，应当遵守法律、行政法规，遵守社会公德，不得扰乱社会经济秩序、损害社会公共利益。合同关系不仅是当事人之间的关系，有时可能涉及社会公共利益和社会公德，涉及维护经济秩序。合同当事人的意思应当在法律允许的范围内表示。合同的订立、履行都必须在法律规定的范围内进行，并不得有损于社会公共利益。

第二节　合同的订立

一、合同订立的概念

合同的订立是指两个或两个以上的当事人，依法就合同的主要条款经过协商一致达成协议的法律行为。合同当事人可以是自然人，也可以是法人或者其他组织，但都应当具有与订立合同相应的民事权利能力和民事行为能力。当事人也可以依法委托代理人订立合同。

民事权利能力，是指民事法律赋予民事主体从事民事活动，从而享受民事权利和承担民事义务的资格。根据我国法律规定，我国公民的民事权利能力始于出生、终于死亡，公民享有民事权利能力的时间与其生命的存续时间是完全一致的。

民事行为能力，是指民事主体通过自己的行为取得民事权利和承担民事义务的能力。自然人的行为能力分三种情况：完全行为能力、限制行为能力、无行为能力。我国《民法通则》规定，十八周岁以上的公民是成年人，具有完全民事行为能力，可以独立进行民事活动，是完全民事行为能力人；十六周岁以上不满十八周岁的公民，以自己的劳动收入为主要生活来源的，视为完全民事行为能力人；十周岁以上的未成年人是限制民事行为能力人，可以进行与他的年龄、智力相适应的民事活动；不满十周岁的未成年人是无民事行为能力人。另外，不能辨认自己行为的精神病人是无民事行为能力人；不能完全辨认自己行为的精神病人是限制民事行为能力人，可以进行与他的精神健康状况相适应的民事活动。

公民、法人通过代理人订立合同的，委托代理人应当按照被代理人的委托行使代理权，法定代理人依照法律的规定行使代理权，指定代理人按照人民法院或指定单位的指定行使代理权。

二、合同订立的形式

《合同法》规定，当事人订立合同有书面形式、口头形式和其他形式。法律、行政法规规定采用书面形式的，应当采用书面形式。当事人约定采用书面形式的，应当采用书面形式。

（一）书面形式

书面形式是指合同书、信件和数据电文（包括电报、电传、传真、电子数据交换和电子邮件）等可以有形地表现所载内容的形式。书面形式明确肯定、有据可查，对于防止争议和解决纠纷有积极意义。实践中，书面形式是当事人最为普遍采用的一种合同约定形式。

（二）口头形式

口头形式是指当事人双方就合同内容面对面或以通信设备交谈达成协议。口头形式直接、简便、迅速，但发生纠纷时难以取证，不易分清责任。所以，对于不能即时清结的合同和标的数额较大的合同，不宜采用这种形式。

（三）其他形式

除了书面形式和口头形式，合同还可以其他形式成立。例如，根据当事人的行为或者特定情形可以推定合同的成立。

三、合同的内容

合同的内容是合同中经双方当事人协商一致、规定双方当事人权利义务的具体条款。合同当事人的权利义务，除法律规定的以外，主要由合同的条款确定。合同的条款是否齐备、准确，决定了合同能否成立、生效以及能否顺利地履行、实现。由于合同的类型和性质不同，合同的主要条款可能有所不同。根据《合同法》的规定，合同的内容由当事人约定，一般应当包括以下条款：

（一）当事人的名称或者姓名和住所

这是每一个合同必须具备的条款。当事人是合同法律关系的主体，合同中如果不写明当事人，就无法确定权利的享受者和义务的承担者，发生纠纷也无法解决。因此，订立合同时，要把各方当事人名称或者姓名和住所都记载准确、清楚。

（二）标的

标的是合同当事人双方权利和义务所共同指向的对象。标的是合同成立的必要条件，是一切合同的必备条款。没有标的，合同不成立，合同关系无法建立。

合同标的包括四类：有形财产、无形财产、劳务和工作成果。合同对标的的规定应当清楚明白、准确无误。对于名称、型号、规格、品种、等级、花色等都应规定得细致、准确、清楚，防止差错。特别对于不易确定的无形财产、劳务、工作成果等，更要尽可能地描述准确、明白。

（三）数量

数量是对标的的量的规定，是对标的的计量。在大多数合同中，数量是必备条款，没有数量，合同不能成立。对于有形财产，数量是对单位个数、体积、面积、长度、容积、重量等的计量；对于无形财产，数量是个数、件数、字数以及使用范围等多种量度方法；对于劳务，数量为劳动量；对于工作成果，数量是工作量及成果数量。合同的数量要准确，应选择使用双方当事人共同接受的计量单位、计量方法和计量工具。

（四）质量

质量是标的的内在素质和外观形态的综合，一般以品种、型号、规格、等级和工程项目的标准等体现出来。对有形财产来说，质量是物理、化学、生物等性质与外观形态的综合；对无形财产、劳务、工作成果来说，也有其内在素质的衡量方法。合同中必须对质量明确加以规定，国家有强制性标准规定的，必须按照规定的标准执行。如有多种质量标准的，应尽可能约定其适用的标准。当事人可以约定质量检验的方法、质量责任的期限和条件、对质量提出异议的条件与期限等。

(五)价款或者报酬

价款或报酬是一方当事人向对方当事人所付代价的货币支付。价款一般指对提供财产的当事人支付的货币,如买卖合同中的货款、租赁合同中的租金、借款合同中借款人向贷款人支付的本金和利息等。报酬一般指对提供劳务或者工作成果的当事人支付的货币,如保管合同中的保管费、仓储合同中的仓储费、运输合同中的票款或者运费等。作为主要条款,在合同中应当明确规定其数额、计算标准、结算方式和程序。

(六)履行期限、地点和方式

履行期限是指合同中规定的一方当事人向对方当事人履行义务的时间界限,如交付标的物、价款或报酬,履行劳务、完成工作的时间界限。它直接关系到合同义务完成的时间,是确定合同能否按时履行的依据。

履行地点是指合同规定的当事人履行合同义务和对方当事人接受履行的地点。不同的合同,履行地点也不同,如买卖合同中,买方提货的,履行地为提货地;卖方送货的,履行地为买方收货地。履行地点是确定履行合同的费用、风险由谁承担,以及确定所有权是否转移、何时转移、发生纠纷后应由何地法院管辖的依据。

履行方式是指合同当事人履行合同义务的具体做法。不同种类的合同,有着不同的履行方式。有的需要以转移一定财产的方式履行,如买卖合同;有的需要以提供某种劳务的方式履行,如运输合同;有的需要以交付一定的工作成果的方式履行,如承揽合同等。

(七)违约责任

违约责任是指合同当事人一方或者双方不履行合同或者不适当履行合同时,按照法律规定或者合同的约定应当承担的法律责任。违约责任是合同具有法律约束力的重要体现,也是保证合同履行的主要条款,它可以促使当事人履行合同义务,使对方免受或少受损失。当事人为了保证合同义务严格按照约定履行,为了及时地解决合同纠纷,可以在合同中明确规定违约责任条款,如约定定金或违约金、约定赔偿金额以及赔偿金的计算方法等。

(八)解决争议的方法

解决争议的方法是指合同当事人对合同的履行发生争议时解决的途径和方式。可以选择的解决争议的方法主要有:当事人协商和解;第三人调解;仲裁;诉讼。如果当事人意图通过诉讼解决争议,可以不进行约定;如果想通过其他途径解决,则要经过事先或者事后约定。若当事人选择仲裁解决方式,则还要明确选择具体的仲裁机构。

除法律另有规定外,涉外合同的当事人可以选择解决他们的争议所适用的法律,可以选择中国法律、其他国家或地区的法律。当他们选择用仲裁方式解决纠纷时,可以选择中国的仲裁机构,也可以选择其他国家或地区的仲裁机构。

四、合同订立的方式

根据《合同法》的规定,当事人采取要约、承诺方式订立合同。

(一)要约

要约是一方当事人以缔结合同为目的,向对方当事人提出合同条件,希望对方当事人接受的意思表示。当一方当事人向对方提出合同条件、作出签订合同的意思表示时,称为“要约”。发出要约的当事人称为要约人,要约所指向的对方当事人则称为受要约人。

1. 要约应具备的条件

(1)内容具体确定。要约的内容必须具有足以使合同成立的主要条件,包括主要条款,如标的,数量,质量,价款或者报酬,履行期限、地点和方式等,一经受要约人承诺,合同即可成立。如果要约内容含混不清,内容不具备一个合同的最基本的要素,即使受要约人承诺,也会因缺乏合同的主要条件而使合同无法成立。

(2)必须是特定人所为的意思表示。要约是要约人向相对人(受要约人)所作出的含有合同条件的意思表示,旨在得到受要约人的承诺并成立合同,只有要约人是特定的人,受要约人才能对之承诺。

(3)要约必须向相对人发出。要约必须经过相对人的承诺才能成立合同,因此要约必须是要约人向相对人发出的意思表示。相对人一般为特定的人,但在特殊情况下,对不特定的人作出又不妨碍要约所达目的时,相对人也可以是不特定人。例如,超市里的商品以价签标明价格出售,相当于对顾客发出要约,受要约人为"顾客",即为一定范围的不特定人。

(4)有明确的订立合同的意图,表明经受要约人承诺,要约人即受该意思表示约束。要约是一种法律行为,要约人发出的要约的内容必须能够表明:如果对方接受要约,合同即告成立。

2. 要约邀请

要约邀请是希望他人向自己发出要约的意思表示。要约邀请与要约不同,要约是一个一经承诺就成立合同的意思表示;而要约邀请的目的则是邀请他人向自己发出要约,自己如果承诺才成立合同。要约邀请处于合同的准备阶段,没有法律约束力。实践中要约与要约邀请往往很难区别,《合同法》规定,寄送的价目表、拍卖公告、招标公告、招股说明书等都属于要约邀请,商业广告的内容符合要约规定的,视为要约。

3. 要约的生效

要约到达受要约人时生效。采用数据电文形式订立合同,收件人指定特定系统接收数据电文的,该数据电文进入该特定系统的时间,视为到达时间;未指定特定系统的,该数据电文进入收件人的任何系统的首次时间,视为到达时间。要约到达受要约人,并不是指要约一定实际送达到受要约人或者其代理人手中,要约只要送达到受要约人通常的地址、住所或者能够控制的地方(如信箱等)即为送达。

4. 要约的效力

要约一经生效,要约人即受到要约的约束,不得随意撤销或对要约加以限制、变更和扩张。法律赋予要约这种效力,目的在于保护受要约人的合法权益,维护交易安全。

受要约人在要约生效时即取得承诺的权利,即取得了依其承诺而成立合同的法律地位,所以受要约人可以承诺,也可以不承诺。

5. 要约的撤回、撤销与失效

(1)要约撤回是指要约在发出后、生效前,要约人使要约不发生法律效力的意思表示。法律规定要约可以撤回,原因在于这时要约尚未发生法律效力,撤回要约不会对要约人产生任何影响,也不会对交易秩序产生不良影响。由于要约在到达受要约人时即生效,因此撤回要约的通知应当在要约到达受要约人之前或者与要约同时到达受要约人。

(2)要约撤销是指要约人在要约生效后、受要约人承诺前,使要约丧失法律效力的意思表示。撤销要约的通知应当在受要约人发出承诺通知之前到达受要约人。也就是说,要约已经到达受要约人,在受要约人作出承诺之前,要约人可以撤销要约。由于撤销要约可能会给受要约人带来不利的影响,损害受要约人的利益,法律规定了两种不得撤销要约的情形:①要约人确定了承诺期限或者以其他形式明示要约不可撤销;②受要约人有理由认为要约是不可撤销的,并已经为履行合同做了准备工作。

(3)要约失效是指要约丧失法律效力,即要约人与受要约人均不再受其约束,要约人不再承担接受承诺的义务,受要约人也不再享有通过承诺使合同得以成立的权利。《合同法》规定了要约失效的情形:①拒绝要约的通知到达要约人;②要约人依法撤销要约;③承诺期限届满,受要约人未作出承诺;④受要约人对要约的内容作出实质性变更。

可见,要约的失效既可以由要约人的行为产生,也可以由受要约人的行为产生。其中,"对要约的内容作出实质性变更",主要是指受要约人对要约中有关合同的主要条款所做的一项或多项变更。有关合同标的,数量,质量,价款或者报酬,履行期限、地点和方式,违约责任和解决争议方法等内容的变更,是对要约内容的实质性变更。发生这种情况即为反要约,反要约是一个新的要约,提出反要约就是对原要约的拒绝,使原要约失去效力,原要约人不再受该要约的约束。

(二)承诺

1. 承诺的概念和构成要件

承诺是受要约人同意要约的意思表示。承诺应当具备以下条件:

(1)承诺必须由受要约人作出。如由代理人作出承诺,则代理人须有合法的委托手续。要约和承诺是一种相对人的行为,只有受要约人享有承诺的资格,所以承诺必须由受要约人作出。

(2)承诺必须向要约人作出。受要约人承诺的目的在于与要约人订立合同,所以承诺只有向要约人作出才有意义。

(3)承诺的内容必须与要约的内容一致。承诺是受要约人愿意按照要约的内容与要约人订立合同的意思表示,所以要取得成立合同的法律效果,承诺就必须在内容上与要约的内容一致。受要约人对要约的内容作出实质性变更的,为新要约。承诺对要约的内容作出非实质性变更的,除要约人及时表示反对或者要约表明承诺不得对要约的内容作出任何变更的以外,该承诺有效,合同的内容以承诺的内容为准。

(4)承诺应当在要约确定的期限内到达要约人。要约以信件或者电报作出的,承诺期限自信件载明的日期或者电报交发之日开始计算。信件未载明日期的,自投寄该信件的邮戳日期开始计算。要约以电话、传真等快速通信方式作出的,承诺期限自要约到达受要约人时开始计算。要约没有确定承诺期限的,承诺应当依照下列规定到达:要约以对话方式作出的,应当即时作出承诺,但当事人另有约定的除外;要约以非对话方式作出的,承诺应当在合理期限内到达。

(5)承诺应当以适当的方式作出。承诺应当以通知的方式作出,但根据交易习惯或者要约表明可以通过行为作出承诺的除外。

2. 承诺的生效

承诺通知到达要约人时生效。承诺不需要通知的,根据交易习惯或者要约的要求作出承诺的行为时生效。采用数据电文形式订立合同,收件人指定特定系统接收数据电文的,该数据电文进入该特定系统的时间,视为到达时间;未指定特定系统的,该数据电文进入收件人的任何系统的首次时间,视为到达时间。

承诺生效将产生法律上的效力,其效力表现为合同成立。

3. 承诺的迟到与迟延

承诺的迟到,是指受要约人超过承诺期限而发出的承诺,除要约人及时通知受要约人该承诺有效的以外,为新要约。

承诺的迟延,是指受要约人在承诺期限内发出承诺,按照通常情形能够及时到达要约人,但因其他原因承诺到达要约人时超过承诺期限,除要约人及时通知受要约人因承诺超过期限不接受该承诺的以外,该承诺有效。

4. 承诺的撤回

承诺也可以撤回。承诺的撤回是指受要约人阻止承诺发生法律效力的意思表示。撤回承诺的通知应当在承诺通知到达要约人之前或者与承诺通知同时到达要约人。

五、合同成立的时间和地点

(一)合同成立的时间

一般情况下,承诺生效时合同即告成立,当事人于合同成立时开始享有合同权利、承担合同义务。但在一些特殊情况下,合同成立的具体时间依不同情况而定:(1)当事人采用合同书形式订立合同的,自双方当事人签字或者盖章时合同成立,在签字或者盖章之前,当事人一方已经履行主要义务并且对方接受的,该合同成立。(2)当事人采用信件、数据电文等形式订立合同的,可以在合同成立之前要求签订确认书,签订确认书时合同成立。(3)当事人以直接对话方式订立合同的,承诺人的承诺生效时合同成立;法律、行政法规规定或者当事人约定采用书面形式订立合同,而当事人未采用书面形式但一方已经履行主要义务并且对方接受的,该合同成立。(4)当事人签订要式合同的,以法律、行政法规的特殊形式要求完成的时间为合同成立时间。

(二)合同成立的地点

合同成立的地点关系到合同的管辖权,直接影响到当事人的权利与义务。一般来说,承诺生效的地点为合同的成立地点,但在特殊情况下,合同可以有不同的成立地点:(1)当事人采用数据电文形式订立合同的,收件人的主营业地为合同成立的地点;没有主营业地的,其经常居住地为合同成立的地点。(2)当事人采用合同书、确认书形式订立合同的,双方当事人签字或者盖章的地点为合同成立的地点。(3)合同需要完成特殊的约定或法定形式才能成立的,以完成合同的约定形式或法定形式的地点为合同的成立地点。(4)当事人对合同的成立地点另有约定的,按照其约定。

六、格式条款合同

格式条款是当事人为了重复使用而预先拟定,并在订立合同时未与对方协商的条款。如电力、煤气、自来水、铁路、邮政等商品供应或服务行业需要进行频繁的、重复性的交易,在多次交易的过程中为了简化合同订立的程序,形成了“格式条款”,这样可以减少合同缺少款项、容易引起纠纷的现象,使合同的订立更加规范。

当事人采用格式条款订立合同时,提供格式条款的一方应当遵循公平原则确定当事人之间的权利和义务。《合同法》从三个方面对格式条款的使用予以限制:

(一)提供格式条款一方的义务

提供格式条款的一方应当遵循公平原则确定当事人之间的权利和义务,并有提示说明的义务,应当采取合理的方式提请对方注意免除或限制其责任的条款,按照对方的要求对该条款予以说明。如果提供格式条款的一方违反上述规定,导致对方没有注意免除或限制其责任的条款,对方当事人可以向人民法院申请撤销该格式条款。

（二）格式条款无效的情形

格式条款无效的情形主要包括：(1)提供格式条款的一方免除其责任、加重对方责任、排除对方主要权利的条款无效。(2)格式条款具有《合同法》第五十二条规定的情形时无效，这些情形包括：一方以欺诈、胁迫的手段订立合同，损害国家利益；恶意串通，损害国家、集体或者第三人的利益；以合法形式掩盖非法目的；损害社会公共利益；违反法律、行政法规的强制性规定。(3)格式条款具有《合同法》第五十三条规定的情形时无效，这些情形包括：有造成对方人身伤害的免责条款；有因故意或重大过失造成对方财产损失的免责条款。

（三）对格式条款的解释规则

对格式条款的理解发生争议的，应当按照通常理解予以解释。对格式条款有两种以上解释的，应当作出不利于提供格式条款一方的解释；格式条款和非格式条款不一致的，应当采用非格式条款。

七、缔约过失责任

缔约过失责任是指在合同订立过程中，一方因违背诚实信用原则，而致另一方的信赖利益的损失，应承担损害赔偿责任。

缔约过失行为主要有以下四种类型：

(1)假借订立合同，恶意进行磋商；

(2)故意隐瞒与订立合同有关的重要事实或者提供虚假情况；

(3)泄露或不正当地使用商业秘密；

(4)其他违背诚实信用原则的行为。

负有缔约过失责任的当事人，应当赔偿受损害的当事人，赔偿以受损害的当事人的损失为限，包括直接利益的减少和间接利益的损害。

第三节　合同的效力

合同的效力即合同的法律效力，是指已经成立的合同在当事人之间产生的法律约束力。有效合同对当事人具有法律约束力，国家法律予以保护，当事人应当按照约定履行自己的义务，不得擅自变更或解除合同。无效合同不具有法律约束力。《合同法》就合同的效力问题规定了有效合同、无效合同、可撤销合同、效力待定合同四种情况。

一、合同的生效

（一）合同生效的概念

合同的生效是指合同产生法律上的约束力。合同生效包含以下三方面的含义：(1)合同生效后在当事人之间产生法律约束力。双方当事人享有合同中约定的权利和承担合同中约定的、应当履行的义务；任何一方不得擅自变更和解除合同；一旦当事人一方不履行合同规定的义务，另一方当事人可寻求法律保护。(2)合同生效后对合同当事人之外的第三人也具有法律约束力。第三人不得对合同当事人进行非法干涉，合同当事人对妨碍合同履行的第三人可以请求法院排除妨害。(3)合同生效后，合同条款成为处理合同纠纷的重要依据。

（二）合同成立与合同生效的关系

所谓合同的成立，是指订约当事人经由要约、承诺，就合同的主要条款达成合意，即双方当事人意思表示一致而建立了合同关系，表明了合同订立过程的完结。所谓合同的生效，是指已经成立的合同在当事人之间产生了一定的法律约束力，也就是通常所说的法律效力。

合同生效以合同成立为提前，合同不成立就无所谓生效；反之，合同成立并不意味着合同生效。在大多数情况下，合同成立时即具备了生效的要件，因而其成立和生效时间是一致的。《合同法》第四十四条第一款规定："依法成立的合同，自成立时生效。"但是，合同成立并不等于合同生效。如果法律、行政法规明确规定应当办理批准、登记手续合同才生效的，则此时批准、登记手续为该合同的生效要件。只有当事人办理完批准、登记手续，该合同才可以生效。再如，一份合同已经成立，如果其合同的生效要件不符合法律规定，则仍然不能产生法律效力，也就是说，合法合同从合同成立时起具有法律效力，而违法合同虽然成立但不会发生法律效力。由此可见，合同成立并不是当然生效的。

（三）附条件与附期限的合同

当事人对合同的效力可以约定附条件或附期限。

附条件的合同是指合同的双方当事人在合同中约定某种事实状态，并以其将来发生或不发生作为合同生效或不生效的限制条件。附生效条件的合同，自条件成就时生效；附解除条件的合同，自条件成就时失效。当事人为自己的利益不正当地阻止条件成就的，视为条件已成就；不正当地促成条件成就的，视为条件不成就。

附期限的合同是指附有将来确定到来的期限作为合同的条款，并在该期限到来时合同的效力发生或终止。附生效期限的合同，自期限届至时生效；附终止期限的合同，自期限届满时失效。该期限可以是一个具体的期日，如某年某月某日；也可以是一个期间，如"合同成立之日起5个月"。需要特别注意的是，合同中所附的期限与合同的履行期限是两个完全不同的概念。

二、有效合同

有效合同是法律承认其效力的合同。一个有效的合同，一般应具备三个条件：

（1）合同当事人具有相应的民事权利能力和民事行为能力，即主体合法。对于自然人而言，原则上须有完全民事行为能力，限制行为能力人和无行为能力人不得亲自签订合同，而应由其法定代理人代为签订。但是，《合同法》有一个例外规定，限制行为能力人可以独立签订纯获利益的合同或者与其年龄、智力、精神健康状况相适应的合同。对于非自然人而言，必须是依法定程序成立后才具有合同行为能力，同时还要具有相应的缔约能力，即必须在法律、行政法规及有关部门授予的权限范围内签订合同。

（2）当事人意思表示真实，即当事人的行为应当真实地反映其内心的想法。

（3）不违反法律或社会公共利益，即当事人签订的合同从目的到内容都不能违反我国现行的法律、行政法规中的强制性规定，不能违背社会公德、扰乱社会公共秩序、损害社会公共利益。

三、无效合同

无效合同是不具有法律约束力和不发生履行效力的合同。无效合同自始没有法律约束力，国家不予承认和保护。

有下列情形之一的，合同无效：

（1）一方以欺诈、胁迫的手段订立合同，损害国家利益；

(2)恶意串通，损害国家、集体或者第三人利益；

(3)以合法形式掩盖非法目的；

(4)损害社会公共利益；

(5)违反法律、行政法规的强制性规定。

因无效合同取得财产，应当予以返还；不能返还或者没有必要返还的，应当折价补偿。有过错的一方应当赔偿对方因此所受到的损失；双方都有过错的，应当各自承担相应的责任。当事人恶意串通订立合同，损害国家、集体或者第三人利益的，因此取得的财产收归国家、集体所有或者返还第三人。

合同部分无效，不影响其他部分效力的，其他部分仍然有效。部分无效的合同是指由于其部分条款违反法律规定或者损害他人利益，并不影响合同的本质成立的合同。

四、可撤销合同

可撤销合同是指因合同当事人订立合同时意思表示不真实，经有撤销权的当事人行使撤销权，使已经生效的合同归于无效的合同。《合同法》规定的撤销权在效力上具有一定的灵活性，不仅有撤销的效力，还有变更的效力。

可撤销合同一般具有如下特征：(1)可撤销合同自始没有法律约束力；(2)可撤销合同一般是意思表示不真实的合同；(3)可撤销合同的变更或撤销要由有撤销权的当事人通过行使撤销权来实现；(4)可撤销合同的变更或撤销须由人民法院或仲裁机构作出。

根据《合同法》的规定，可撤销合同包括以下三种：

(1)因重大误解订立的合同；

(2)显失公平的合同；

(3)一方以欺诈、胁迫的手段或者乘人之危，使对方在违背真实意思的情况下订立的合同。

需要注意的是，撤销权的行使是有时效和限制的。《合同法》规定，有下列情形之一的，撤销权消灭：(1)具有撤销权的当事人自知道或者应当知道撤销事由之日起1年内没有行使撤销权；(2)具有撤销权的当事人知道撤销事由后明确表示或者以自己的行为放弃撤销权。

五、效力待定合同

所谓效力待定合同，是指合同虽然已经成立，但因其不完全符合有关生效要件的规定，因此其效力能否发生，尚未确定，一般须经有权人表示承认才能生效。

根据《合同法》的规定，效力待定合同包括以下三种：

(一)限制民事行为能力人订立的合同

由限制民事行为能力人订立的合同须经限制民事行为能力人的法定代理人追认后，该合同才能发生效力。订立合同作为一种民事法律行为，要求合同当事人具有相应的民事行为能力，限制民事行为能力人签订合同在主体资格上是有瑕疵的，因为当事人缺乏完全的缔约能力、签订合同的资格和处分能力。但如果是纯获利益的合同或者是与其年龄、智力、精神健康状况相适应而订立的合同，不必经法定代理人追认，合同当然有效。相对人也可以催告法定代理人在一个月内予以追认。法定代理人未作表示的，视为拒绝追认。合同被追认之前，善意相对人有撤销的权利。撤销应当以通知的方式作出。

(二)无权代理人订立的合同

无权代理人是指行为人没有代理权、超越代理权或者代理权终止后以被代理人名义订立合同的行为人。无权代理人订立的合同未经被代理人追认，对被代理人不发生效力，由行为人承担责任。相对人可以催告被代理人在一个月内予以追认。被代理人未作表示的，视为拒绝追认。合同被追认之前，善意相对人有撤销的权利。撤销应当以通知的方式作出。

另外，根据《合同法》的规定，行为人没有代理权、超越代理权或者代理权终止后以被代理人名义订立合同，相对人有理由相信行为人有代理权的，该代理行为有效。

(三)无处分权人处分他人财产订立的合同

无处分权人处分他人财产，经权利人追认或者无处分权人订立合同后取得处分权的，该合同有效。无处分权包括两种情况：一是行为人对处分的财产享有所有权，但是其处分权受到限制，使其不得处分其所有的财产；二是行为人对处分的财产没有所有权，只有占有权，因而没有对该财产的处分权。

无处分权人是以自己的名义处分财产，这是无权处分行为与无权代理行为的根本区别。无权处分是指无处分权人以自己的名义实施的民事行为，而无权代理是指无代理权人以被代理人的名义实施的民事行为。例如，甲在未获得授权的情况下，出卖乙的物品给丙，如果甲是以乙的名义出卖的，构成无权代理行为；如果甲是以自己的名义出卖的，则构成无权处分行为。

第四节　合同的履行

合同的履行是指合同生效后，双方当事人按照合同规定的各项条款，完成各自承担的义务和实现各自享受的权利，使双方当事人的合同目的得以实现的行为。一般情况下，履行合同的是合同当事人，但在特殊情况下也可以是当事人以外的第三人。履行合同一般情况下表现为当事人的积极行为，但在特殊情况下，消极的不作为也是合同的履行。

一、合同履行的规则

(一)合同履行的一般规则

当事人应当按照约定全面履行自己的义务。当事人应当遵循诚实信用原则，根据合同的性质、目的和交易习惯履行通知、协助、保密等义务。只有当事人双方按照合同的约定或法律的规定，全面正确地完成各自承担的义务，才能使合同权利得以实现，也才能使合同法律关系归于消灭。诚实信用原则是合同履行中的基本原则，当事人应当依照诚实信用原则行使合同约定的权利、履行合同约定的义务。诚实信用原则也要求当事人除应当按照约定履行自己的义务外，还要履行合同未作出约定的随附义务，诸如通知、协助、保密、防止损害扩大等义务。

(二)合同内容约定不明时的履行规则

合同生效后，当事人就质量、价款或者报酬、履行地点等内容没有约定或者约定不明确的，可以协议补充；不能达成补充协议的，按照合同有关条款或者交易习惯确定；仍不能确定的，适用下列规定：

(1)质量要求不明确的，按照国家标准、行业标准履行；没有国家标准、行业标准的，按照通常标准或者符合合同目的的特定标准履行。

(2)价款或者报酬不明确的，按照订立合同时履行地的市场价格履行；依法应当执行政府定价或者政府指导价的，按照规定履行。

(3)履行地点不明确，给付货币的，在接受货币一方所在地履行；交付不动产的，在不动产所在地履行；其他标的，在履行义务一方所在地履行。

(4)履行期限不明确的,债务人可以随时履行,债权人也可以随时要求履行,但应当给对方必要的准备时间。

(5)履行方式不明确的,按照有利于实现合同目的的方式履行。

(6)履行费用的负担不明确的,由履行义务一方负担。

另外,执行政府定价或者政府指导价的,在合同约定的交付期限内政府价格调整时,按照交付时的价格计价。逾期交付标的物的,遇价格上涨时,按照原价格执行;价格下降时,按照新价格执行。逾期提取标的物或者逾期付款的,遇价格上涨时,按照新价格执行;价格下降时,按照原价格执行。当事人约定由债务人向第三人履行债务的,债务人未向第三人履行债务或者履行债务不符合约定,应当向债权人承担违约责任。当事人约定由第三人向债权人履行债务的,第三人不履行债务或者履行债务不符合约定,债务人应当向债权人承担违约责任。

二、双务合同中的抗辩权

抗辩权是指在双务合同中,一方当事人在对方不履行或履行不符合约定时,依法对抗对方请求权的权利。我国《合同法》规定了同时履行抗辩权、后履行抗辩权和不安抗辩权三种抗辩权。

(一)同时履行抗辩权

同时履行抗辩权是指在双务合同中,当事人互负债务,没有先后履行顺序的,应当同时履行。一方在对方履行之前有权拒绝其履行要求;一方在对方履行债务不符合约定时,有权拒绝其相应的履行要求。

同时履行抗辩权的适用,需具备以下条件:(1)当事人基于同一双务合同,互负债务;(2)双方的履行没有先后顺序;(3)双方债务已届清偿期;(4)一方当事人有证据表明应同时履行义务的对方当事人未履行或未适当履行合同;(5)对方有履行的可能性。如果对方已不可能履行,如标的物灭失,则当事人再向对方提出同时履行抗辩权就没有实际意义了,只能解除合同。

同时履行抗辩权的适用情形有以下两种:(1)当一方不能履行或拒绝履行合同时。即应当同时履行合同的一方当事人不履行合同时,另一方当事人就享有也不履行合同的权利。(2)当一方部分履行合同或履行合同不符合约定时。当事人一方部分履行合同的,对方当事人有权就未履行部分提出抗辩,拒绝相应的给付,只履行对应的部分;当事人一方履行合同不符合约定时,另一方有权拒绝其相应的履行请求。

同时履行抗辩权只是暂时阻止对方当事人请求权的行使,而不是永久地终止合同。当对方当事人完全履行了合同义务,同时履行抗辩权即告消灭,主张抗辩权的当事人就应当履行自己的义务。当事人因行使同时履行抗辩权致使合同迟延履行的,迟延履行责任由对方当事人承担。

(二)后履行抗辩权

后履行抗辩权是指合同当事人互负债务,有先后履行顺序,先履行一方未履行的,后履行一方有权拒绝其履行要求。先履行一方履行债务不符合约定的,后履行一方有权拒绝其相应的履行要求。

后履行抗辩权的适用,需具备以下条件:(1)当事人基于同一双务合同,互负债务;(2)当事人的履行有先后顺序;(3)应当先履行的当事人不履行合同或不适当履行合同;(4)后履行抗辩权的行使人是履行义务顺序在后的一方当事人。

后履行抗辩权的适用情形有以下两种:(1)当应当先履行的一方当事人不履行到期债务

时。先履行的一方当事人如果不履行已到期债务，那么后履行的当事人有权不履行义务。(2)当应当先履行的一方当事人履行债务不符合约定时。如果先履行的一方当事人履行有瑕疵或部分履行的，后履行当事人有权不履行相应的合同义务。

后履行抗辩权不是永久性的，它的行使只是暂时阻止了当事人请求权的行使。先履行一方的当事人如果完全履行了合同义务，则后履行抗辩权消灭，后履行当事人就应当按照合同约定履行自己的义务。

(三)不安抗辩权

不安抗辩权又称先履行抗辩权，是指当事人互负债务，有先后履行顺序的，先履行的一方有确切证据表明另一方丧失履行债务能力时，在对方没有履行或者没有提供担保之前，有权中止合同履行的权利。

不安抗辩权的适用，必须具备以下条件：(1)当事人基于同一双务合同；(2)当事人的履行有先后顺序；(3)先履行一方的债务已届清偿期；(4)后履行义务方的履行能力明显降低，有不能对待给付的现实危险。

《合同法》规定，应当先履行债务的当事人，有确切证据证明对方有下列情形之一的，可以中止履行：(1)对方经营状况严重恶化；(2)对方有转移财产、抽逃资金以逃避债务的情形；(3)对方丧失商业信誉；(4)对方有丧失或可能丧失履行债务能力的其他情形。

不安抗辩权的适用情形有以下两种：(1)中止合同，即先履行合同的当事人停止履行或延期履行合同。先履行合同的当事人行使中止权时，应当及时通知对方，以免给对方造成损害，也便于对方在接到通知后，提供相应的担保，使合同得以履行。如果对方当事人恢复了履行能力或提供了相应的担保后，先履行一方当事人“不安”的原因消除，应当恢复合同的履行。(2)解除合同。中止履行合同后，如果对方在合理期限内未恢复履行能力并且未提供适当担保的，中止履行合同的一方可以解除合同。

三、保全措施

合同的保全措施是指为防止因债务人的财产不当减少而给债权人的债权带来危害，法律允许债权人为保全其债权的实现而采取的法律措施。保全措施包括代位权和撤销权两种。

(一)代位权

代位权是指因债务人怠于行使其到期债权，对债权人造成损害的，债权人可以向人民法院请求以自己的名义代位行使债务人的债权，但该债权专属于债务人自身的除外。

代位权的行使需满足以下条件：(1)债务人对第三人享有合法债权；(2)债务人怠于行使其债权，已经损害到债权人的债权；(3)债务人的债权已到期；(4)债务人的债权不是专属于债务人自身的债权。专属于债务人自身的债权，是指基于扶养关系、抚养关系、赡养关系、继承关系产生的给付请求权和劳动报酬、退休金、养老金、安置费、人寿保险、人身伤害赔偿请求权等权利。

代位权的行使范围以债权人的债权为限，对超出部分人民法院不予支持。债权人行使代位权的必要费用，由债务人负担。债权人向次债务人(即债务人的债务人)提起的代位权诉讼，经人民法院审理后认定代位权成立的，由次债务人向债权人履行清偿义务，债权人与债务人、债务人与次债务人之间相应的债权债务关系即予消灭。

(二)撤销权

《合同法》规定，因债务人放弃其到期债权或者无偿转让财产，对债权人造成损害的，债权人可以请求人民法院撤销债务人的行为。债务人以明显不合理的低价转让财产，对债权人造成损害，并且受让人知道该情形的，债权人也可以请求人民法院撤销债务人的行为。

引起撤销权发生的要件是债务人有损害债权人债权的行为发生，主要指债务人以赠与、免除等无偿行为处分债权，包括放弃到期债权、无偿转让财产或以明显不合理的低价转让财产。无偿行为不论第三人善意、恶意取得，均可撤销；有偿转让行为，以第三人的恶意取得为要件，若第三人主观上无恶意，则不能撤销其善意取得的行为。债务人、第三人的行为被撤销的，其行为自始无效。

撤销权的行使范围以债权人的债权为限，债权人行使撤销权的必要费用，由债务人承担。撤销权自债权人知道或者应当知道撤销事由之日起 1 年内行使。自债务人的行为发生之日起 5 年内没有行使撤销权的，该撤销权消灭。

第五节　合同的担保

一、合同担保概述

担保是指法律为确保特定的债权人实现债权，以债务人或第三人的信用或者特定财产来督促债务人履行债务的制度。

担保具有以下特点：

(1)平等性。担保关系中当事人地位平等，担保法律关系中的权利义务是双方平等协商的结果。

(2)自愿性(选择性)。我国《合同法》设立了担保制度，但并未规定当事人必须设立担保。

(3)从属性(附属性)。担保之债是从债，被担保之债是主债，主债无效或消灭，从债也随之无效或消灭。

(4)保障性。保障合同的履行是担保的最根本的特征。

(5)补充性。担保权利人行使担保权利以主债务已届清偿期且债务未得到履行为前提，一般保证人对担保权利人享有先诉抗辩权。

二、合同担保的形式

根据法律规定，担保有五种方式，即保证、抵押、质押、留置、定金。

(一)保证

保证是指债务人以外的第三人为债务人履行债务而向债权人所做的一种担保。保证人和债权人约定，当债务人不履行债务时，保证人按照约定履行债务或者承担责任。

1. 保证人的资格

基于保证人所承担的保证责任是一种经济责任，因此，只有具备一定经济实力的民事主体才能充当保证人。我国法律规定，具有代为清偿债务能力的法人、其他组织或者公民，可以做保证人。

国家机关、学校、幼儿园、医院等以公益为目的的事业单位、社会团体，企业法人的分支机构、职能部门，不得做保证人。但是，在经国务院批准为使用外国政府或者国际经济组织贷款进行转贷的情况下，国家机关可以做保证人；企业法人的分支机构有法人书面授权的，可以在授权范围内提供保证。

保证人可为两人以上。同一债务有两个以上保证人的,保证人应当按照保证合同约定的保证份额承担保证责任。没有约定保证份额的,保证人承担连带责任。

2. 保证合同的内容

保证人与债权人应当以书面形式订立保证合同,保证的内容应当由保证人与债权人在以书面形式订立的保证合同中加以确定。

保证合同应当包括以下内容:被保证的主债权(即主合同债权,下同)种类、数额;债务人履行债务的期限;保证的方式;保证担保的范围;保证的期间;双方认为需要约定的其他事项。保证合同不完全具备上述规定内容的,可以补正。

3. 保证的方式

保证的方式有一般保证和连带责任保证两种。

(1)一般保证。当事人在保证合同中约定,在债务人不能履行债务时,由保证人承担保证责任的,为一般保证。

一般保证的保证人对债务人享有先诉抗辩权,即在主合同纠纷未经审判或者仲裁,并就债务人财产依法强制执行仍不能履行债务前,对债权人可以拒绝承担保证责任。有下列情形之一的,保证人不得行使先诉抗辩权:①债务人住所变更,致使债权人要求其履行债务发生重大困难的;②人民法院受理债务人破产案件,中止执行程序的;③保证人以书面形式放弃规定的权利的。

(2)连带责任保证。当事人在保证合同中约定保证人与债务人对债务承担连带责任的,为连带责任保证。连带责任保证的债务人在主合同规定的债务履行期届满没有履行债务的,债权人可以要求债务人履行债务,也可以要求保证人在其保证范围内承担保证责任。当事人对保证方式没有约定或者约定不明确的,按照连带责任保证承担保证责任。

一般保证和连带责任保证的保证人享有债务人的抗辩权。债务人放弃对债务的抗辩权的,保证人仍有权抗辩。

4. 保证担保的范围

保证担保的范围包括主债权及利息、违约金、损害赔偿金和实现债权的费用。保证合同另有约定的,按照约定。当事人对保证担保的范围没有约定或者约定不明确的,保证人应当对全部债务承担责任。

5. 保证期间

保证期间,是指当事人约定或者法律规定的保证人承担保证责任的时间期限。

保证人与债权人约定保证期间的,按照约定执行。一般保证的保证人与债权人未约定保证期间的,保证期间为主债务履行期届满之日起 6 个月。在保证期间债权人未对债务人提起诉讼或者申请仲裁的,保证人免除保证责任;债权人已提起诉讼或者申请仲裁的,保证期间适用诉讼时效中断的规定。连带责任保证的保证人与债权人未约定保证期间的,债权人有权自主债务履行期届满之日起 6 个月内要求保证人承担保证责任。

6. 保证责任

在保证期间,债权人依法将主债权转让给第三人的,保证债权同时转让,保证人在原保证担保的范围内对受让人承担保证责任。但是,保证人与债权人事先约定仅对特定的债权人承担保证责任或者禁止债权转让的,保证人不再承担保证责任。

在保证期间,债权人许可债务人转让债务的,未取得保证人同意,保证人对未经其同意转让的债务,不再承担保证责任。在保证期间,债权人与债务人协议变更主合同的,未经保证人书面同意的，保证人不再承担保证责任。

主合同债权人一方或双方当事人采取欺诈、胁迫等手段，或者恶意串通，使保证人在违背真实意思情况下提供保证的，保证合同无效，保证人不承担责任。

同一债权既有保证又有物的担保的，应优先执行物的担保，保证人对物的担保以外的债权承担保证责任。债权人放弃物的担保的，保证人在债权人放弃权利的范围内免除保证责任。保证人履行债务后，有权向债务人追偿。

(二)抵押

抵押是指债务人或者第三人不转移某些财产的占有，将该财产作为债权的担保。债务人不履行债务时，债权人有权依法以该财产折价或者以拍卖、变卖该财产的价款优先受偿。

债务人或者第三人为抵押人，债权人为抵押权人，提供担保的财产为抵押财产。

1. 抵押财产

抵押人只能以法律规定可以抵押的财产提供担保；法律规定不可以抵押的财产，抵押人不得用于提供担保。

根据法律规定，债务人或者第三人有权处分的下列财产可以抵押：(1)建筑物和其他土地附着物；(2)建设用地使用权；(3)以招标、拍卖、公开协商等方式取得的荒地等土地承包经营权；(4)生产设备、原材料、半成品、产品；(5)正在建造的建筑物、船舶、航空器；(6)交通运输工具；(7)法律、行政法规未禁止抵押的其他财产。抵押人可以将上述所列财产一并抵押。

下列财产不得抵押：(1)土地所有权；(2)耕地、宅基地、自留地、自留山等集体所有的土地使用权，但法律规定可以抵押的除外；(3)学校、幼儿园、医院等以公益为目的的事业单位、社会团体的教育设施、医疗卫生设施和其他社会公益设施；(4)所有权、使用权不明或者有争议的财产；(5)依法被查封、扣押、监管的财产；(6)法律、行政法规规定不得抵押的其他财产。

抵押人所担保的债权不得超出其抵押物的价值，超出的部分不具有优先受偿的效力。财产抵押后，该财产的价值大于所担保债权的余额部分，可以再次抵押，但不得超出其余额部分。

以建筑物抵押的，该建筑物占用范围内的建设用地使用权一并抵押。以建设用地使用权抵押的，该土地上的建筑物一并抵押。乡(镇)、村企业的建设用地使用权不得单独抵押。以乡(镇)、村企业的厂房等建筑物抵押的，其占用范围内的建设用地使用权一并抵押。

2. 抵押权的设定

设立抵押权，当事人应当采取书面形式订立抵押合同。抵押合同一般包括下列条款：(1)被担保债权的种类和数额；(2)债务人履行债务的期限；(3)抵押财产的名称、数量、质量、状况、所在地、所有权归属或者使用权归属；(4)担保的范围，包括主债权及利息、违约金、损害赔偿金和实现抵押权的费用；(5)当事人认为需要约定的其他事项。抵押合同不完全具备以上规定内容的，可以补正。

抵押权人在债务履行期届满前，不得与抵押人约定债务人不履行到期债务时抵押财产归债权人所有。当事人在抵押合同中约定，债务履行期届满抵押权人未受清偿时，抵押物的所有权转移为债权人所有的内容无效。该内容的无效不影响抵押合同其他部分内容的效力。

当事人以法律规定的需要办理抵押物登记的财产作抵押的，应当向有关部门办理抵押物登记，抵押合同自登记之日起生效。

抵押物不同，办理登记的部门不同：(1)以无地上定着物的土地使用权抵押的，登记部门为核发土地使用权证书的土地管理部门；(2)以城市房地产或者乡(镇)、村企业的厂房等建筑物抵押的，登记部门为县级以上地方人民政府规定的部门；(3)以林木抵押的，登记部门为县级以上林木主管部门；(4)以航空器、船舶、车辆抵押的，登记部门为运输工具的登记部门；(5)以企业的设备和其他动产抵押的，登记部门为财产所在地的工商行政管理部门。

以其他财产抵押的，可以自愿办理抵押物登记。是否办理登记，不影响抵押合同的生效，抵押合同自签订之日起生效。但是，当事人未办理抵押物登记的，不得对抗第三人。

3. 抵押的效力

抵押担保的范围包括主债权及利息、违约金、损害赔偿金和实现抵押权的费用。抵押合同另有约定的，按照约定。

(1)抵押权对抵押物所生孳息及已存在租赁权的效力

债务人不履行到期债务或者发生当事人约定的实现抵押权的情形，致使抵押财产被人民法院依法扣押的，自扣押之日起抵押权人有权收取该抵押财产的天然孳息或者法定孳息，但抵押权人未通知应当清偿法定孳息的义务人的除外。

订立抵押合同前抵押财产已出租的，原租赁关系不受该抵押权的影响；抵押权设立后抵押财产出租的，该租赁关系不得对抗已登记的抵押权。抵押人将已抵押的财产出租时，如果抵押人未书面告知承租人该财产已抵押的，抵押人对出租抵押物造成承租人的损失承担赔偿责任；如果抵押人已书面告知承租人该财产已抵押的，抵押权实现造成承租人的损失，由承租人自己承担。

(2)抵押期间抵押物的转让

抵押期间，抵押人未经抵押权人同意，不得转让抵押财产，但受让人代为清偿债务消灭抵押权的除外。抵押人经抵押权人同意转让抵押财产的，应当将转让所得的价款向抵押权人提前清偿债务或者提存。转让的价款超过债权数额的部分归抵押人所有，不足部分由债务人清偿。

抵押权存续期间，抵押人转让抵押物未通知抵押权人或者未告知受让人的，如果抵押物已经登记的，抵押权人仍可以行使抵押权；取得抵押物所有权的受让人，可以代替债务人清偿其全部债务，使抵押权消灭，受让人清偿债务后可以向抵押人追偿。如果抵押物未经登记的，抵押权不得对抗受让人，因此给抵押权人造成损失的，由抵押人承担赔偿责任。

(3)抵押财产价值减少或毁损的处理

抵押人的行为足以使抵押财产价值减少的，抵押权人有权要求抵押人停止其行为。抵押财产价值减少的，抵押权人有权要求恢复抵押财产的价值，或者提供与减少的价值相应的担保。抵押人不恢复抵押财产的价值也不提供担保的，抵押权人有权要求债务人提前清偿债务。

在抵押物灭失、毁损或者被征用的情况下，抵押权人可以就该抵押物的保险金、赔偿金或者补偿金优先受偿。在抵押物灭失、毁损或者被征用的情况下，抵押权所担保的债权未届清偿期的，抵押权人可以请求人民法院对保险金、赔偿金或补偿金等采取保全措施。

4. 抵押权的实现

抵押权的实现主要有以下几种情形：(1)债务履行期届满，债权未实现；(2)抵押人被宣告破产或者被撤销；(3)当事人约定的实现抵押权的情形；(4)严重影响债权实现的其他情形。

我国法律规定，债务人不履行到期债务或者发生当事人约定的实现抵押权的情形，抵押权人可以与抵押人协议以抵押财产折价或者以拍卖、变卖该抵押财产所得的价款优先受偿。抵押权人与抵押人未就抵押权实现方式达成协议的，抵押权人可以请求人民法院拍卖、变卖抵押财产。抵押财产折价或者变卖的，应当参照市场价格。

同一财产向两个以上债权人抵押的，拍卖、变卖抵押财产所得的价款依照下列规定清偿：(1)抵押权已登记的，按照登记的先后顺序清偿；顺序相同的，按照债权比例清偿。(2)抵押权已登记的优先于未登记的受偿。(3)抵押权未登记的，按照债权比例清偿。

5. 最高额抵押

所谓最高额抵押，是指抵押人与抵押权人协议，在最高债权限额内，以抵押物对一定期间内连续发生的债权作担保。最高额抵押权设立前已经存在的债权，经当事人同意，可以转入最高额抵押担保的债权范围。

最高额抵押的特点：(1)抵押担保的是将来发生的债权，现在尚未发生；(2)抵押担保的债权额不确定；(3)实际发生的债权是连续的、不特定的，即债权人并不规定对方实际发生债权的次数和数额；(4)抵押的债权设有最高限额。

有下列情形之一的，抵押权人的债权确定：(1)约定的债权确定期间届满；(2)没有约定债权确定期间或者约定不明确的，抵押权人或者抵押人自最高额抵押权设立之日起满 2 年后请求确定债权；(3)新的债权不可能发生；(4)抵押财产被查封、扣押；(5)债务人、抵押人被宣告破产或者被撤销；(6)法律规定债权确定的其他情形。

(三)质押

质押是指债务人或第三人将其动产或者权利移交债权人占有，将该动产或者权利作为债权的担保，当债务人不履行债务时，债权人有权依法就该动产或者权利卖得价款优先受偿。质押财产称为质物，债务人或第三人称为出质人，债权人称为质权人。

质押分为动产质押和权利质押。

1. 动产质押

(1)动产质押的概念

动产质押是指债务人或者第三人将其动产移交给债权人占有，将该动产作为债权的担保，当债务人不履行债务时，债权人有权依照法律规定，以该动产折价或者以拍卖、变卖该动产的价款优先受偿。质押担保的范围包括主债权及利息、违约金、损害赔偿金、质物保管费用和实现质权的费用。质押合同另有约定的，按照约定。

(2)质押合同

当事人应当采取书面形式订立质押合同。质押合同为实践合同，自质物移交给质权人占有时生效。出质人代质权人占有质物的，质押合同不生效；质权人将质物返还给出质人后，以其质权对抗第三人的，人民法院不予支持。

质押合同一般包括以下条款：①被担保债权的种类和数额；②债务人履行债务的期限；③质押财产的名称、数量、质量、状况；④担保的范围；⑤质押财产交付的时间；⑥当事人认为需要约定的其他事项。质押合同不完全具备以上规定内容的，可以补正。

质权人在债务履行期届满前，不得与出质人约定债务人不履行到期债务时质押财产归债权人所有。

(3)质权人对质物的责任

质权人对质物的责任体现在以下方面：

①质权人在质权存续期间，未经出质人同意，擅自使用、处分质押财产，给出质人造成损害

的，应当承担赔偿责任。

②质权人负有妥善保管质押财产的义务，因保管不善致使质押财产毁损、灭失的，应当承担赔偿责任。质权人的行为可能使质押财产毁损、灭失的，出质人可以要求质权人将质押财产提存，或者要求提前清偿债务并返还质押财产。质物提存费用由质权人负担，出质人提前清偿债权的，应当扣除未到期部分的利息。

③因不能归责于质权人的事由可能使质押财产毁损或者价值明显减少，足以危害质权人权利的，质权人有权要求出质人提供相应的担保；出质人不提供的，质权人可以拍卖、变卖质押财产，并与出质人通过协议将拍卖、变卖所得的价款提前清偿债务或者提存。

④质权人在质权存续期间，未经出质人同意转质，造成质押财产毁损、灭失的，应当向出质人承担赔偿责任。

(4)质权的实现

债务人履行债务或者出质人提前清偿所担保的债权的，质权人应当返还质押财产。

债务人不履行到期债务或者发生当事人约定的实现质权的情形，质权人可以与出质人协议以质押财产折价或者以拍卖、变卖质押财产所得的价款优先受偿。质押财产折价或者拍卖、变卖后，其价款超过债权数额的部分归出质人所有，不足部分由债务人清偿。

为债务人质押担保的第三人，在质权人实现质权后，有权向债务人追偿。

出质人与质权人可以协议设立最高额质权。

2. 权利质押

(1)权利质押的概念

权利质押是指债务人或者第三人以其财产权利交付债权人作为债权的担保，当债务人不履行债务时，债权人有权依照法律规定，以该财产权利折价或者以拍卖、变卖该财产权利的价款优先受偿。

根据法律规定，债务人或者第三人有权处分的下列权利可以出质：①汇票、支票、本票；②债券、存款单；③仓单、提单；④可以转让的基金份额、股权；⑤可以转让的注册商标专用权、专利权、著作权等知识产权中的财产权；⑥应收账款；⑦法律、行政法规规定可以出质的其他财产权利。

(2)不同种类权利出质的法律规定

①以汇票、支票、本票、债券、存款单、仓单、提单出质的，当事人应当订立书面合同。质权自权利凭证交付质权人时设立；没有权利凭证的，质权自有关部门办理出质登记时设立。汇票、支票、本票、债券、存款单、仓单、提单的兑现日期或者提货日期先于主债权到期的，质权人可以兑现或者提货，并与出质人协议将兑现的价款或者提取的货物提前清偿债务或者提存。

②以基金份额、股权出质的，当事人应当订立书面合同。以基金份额、证券登记结算机构登记的股权出质的，质权自证券登记结算机构办理出质登记时设立；以其他股权出质的，质权自工商行政管理部门办理出质登记时设立。基金份额、股权出质后，不得转让，但经出质人与质权人协商同意的除外。出质人转让基金份额、股权所得的价款，应当向质权人提前清偿债务或者提存。

③以注册商标专用权、专利权、著作权等知识产权中的财产权出质的，当事人应当订立书面合同。质权自有关主管部门办理出质登记时设立。知识产权中的财产权出质后，出质人不得转让或者许可他人使用，但经出质人与质权人协商同意的除外。出质人转让或者许可他人使用出质的知识产权中的财产权所得的价款，应当向质权人提前清偿债务或者提存。

④以应收账款出质的，当事人应当订立书面合同。质权自信贷征信机构办理出质登记时设立。应收账款出质后，不得转让，但经出质人与质权人协商同意的除外。出质人转让应收账款所得的价款，应当向质权人提前清偿债务或者提存。

(四)留置

留置是指债权人按照合同的约定占有债务人的动产，债务人不按照合同约定的期限履行债务的，债权人有权依照法律规定留置财产，以该财产折价或者以拍卖、变卖该财产的价款优先受偿。

留置权的成立，需具备以下要件：

(1)债权人合法占有债务人的动产；

(2)债权已届清偿期；

(3)动产之占有与债权属同一法律关系。

留置主要适用于保管合同、运输合同、承揽合同这三类合同。留置担保的范围包括主债权及利息、违约金、损害赔偿金、留置物保管费用和实现留置权的费用。

留置财产为可分物的，留置财产的价值应当相当于债务的金额。留置权人有权收取留置财产的孳息。所收取的孳息应当先充抵收取孳息的费用。留置权人负有妥善保管留置财产的义务，因保管不善致使留置财产毁损、灭失的，应当承担赔偿责任。

债务人与债权人应当在合同中约定，债权人留置财产后，债务人应当在不少于2个月的期限内履行债务。债权人与债务人在合同中未约定的，债权人留置债务人财产后，应当确定2个月以上的期限，通知债务人在该期限内履行债务。

同一动产上已设立抵押权或者质权，该动产又被留置的，留置权人优先受偿；同一财产法定登记的抵押权与质权并存时，抵押权人优先于质权人受偿；质权与未登记抵押权并存时，质权人优先于抵押权人受偿。

(五)定金

定金是指合同当事人约定一方向对方给付一定数额的货币(即定金)作为债权的担保。债务人履行债务后，定金抵作价款或者收回。给付定金的一方不履行约定的债务的，无权要求返还定金；收受定金的一方不履行约定的债务的，应当双倍返还定金。

定金应当以书面形式约定。定金合同是实践合同，从实际交付定金之日起生效，即如果当事人只达成合意而未交付定金，则定金合同不成立。定金合同是从合同，其成立和有效以主合同的成立和有效为前提，主合同无效或被撤销的，定金合同不发生效力，主合同因解除或其他原因消灭时，定金合同也消灭。

定金的数额由当事人约定，但不得超过主合同标的额的20%。当事人约定的定金数额超过主合同标的额20%的，超过的部分，人民法院不予支持。实际交付的定金数额多于或者少于约定数额，视为变更定金合同；收受定金一方提出异议并拒绝接受定金的，定金合同不生效。

第六节　合同的变更和转让

一、合同的变更

合同的变更仅指合同内容的变更，是指合同成立后，当事人双方根据客观情况的变化，依照法律规定的条件和程序，经协商一致，对原合同内容进行修改、补充或者完善。合同的变更是在合同的主体不改变的前提下对合同内容的变更，合同性质并不改变。例如有关标的物数量的增减、质量标准的修改、履行地点的变动、标的物包装要求的改变等，都属于合同的变更。

合同的变更必须具备以下要件：

(1)当事人之间已存在合同关系；

(2)合同内容发生了变化；

(3)必须遵守法律的规定和当事人的约定。

合同变更后，变更后的内容就取代了原合同的内容，当事人就应当按照变更后的内容履行合同，合同各方当事人均应受变更后的合同的约束。为了减少在合同变更时可能发生的纠纷，当事人对合同变更的内容约定不明确的，推定为未变更。合同变更的效力原则上仅对未履行的部分有效，对已履行的部分没有溯及力，但法律另有规定或当事人另有约定的除外。

二、合同的转让

合同的转让是指合同当事人一方将其合同的权利和义务全部或部分转让给第三人的行为。合同的转让仅指合同主体的变更，一般是一方当事人将自己在合同中的权利或义务全部或部分转让给第三人。合同转让不是合同内容的改变，不改变合同约定的权利和义务。

合同转让分为合同权利的转让、合同义务的转让以及合同权利义务的概括转让。

(一)合同权利的转让

合同权利的转让是指不改变合同权利的内容，由债权人将合同权利的全部或者部分转让给第三人。转让权利的人称为让与人，接受权利的人称为受让人。合同权利全部转让的，原合同关系消灭，受让人取代原债权人的地位，成为新的债权人，原债权人脱离合同关系。合同权利部分转让的，受让人作为第三人加入合同关系中，与原债权人共同享有债权。债权人转让主权利时，附属于主权利的从权利也概括转让，受让人在取得债权时，也取得与债权有关的从权利，但该从权利从属于债权人自身的除外。

下列三种情形，债权人不得转让合同权利：

(1)根据合同性质不得转让。主要是指基于特定当事人的身份关系订立的合同。合同权利转让给第三人，会使合同的内容发生变化或者使合同难以履行，违反了当事人订立合同的目的，使当事人的合法利益得不到保护。

(2)根据当事人约定不得转让。当事人在订立合同时，可以对权利的转让作出特别的约定，禁止债权人将权利转让给第三人。

(3)依照法律规定不得转让。我国法律对某些权利的转让作出了禁止性规定，如《担保法》规定，最高额抵押的主合同债权不得转让。

债权人转让权利不需要经债务人同意，但应当通知债务人。未经通知，该转让对债务人不发生效力。债务人接到债权转让通知后，债权让与行为就生效，如果债务人对让与人享有债权，并且债务人的债权先于转让的债权到期或同时到期的，债务人可以向受让人主张抵销。债务人对让与人的抗辩，可以向受让人主张。债权人转让权利的通知不得撤销，但经受让人同意的除外。

(二)合同义务的转让

合同义务的转让是指在不改变合同义务的前提下，经债权人同意，债务人将合同的义务全部或者部分转移给第三人。

债务人将合同的义务全部或者部分转移给第三人，应当经债权人同意；否则债务人转移合同义务的行为对债权人不发生效力，债权人有权拒绝第三人向其履行，同时有权要求债务人履行义务并承担不履行或迟延履行合同的法律责任。

合同义务的转移，可以产生如下法律后果：

(1)新债务人成为合同一方当事人，如不履行或不适当履行合同义务，债权人可以向其请求履行债务或承担违约责任。

(2)新债务人享有基于原合同关系的对抗债权人的抗辩权。《合同法》规定，债务人转移义务的，新债务人可以主张原债务人对债权人的抗辩。

(3)从属于主债务的从债务，随主债务的转移而转移。

(4)原第三人向债权人提供的担保，若担保人未明确表示继续承担担保责任，则担保责任因债务转移而消灭。《担保法》规定，保证期间，债权人许可债务人转让债务的，应当取得保证人书面同意，保证人对未经其同意转让的债务，不再承担保证责任。

(三)合同权利义务的概括转让

合同权利义务的概括转让是指当事人一方经对方同意，将自己在合同中的权利和义务概括转让给第三人。合同权利义务的概括转让可以是合同权利和义务全部由出让人转移至受让人，即全部转让；也可以是合同权利和义务的一部分由出让人转移至受让人，即部分转让。

合同关系的一方当事人将权利和义务一并转让时，除了应当征得另一方当事人的同意外，还应当遵守《合同法》有关转让权利和义务的其他规定：不得转让法律禁止转让的权利；转让合同权利和义务时，从权利和从债务一并转让，受让人取得与债权有关的从权利和从债务，但该从权利和从债务专属于让与人自身的除外；转让合同权利和义务不影响债务人抗辩权的行使；债务人对让与人享有债权的，可以依照有关规定向受让人主张抵销；法律、行政法规规定应当办理批准、登记手续的，应当依照其规定办理。

(四)法人或其他组织合并或分立后债权债务关系的处理

《合同法》规定，当事人订立合同后合并的，由合并后的法人或者其他组织行使合同权利、履行合同义务。当事人订立合同后分立的，除债权人和债务人另有约定的以外，由分立的法人或者其他组织对合同的权利和义务享有连带债权、承担连带债务。

第七节　合同权利义务的终止

一、合同权利义务终止的概念

合同权利义务终止是指依法生效的合同，因具备法定情形和当事人约定的情形，合同债权、债务归于消灭，债权人不再享有合同权利，债务人也不必再履行合同义务，合同当事人双方终止合同关系，合同的效力随之消灭。

二、合同权利义务终止的具体情形

根据《合同法》的规定，有下列情形之一的，合同的权利义务终止：

(一)债务已经按照约定履行

债务已经按照约定履行是指债务人按照约定的标的，质量，数量，价款或报酬，履行期限、地点和方式全面履行。以下情况也属于合同按照约定履行：(1)当事人约定的第三人按照合同内容履行，产生债务消灭的后果。(2)债权人同意以他种给付代替合同原定给付。有时实际履行债务在法律上或者事实上不可能，如标的物灭失无法交付或者实际履行费用过高，这时经债权人同意，可以采用替代物履行的办法，达到债务消灭的目的。(3)当事人以外的第三人接受履行。当事人约定债务人向第三人履行，第三人已接受履行的，债务归于消灭。

(二)合同解除

合同解除是指合同有效成立后，因当事人一方或双方的意思表示，使合同关系归于消灭的行为。

有下列情形之一的，当事人可以解除合同：

(1)因不可抗力致使不能实现合同目的；

(2)在履行期限届满之前，当事人一方明确表示或者以自己的行为表明不履行主要债务；

(3)当事人一方迟延履行主要债务，经催告后在合理期限内仍未履行；

(4)当事人一方迟延履行债务或者有其他违约行为致使不能实现合同目的；

(5)法律规定的其他情形。

合同解除后尚未履行的，终止履行；已经履行的，根据履行情况和合同性质，当事人可以要求恢复原状、采取其他补救措施，并有权要求赔偿损失。合同的权利义务终止，不影响合同中结算和清理条款的效力。

(三)债务相互抵销

债务相互抵销是指合同双方当事人互负债务时，各方相互充抵债务，而使各自的债务在对等额内相互消灭。《合同法》规定，当事人互负到期债务，该债务的标的物种类、品质相同的，任何一方可以将自己的债务与对方的债务抵销，但依照法律规定或者按照合同性质不得抵销的除外。当事人互负债务，标的物种类、品质不相同的，经双方协商一致，也可以抵销。当事人主张抵销的，应当通知对方。通知自到达对方时生效。抵销不得附条件或者附期限。

(四)债务人依法将标的物提存

提存是指由于债权人的原因，债务人无法向其交付合同标的物而将该标的物交给提存机关，从而消灭债务、终止合同的制度。

《合同法》规定，有下列情形之一的，难以履行债务的，债务人可以将标的物提存：(1)债权人无正当理由拒绝受领；(2)债权人下落不明；(3)债权人死亡未确定继承人或者丧失民事行为能力未确定监护人；(4)法律规定的其他情形。

标的物不适于提存或者提存费用过高的，债务人依法可以拍卖或者变卖标的物，提存所得的价款。

提存期间，标的物的孳息归债权人所有。提存费用由债权人负担。标的物提存后，毁损、灭失的风险由债权人承担。债权人可以随时领取提存物，但债权人对债务人负有到期债务的，在债权人未履行债务或者提供担保之前，提存部门根据债务人的要求应当拒绝其领取提存物。

债权人领取提存物的权利，自提存之日起5年内不行使而消灭，提存物扣除提存费用后归国家所有。

(五)债权人依法免除债务

债务的免除是指合同没有履行或未完全履行，权利人放弃自己的全部或部分权利，从而使合同义务减轻或使合同终止的一种形式。

债务免除分为单方免除和协议免除两种。单方免除是享有权利的一方单独向对方当事人作出意思表示，免除对方的义务。协议免除是合同双方通过协商达成一致，债权人免除债务人的义务。协议免除可以附条件和附期限。

债权人免除债务人部分或者全部债务的，合同的权利义务部分或者全部终止，债权的从权利如从属于债权的担保权利、利息权利、违约金请求权等也随之消灭。

(六)混同

混同，即债权债务同归于一人。由于某种事实的发生，使一项合同中原本由一方当事人享有的债权和由另一方当事人负担的债务同归于一方当事人，使得该当事人既是合同的债权人，又是合同的债务人，合同的履行就失去了实际意义，合同的权利义务终止。混同是一种事实，无需意思表示。

但是，合同标的物上设有第三人利益的，不能混同。

(七)其他情形

除上述原因外，法律规定或者当事人约定合同终止的情形出现时，合同也发生终止效力。如《合同法》规定，委托人或者受托人死亡、丧失民事行为能力或者破产的，委托合同终止。当事人也可以约定合同的权利义务终止的情形，如当事人订立的附解除条件的合同，当解除条件成就时，债权债务关系消灭，合同的权利义务终止。

三、合同权利义务终止的法律后果

合同权利义务终止所产生的法律后果，主要有以下几个方面：(1)合同失效，即合同的终止解除了双方当事人履行和接受履行的义务，双方当事人不必继续履行合同义务。(2)合同项下的从权利和从义务一并消灭，如债务的担保、违约金和利息的支付等也一并消灭。(3)负债字据的返还。负债字据是债权债务关系的证明，债权人应当在合同关系消灭后，将负债字据返还债务人。(4)在合同当事人之间发生后合同义务。《合同法》规定，合同的权利义务终止后，当事人应当遵循诚实信用原则，根据交易习惯履行通知、协助、保密等义务。(5)合同中关于解决争议的方法、结算和清理条款继续有效，直至结算和清理完毕。

第八节 违约责任

一、违约责任的概念

违约责任即违反合同的民事责任，是指合同当事人一方或双方不履行合同义务或者履行合同义务不符合约定时，依照法律规定或者合同约定所承担的法律责任。依法订立的有效合同对当事人双方来说，都具有法律约束力。如果不履行或者履行义务不符合约定，就要承担违约责任。

二、承担违约责任的原则

严格责任原则是指违约行为发生后，违约方即应承担违约责任，而不以违约方的主观过错作为其承担违约责任的依据，非违约方无需就违约方是否有过错承担举证责任。

所谓实际损失，是指违约方因自己的违约行为而在事实上给对方造成的经济损失。一般情况下，实际损失包括财物的减少、损坏、灭失和其他损失及支出的必要费用，还包括可得利益的损失。当因违约方的违约行为造成对方经济损失时，违约方应当向对方承担赔偿责任。

三、违约行为

违约行为是指合同当事人违反合同约定义务的行为。违约行为是违约责任的基本构成要件，没有违约行为，也就没有违约责任。

根据违约行为发生的时间，违约行为总体上可分为预期违约和实际违约。

(一)预期违约

预期违约又叫先期违约、事先违约、提前违约、预期毁约，是指当事人一方在合同规定的履行期到来之前，明示或者默示其将不履行合同，由此在当事人之间发生一定的权利义务关系的一项合同法律制度。

(二)实际违约

1. 不履行

不履行是指在合同履行期届满时，合同当事人完全不履行自己的合同义务。不履行又分为"根本违约"和"拒绝履行"。根本违约是指当事人一方迟延履行债务或者有其他违约行为，致使不能实现合同目的。拒绝履行又叫履行拒绝、给付拒绝，是指履行期届满时，债务人无正当理由表示不履行合同义务的行为。

2. 不符合约定的履行

不符合约定的履行又可分为迟延履行、质量有瑕疵的履行、不完全履行。

(1)迟延履行是指债务人无正当理由，在合同规定的履行期届满时，仍未履行合同债务。合同中未约定履行期限的，在债权人提出履行催告后仍未履行债务，就是迟延履行。

(2)质量有瑕疵的履行又叫不适当履行，是指债务人所作的履行不符合合同规定的质量标准，甚至因交付的产品有缺陷而造成他人人身、财产的损害。

(3)不完全履行又叫不完全给付，是指债务人虽然以完全给付的意思为给付，但给付不符合债务本旨，包括部分履行、履行地点不当的履行和履行方法不当的履行。

3. 其他违反合同义务的行为

其他违反合同义务的行为主要是指违反法定的通知、协助、保密等义务的行为。

四、承担违约责任的形式

《合同法》规定，当事人一方不履行合同义务或者履行合同义务不符合约定的，应当承担继续履行、采取补救措施或者赔偿损失等违约责任。当事人一方明确表示或者以自己的行为表明不履行合同义务的，对方可以在履行期届满之前要求其承担违约责任。

违约的当事人承担违约责任的主要形式有以下几种：

(一)继续履行

订立合同的目的是为了实现合同的约定，即实际履行合同。继续履行合同既是为了实现合同目的，又是一种违约责任。当事人一方未支付价款或者报酬的，对方可以要求其支付价款或者报酬。当事人一方不履行非金钱债务或者履行非金钱债务不符合约定的，对方可以要求履行，但有下列情形之一的除外：(1)法律上或者事实上不能履行；(2)债务的标的不适于强制履行或者履行费用过高；(3)债权人在合理期限内未要求履行。

(二)采取补救措施

当事人一方履行合同义务不符合约定的，应当按照当事人的约定承担违约责任。

受损害方根据标的的性质以及损失的大小，可以合理选择要求对方承担修理、更换、重作、退货、减少价款或者报酬等违约责任。

(三)赔偿损失

我国《合同法》规定，当事人一方不履行合同义务或者履行合同义务不符合约定的，在继续履行义务或者采取补救措施后，对方还有其他损失的，应当赔偿损失。损失赔偿额应当相当于因违约所造成的损失，包括合同履行后可以获得的利益，但不得超过违反合同一方订立合同时预见到或者应当预见到的因违反合同可能造成的损失。

(四)违约金

违约金是指合同当事人一方由于不履行合同或者履行合同不符合约定时，按照合同的约定，向对方支付的一定数额的货币。为了保证合同的履行，保护自己的利益不受损失，合同当事人可以约定一方违约时应当根据情况向对方支付一定数额的违约金，也可以约定因违约产生的损失赔偿额的计算方法。

约定的违约金低于造成的损失的，当事人可以请求人民法院或者仲裁机构予以增加；约定的违约金过分高于造成的损失的，当事人可以请求人民法院或者仲裁机构予以适当减少。当事人就迟延履行约定违约金的，违约方支付违约金后，还应当履行债务。

(五)定金

定金是合同当事人一方为了确保合同的履行，依据法律规定或当事人双方的约定，由一方当事人按照合同标的额的一定比例，预先向对方支付的金钱。

《合同法》规定，当事人可以依照《担保法》约定一方向对方给付定金作为债权的担保。债务人履行债务后，定金应当抵作价款或者收回。给付定金的一方不履行约定的债务的，无权要求返还定金；收受定金的一方不履行约定的债务的，应当双倍返还定金。

当事人既约定违约金，又约定定金的，一方违约时，对方可以选择适用违约金或者定金条款。

五、违约责任的免除

一般来说，在合同订立之后，如果一方当事人没有履行合同或者履行合同不符合约定的，不论是自己的原因，还是第三人的原因，都应当向对方承担违约责任。但是，当当事人一方违约是由于免责事由的出现造成的，可以根据情况免除违约方的违约责任。

《合同法》规定了三种免责事由：法定事由、免责条款、法律有特别规定。

(一)法定事由

根据《合同法》的规定，因不可抗力不能履行合同的，根据不可抗力的影响，部分或者全部免除责任，但法律另有规定的除外。当事人迟延履行后发生不可抗力的，不能免除责任。当事人一方因不可抗力不能履行合同的，应当及时采取一切可能采取的有效措施，尽量避免或减少损失；应当及时通知对方不能履行和不能完全履行合同的情况和理由；在合理期限内提供有关机关的证明，证明不可抗力及其影响当事人履行合同的具体情况。

(二)免责条款

免责条款是指合同双方当事人在合同中约定，当出现一定的事由或条件时，可免除违约方的违约责任。

(三)法律有特别规定

在法律有特别规定的情况下，可以免除当事人的违约责任。如《合同法》规定，承运人对运输过程中货物的毁损、灭失承担赔偿责任，但承运人证明货物的毁损、灭失是因不可抗力、货物本身的自然性质或者合理损耗，以及托运人、收货人的过错造成的，不承担损害赔偿责任。

复习思考题

1. 简述要约与要约邀请的区别。
2. 什么是缔约过失责任？缔约过失责任与违约责任有何区别？
3. 简述抵押与质押的区别。
4. 承担违约责任的条件是什么？承担违约责任的形式有哪些？

案例分析

1. 某果品公司因市场上西瓜脱销，向新疆某农场发出一份传真："因我市市场西瓜脱销，不知贵方能否供应。如有充足货源，我公司欲购十个火车车皮西瓜。望能及时回电与我公司联系协商相关事宜。"农场因西瓜丰收，正愁没有销路，接到传真后，喜出望外，立即组织十个车皮货物给果品公司发去，并随即回电："十个车皮的货已发出，请注意查收。"在果品公司发出传真后、农场回电前，外地西瓜大量涌入，价格骤然下跌。接到农场回电后，果品公司立即复电："因市场发生变化，贵方发来的货，我公司不能接收，望能通知承运方立即停发。"但因货物已经起运，农场不能改卖他人。为此，果品公司拒收，农场指责果品公司违约，并向法院起诉。

要求：根据上述事实及有关法律规定，回答下列问题：

(1)农场的诉讼请求能够得到支持吗？为什么？

(2)此案应如何处理？

2. 甲公司与乙公司于2016年5月20日签订了设备买卖合同，甲为买方，乙为卖方。双方约定：(1)由乙公司于10月30日前分两批向甲公司提供设备10套，价款总计为150万元；(2)甲公司向乙公司给付定金25万元；(3)如一方迟延履行，应向另一方支付违约金20万元；(4)由丙公司作为乙公司的保证人，在乙公司不能履行债务时，丙公司承担一般保证责任。

合同依法生效后，甲公司因故未向乙公司给付定金。7月1日，乙公司向甲公司交付了3套设备，甲公司支付了45万元货款。同年9月，该种设备价格大幅上涨，乙公司向甲公司提出变更合同，要求将剩余的7套设备价格提高到每套20万元，甲公司不同意，随后乙公司通知甲公司解除合同。11月1日，甲公司仍未收到剩余的7套设备，从而严重影响了其正常生产，并因此遭受了50万元的经济损失。于是甲公司诉至法院，要求乙公司增加违约金数额并继续履行合同；同时要求丙公司履行一般保证责任。

要求：根据上述事实及有关法律规定，回答下列问题：

(1)合同约定甲公司向乙公司给付25万元定金是否合法？并说明理由。

(2)乙公司通知甲公司解除合同是否合法？并说明理由。

(3)甲公司要求增加违约金数额依法能否成立？并说明理由。

(4)甲公司要求乙公司继续履行合同依法能否成立？并说明理由。

(5)丙公司在什么条件下应当履行一般保证责任？

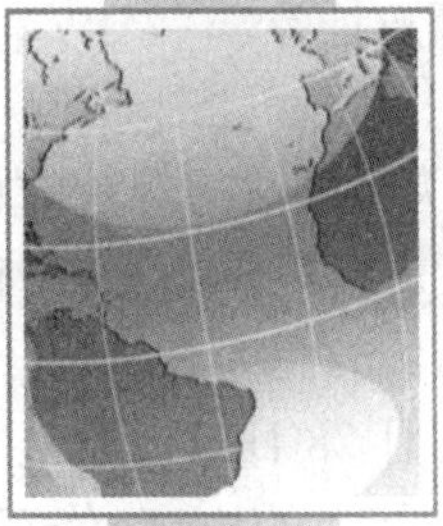

第八章 票据法律制度

第一节　票据法概述

一、票据和票据法概述

(一)票据的概念及特点

关于票据的概念,有广义和狭义之分。广义的票据包括各种有价证券和凭证,如股票、国库券、企业债券、发票、提单、仓单等;狭义的票据则是指《中华人民共和国票据法》上规定的票据。1995 年 5 月 10 日第八届全国人大常委会通过的《中华人民共和国票据法》(以下简称《票据法》)规定:“本法所称的票据,是指汇票、本票和支票。”有鉴于此,我国《票据法》上规定的票据就是指出票人依法签发的、约定自己或委托付款人在见票时或指定的日期向收款人或持票人无条件支付一定金额并可转让的有价证券。

我国《票据法》上规定的票据具有以下法律特点:

(1)票据是完全有价证券。票据与一定的财产权利或价值结合在一起,并以一定货币金额表示其价值。票据的权利与票据不可分开。票据的权利随票据的制作而发生,随票据的出让而转移。占有票据,即占有票据的价值;不占有票据,就不能主张票据权利。

(2)票据是要式证券。票据的格式是由法律规定的,必须根据法律规定的必要形式制作,票据才能有效。如我国《票据法》规定了汇票、本票、支票必须记载的事项,不记载规定事项的,票据无效。

(3)票据是一种无因证券。票据的持票人行使票据权利时,无需说明其取得票据的原因,只要占有票据就可以行使票据权利。至于取得票据的原因,持票人无说明的义务,债务人也无审查的权利,即使取得票据的原因关系无效,对票据关系也不发生影响。票据的无因性,有利于保障持票人的权利和票据的顺利流通。

(4)票据是流通证券。票据在到期前,可以通过背书方式转让而流通。票据的流通性是票据的基本特征。票据若不能流通,就不能称其为票据。

(5)票据是文义证券。票据上的权利义务必须以票据上的文字记载为准。有关票据债权人或票据债务人,均应当对票据上所记载的文义负责,不得以任何方式或理由变更票据上文字记载的意义。

(6)票据是设权证券。票据是创设权利,而不是证明已经存在的权利。票据一经作成,票据上的权利便随之而确立。

(7)票据是债权证券。票据所创设的权利是金钱债权,票据持有人可以对票据记载的一定数额的金钱向票据的特定债务人行使请求付款权,因此票据是一种金钱债权证券。

(二)票据法的概念

票据法是指规定票据的种类、形式、内容以及各当事人之间权利义务关系的法律规范的总称。票据法也有广义和狭义之分。广义上的票据法是指各种法律中有关票据规定的总称,狭义上的票据法则仅指《中华人民共和国票据法》及其有关实施性规定。

《中华人民共和国票据法》于1996年1月1日起施行,根据2004年8月28日第十届全国人民代表大会常务委员会第十一次会议《关于修改〈中华人民共和国票据法〉的决定》修正。《票据法》出台之后,中国人民银行组织制定了《票据管理实施办法》和《支付结算办法》等有关票据方面的实施办法及配套规定。最高人民法院为了正确适用《票据法》,公正、及时审理票据纠纷案件,保护票据当事人的合法权益,维护金融秩序和金融安全,于2000年11月14日公布了《最高人民法院关于审理票据纠纷案件若干问题的规定》(以下简称《票据法司法解释》)。由此逐步形成了一套适应社会主义市场经济发展需要的票据法体系。

二、票据法律关系

(一)票据法律关系的概念

票据法律关系是指票据当事人之间在票据的签发和转让等过程中发生的权利义务关系。

票据法律关系可分为《票据法》上的票据关系和《票据法》上的非票据关系。票据关系是指当事人之间基于票据行为而发生的债权债务关系,如出票人与收款人之间的关系、收款人与付款人之间的关系、背书人与被背书人之间的关系等。《票据法》上的非票据关系则是指由《票据法》所规定的、不是基于票据行为直接发生的法律关系,如票据上的正当权利人对于因恶意而取得票据的人行使票据返还请求权而发生的关系、因手续欠缺而丧失票据权利的持票人对于出票人或承兑人行使利益偿还请求权而发生的关系、票据付款人付款后请求持票人交还票据的关系等。总的来说,票据关系是票据当事人之间的基本法律关系,为了保障该基本法律关系中权利义务的实现,法律另外作了相应规定,当事人之间依照这类规定而发生的权利义务关系,即为《票据法》上的非票据关系。

票据关系与票据的基础关系不同。票据关系的发生是基于票据的授受行为,那么当事人之间为何而授受票据,则是基于一定的原因或前提,这种授受票据的原因或前提关系即是票据的基础关系,如基于购买货物或返还资金而授受票据,该购货关系和返还资金关系即是票据的基础关系。在法理上,票据的基础关系往往都是民法上的法律关系。票据关系与票据的基础关系具有密切的联系。一般来说,票据关系的发生总是以票据的基础关系为原因和前提的。

(二)票据法律关系的构成

票据法律关系与其他民事法律关系一样,由主体(即当事人)、内容和客体三大要素所构成,以下分别对此做些分析。

1. 票据法律关系的主体

票据法律关系的主体是指票据法律关系的当事人。票据法律关系的当事人一般包括出票人、持票人、承兑人、付款人、收款人、背书人、被背书人、保证人等。由于票据的种类不同,当事人的构成不尽相同,票据行为的性质不同,当事人的称谓也有区别,在某些情况下,同一个当事人可以有两个名称,即具有双重身份,如汇票中的付款人在承兑汇票后又称为承兑人等。

2. 票据法律关系的内容

票据法律关系的内容是指票据法律关系的主体依法所享有的权利和承担的义务。权利和义务是票据法律关系的实质所在。票据权利是指票据法律关系的当事人依照票据法或票据行为可以为一定行为或要求他人为一定行为。票据义务是指票据法律关系的当事人依照票据法或票据行为必须进行或不进行一定的行为。

3. 票据法律关系的客体

票据法律关系的客体是指票据法律关系的权利和义务所共同指向的对象。该对象也称为标的。这是权利义务的载体，否则权利义务即无所依归。鉴于票据法律关系是因支付或清偿一定的金钱而发生的法律关系，因而其客体只能是一定数额的金钱，而不是某种物品。尽管签发票据的原因可能是由于买卖某种货物（即物品）而引起的，但因票据关系是一种独立的法律关系，与票据的基础关系不同，所以基础关系中的客体（即物品）并不是票据关系中的客体，故物品也就不能成为票据法律关系的客体，由此也不允许其他物品来代替金钱进行支付或清偿。

三、票据行为

（一）票据行为的概念

票据行为是指票据关系的当事人之间以发生、变更或终止票据关系为目的而进行的法律行为。票据行为包括出票、背书、承兑、保证等。其中，出票行为是其他票据行为的前提，被称为基本票据行为，其他票据行为是附属票据行为。理解这一概念时，应把握以下几个要点：一是票据行为是在票据关系当事人之间进行的行为。二是票据行为是以设立、变更或终止票据关系为目的的行为。这表明，票据行为是一种意思表示行为，即票据关系当事人之间进行票据行为时都是有目的地设定、变更或终止某项票据权利或义务，并将该种意思表现于外。三是票据行为是一种合法行为。

（二）票据行为成立的有效条件

票据行为是一种民事法律行为，故其必须符合民事法律行为成立的一般条件。根据《民法通则》和《票据法》的有关规定，票据行为的成立，必须符合以下基本条件：

1. 行为人必须具有从事票据行为的能力

从事票据行为的能力也称票据能力。票据能力可概括为权利能力和行为能力。所谓权利能力，是指行为人可以享有票据上的权利和承担票据上的义务的资格。所谓行为能力，则是指行为人可以通过自己的票据行为取得票据上的权利和承担票据上的义务的资格。

公民的权利能力与行为能力往往不尽一致，即公民可以享有票据上的权利和承担票据上的义务，却不一定能通过自己的行为取得该权利和承担该义务。《票据法》第十六条规定："无民事行为能力人或者限制民事行为能力人在票据上签章的，其签章无效。"因此，在票据行为中，在票据上签章的自然人必须是具有完全民事行为能力的人；否则，该签章不具有任何效力。此外，法律、法规禁止公民从事某项票据行为的，公民即不具有从事该行为的能力。

2. 行为人的意思表示必须真实或无缺陷

依照民法的一般原则，意思表示真实应是行为人的内心意思与外在表示一致，意思表示无缺陷即是意思表示不存在法律上的障碍或欠缺。《票据法》规定："以欺诈、偷盗或者胁迫等手段取得票据的，或者明知有前列情形，出于恶意取得票据的，不得享有票据权利。"这一规定表明，尽管票据的形式符合法定条件，但从事票据行为的意思表示不真实或存在缺陷，票据持有人也不得享有票据上的权利，该等行为无效。

3. 票据行为的内容必须符合法律、法规的规定

票据行为是一种合法行为，故其内容必须符合法律、法规的规定。需要明确的是，这里所指的合法主要是指票据行为本身必须合法，即票据行为的进行程序、记载的内容等合法，至于票据的基础关系涉及的行为是否合法，则与此无关。

4. 票据行为必须符合法定形式

票据行为是一种要式行为，即须采用法律规定的形式。因此，票据行为必须符合法律、法规规定的形式。

(1)签章

在票据上，签章是票据行为生效的一个重要条件。“签章”与“签名”不是同一个概念。我国《票据法》规定：“票据上的签章，为签名、盖章或者签名加盖章。”

票据上的签章是票据行为表现形式中绝对应记载的事项，如无该项内容，票据行为即为无效。票据上的签章因票据行为的性质不同，签章人也不相同。票据签发时，由出票人签章；票据转让时，由背书人签章；票据承兑时，由承兑人签章；票据保证时，由保证人签章；票据代理时，由代理人签章；持票人行使票据权利时，由持票人签章；等等。另外，《票据法》规定：“法人和其他使用票据的单位在票据上的签章，为该法人或者该单位的盖章加其法定代表人或者其授权的代理人的签章。”根据该规定，法人和其他单位的签章必须同时采用两种方式，即该法人或该单位的盖章和该法人或该单位的法定代表人或者其授权的代理人的签章。这是法律规定的特定要求，否则，票据行为就不产生效力。我国关于《票据法》的司法解释及《支付结算办法》就票据的签章要求作了详尽的规定。

关于票据的签名，《票据法》规定：“在票据上的签名，应当为该当事人的本名。”这一规定主要是针对公民而言的。

根据《票据法司法解释》和《支付结算办法》的有关规定，出票人在票据上的签章不符合规定的，票据无效；承兑人、保证人在票据上的签章不符合规定的，或者无民事行为能力人、限制民事行为能力人在票据上签章的，其签章无效，但不影响其他符合规定签章的效力；背书人在票据上的签章不符合规定的，其签章无效，但不影响其前手符合规定签章的效力。

(2)票据记载事项

票据记载相关事项是票据行为的一项重要内容。票据记载事项一般分为绝对记载事项、相对记载事项、非法定记载事项等。绝对记载事项是指《票据法》明文规定必须记载的，如无记载，票据即为无效的事项；相对记载事项是指某些应该记载而未记载、适用法律的有关规定而不使票据失效的事项；非法定记载事项是指《票据法》规定由当事人任意记载的事项。

根据《支付结算办法》的规定，票据上可以记载《票据法》及该办法规定事项以外的其他票据事项，但是该记载事项不具有票据上的效力，银行不负审查责任。由于票据种类的不同，记载的事项也不一样，故这里只说明各类票据共同必须绝对记载的内容：

①票据种类的记载。即汇票、本票、支票的记载。

②票据金额的记载。《票据法》规定：“票据金额以中文大写和数码同时记载，两者必须一致，两者不一致的，票据无效。”

③票据收款人的记载。收款人是票据到期收取票款的人，并且是票据的主债权人，因此，票据必须记载这一内容，否则票据即为无效。

④出票或签发日期的记载。这是判定票据权利义务的发生、变更和终止的重要标准，因此票据必须记载这一内容，否则票据无效。

正是基于票据金额、日期、收款人名称等内容在票据上的重要性,《票据法》规定:"票据金额、日期、收款人名称不得更改,更改的票据无效。"因此,有关人员在进行票据行为时,必须严格审查这三项内容是否有过更改。如果确属记载错误或需要重新记载,只能由出票人重新签发票据。根据《票据法司法解释》的规定,在前述情形下,付款人或者代理人对此类票据付款的,应当承担责任。

票据行为只有同时具备以上四个条件,才能发生法律效力,达到行为人预期的目的,否则票据行为即为无效。

(三)票据行为的代理

1. 代理概述

我国《票据法》规定:"票据当事人可以委托其代理人在票据上签章,并应当在票据上表明其代理关系。"根据这一规定,票据行为的代理必须具备以下条件:第一,票据当事人必须有委托代理的意思表示。第二,代理人必须按被代理人的委托在票据上签章。第三,代理人应在票据上表明代理关系,即注明"代理"字样或类似的文句。凡是符合上述条件的,该票据行为的代理即对被代理人发生法律效力,其后果由被代理人承担。

2. 无权代理

票据上的无权代理主要表现为行为人没有被代理人的授权而以代理人名义在票据上签章。我国《票据法》规定:"没有代理权而以代理人名义在票据上签章的,应当由签章人承担票据责任。"所谓票据责任,是指票据债务人向持票人支付票据金额的义务。如果没有代理权而以代理人名义在票据上签章,签章人应承担向持票人支付票据金额的义务。但是,签章人承担这一责任,必须存在三个条件:第一,必须是无权代理人在票据上以自己的名义签章;第二,必须是行为人没有代理权;第三,必须是该行为能产生票据上的效力。

3. 越权代理

票据越权代理是指代理人超越了代理权限而使被代理人增加票据责任的代理行为。根据《票据法》的规定,代理人超越代理权限的,应当就其超越权限的部分承担票据责任。

《票据法》不允许被代理人在发生无权代理和越权代理后以追认方式使代理行为有效。

四、票据权利与抗辩

(一)票据权利

1. 票据权利的概念及种类

票据权利是指持票人向票据债务人请求支付票据金额的权利。票据权利包括付款请求权和追索权。

票据权利是以获得一定金钱为目的的债权。债权是一种请求权,即请求他人为一定行为或不为一定行为的权利。票据权利作为一种金钱债权,表现为请求支付一定数额货币的权利。如前所述,我国《票据法》规定票据权利分为付款请求权和追索权。这表明票据权利的内容与一般的金钱债权不同。一般的金钱债权是一种简单的、一次性的请求权,而票据权利则体现为二次请求权。第一次请求权是付款请求权,这是票据上的主要权利;第二次请求权为追索权,这是指第一次请求权(即付款请求权)得不到满足时,向付款人以外的票据债务人要求清偿票据金额及有关费用的权利,故该权利又称偿还请求权。由于追索权是一种附条件的权利,即有赖于第一次请求权不能实现才得以行使的权利,故又叫从票据权利。

2. 票据权利的取得

票据权利的取得,也称票据权利的发生。票据权利是以持有票据为依据的,因此,行为人合法取得票据,即取得了票据权利。当事人取得票据主要有以下几种情况:第一,从出票人处取得。出票是创设票据权利的票据行为,从出票人处取得票据,即取得票据权利。第二,从持有票据的人处受让票据。票据通过背书或交付等方式可以转让他人,以此取得票据即获得票据权利。第三,以税收、继承、赠与、企业合并等方式获得票据。

根据我国《票据法》的有关规定,行为人合法取得票据,依法取得票据权利,必须注意以下几个问题:

(1)票据的取得,必须给付对价。对价是一个特定的法律概念,是指当事人一方在获得某种利益时,必须给付对方相应的代价。《票据法》规定:"票据的取得,必须给付对价,即应当给付票据双方当事人认可的相对应的代价。"这里所指的"相对应的代价",就是指相当或相等的代价。凡是无对价或无相当对价取得票据的,如果属于善意取得,仍然享有票据权利,但票据持有人必须承受其前手的权利瑕疵。如果前手的权利因违法或有瑕疵而受影响或丧失,该持票人的权利也因此而受影响或丧失。

(2)因税收、继承、赠与可以依法无偿取得票据的,不受给付对价之限制。这是一种例外的情况。由于法律允许一些无偿法律行为存在,故也承认一方当事人给付他方当事人某种利益时,他方当事人只接受该种利益而无须支付任何报酬。

(3)因欺诈、偷盗、胁迫、恶意或重大过失而取得票据的,不得享有票据权利。该等行为取得的票据,即使票据的要式齐全、票据的背书连续,也不得享有票据权利,由此而触犯其他法律、法规的,还要依法追究其相应的法律责任。根据《票据法》的规定,持票人因重大过失取得不符合本法规定的票据的,也不得享有票据权利。如果持票人因重大过失而没有注意到票据转让人对票据没有处分权,尽管该票据是有效票据,也应视为不得享有票据权利。

3. 票据权利的行使与保全

票据权利的行使是指票据权利人向票据债务人提示票据、请求实现票据权利的行为,如请求承兑、请求定期付款、行使追索权等。票据权利的保全是指票据权利人防止票据权利丧失的行为,如为防止付款请求权与追索权因时效而丧失,采取中断时效的行为;为防止追索权丧失而请求作成拒绝证明的行为等。

票据权利人为了防止票据权利的丧失,在人民法院审理、执行票据纠纷案件时,可以请求人民法院依法对票据采取保全措施或者执行措施。根据《票据法司法解释》的规定,经当事人申请并提供担保,对具有下列情形之一的票据,可以依法采取保全措施和执行措施:

(1)不履行约定义务、与票据债务人有直接债权债务关系的票据当事人所持有的票据;

(2)持票人恶意取得的票据;

(3)应付对价而未付对价的持票人持有的票据;

(4)记载有"不得转让"字样而用于贴现的票据;

(5)记载有"不得转让"字样而用于质押的票据;

(6)法律或者司法解释规定有其他情形的票据。

无论是票据权利的行使还是保全,都涉及一个在何地进行的问题。为此,《票据法》规定,持票人对票据债务人行使票据权利,或者保全票据权利,应当在票据当事人的营业场所和营业时间内进行,票据当事人无营业场所的,应当在其住所进行。

4. 票据权利的补救

票据权利与票据是紧密相连的。如果票据一旦丧失,票据权利的实现就会受到影响。为此，我国《票据法》规定了票据丧失后的补救措施。该补救措施主要有三种形式，即挂失止付、公示催告、普通诉讼。

(1)挂失止付

这是指失票人将丧失票据的情况通知付款人并由接受通知的付款人暂停支付的一种方法。收到挂失止付通知的付款人，应当暂停支付；否则，应承担民事赔偿责任。

挂失止付并不是票据丧失后票据权利补救的必经程序，它仅仅是失票人在丧失票据后可以采取的一种暂时的预防措施，以防止票据被冒领或骗取。因此，失票人既可以在票据丧失后先采取挂失止付，再紧接着申请公示催告或提起诉讼；也可以不采取挂失止付，直接向人民法院申请公示催告，由法院在受理后发停止支付通知，或向法院直接起诉。

(2)公示催告

这是指在票据丧失后，由失票人向人民法院提出申请，请求人民法院以公告方法通知不确定的利害关系人限期申报权利，逾期未申报者，则权利失效，而由人民法院通过除权判决宣告所丧失的票据无效的一种制度或程序。

我国《票据法》规定，失票人应当在通知挂失止付后 3 日内，也可以在票据丧失后，依法向人民法院申请公示催告。人民法院应在受理申请后 3 日内发公告，公示催告的期间不得少于 60 日，涉外票据可根据情况适当延长，但最长不得超过 90 日。人民法院收到利害关系人的申报后，应当裁定终结公示催告程序。

(3)普通诉讼

这是指失票人向人民法院提起民事诉讼，要求法院判定付款人向其支付票据金额的活动。

5. 票据权利的消灭

票据权利的消灭是指因发生一定的法律事实而使票据权利不复存在。票据权利消灭之后，票据上的债权债务关系也随之消灭。在一般情况下，票据权利可因履行、免除、抵销等事由的发生而消灭。这里主要说明票据权利因时效而消灭的情形。

根据我国《票据法》的规定，票据权利因在一定期限内不行使而消灭的情形有四种：

(1)持票人对票据的出票人和承兑人享有的付款请求权，自票据到期日起 2 年内不行使，见票即付的汇票、本票的付款请求权，自出票日起 2 年内不行使，其权利归于消灭。

(2)持票人对支票的出票人的付款请求权，自出票日起 6 个月内不行使，其权利归于消灭。

(3)持票人对前手的追索权，期限为被拒绝承兑或者被拒绝付款之日起 6 个月。这是有关追索权的时效规定。持票人的付款请求权被拒绝之后，自被拒绝承兑或者被拒绝付款之日起 6 个月内不行使追索权的，该项权利归于消灭。

(4)持票人对前手的再追索权，自清偿日或者被提起诉讼之日起 3 个月内不行使，即丧失该权利。

根据《票据法司法解释》的规定，前述四种情形中，第一种和第二种所指的权利，包括付款请求权和追索权；第三种和第四种所指的追索权，不包括对票据出票人的追索权。

(二)票据抗辩

1. 票据抗辩的概念

票据抗辩是指票据的债务人依照《票据法》的规定，对票据债权人拒绝履行义务的行为。票据抗辩是票据债务人的一种权利，是债务人保护自己的一种手段。

2. 票据抗辩的种类

根据抗辩原因不同以及抗辩效力的不同，票据抗辩可分为两种：

(1)对物抗辩

这是指基于票据本身的内容而发生的事由所进行的抗辩。这一抗辩可以对任何持票人提出。其主要包括以下情形:①票据行为不成立而为的抗辩,如票据应记载的内容有欠缺、票据债务人无行为能力、无权代理或超越代理权进行票据行为、票据上有禁止记载的事项、背书不连续、持票人的票据权利有瑕疵等。②依票据记载不能提出请求而为的抗辩,如票据未到期、付款地不符等。③票据载明的权利已消灭或已失效而为的抗辩,如票据债权因付款、抵销、提存、免除、除权判决、时效届满而消灭等。④票据权利的保全手续欠缺而为的抗辩,如应作成拒绝证书而未作等。⑤票据上有伪造、变造情形而为的抗辩。

(2)对人抗辩

这是指票据债务人对抗特定债权人的抗辩。这一抗辩多与票据的基础关系有关。例如,甲签发一张票据给乙而购买商品,甲就可以乙未交货、不具有对价为由向乙主张抗辩。

3. 票据抗辩的限制

对票据抗辩予以限制是各国立法普遍采用的做法。我国《票据法》中对票据抗辩的限制主要表现在以下方面:

(1)票据债务人不得以自己与出票人之间的抗辩事由对抗持票人。这就是说,如果票据债务人(如承兑人、付款人)与出票人之间存在抗辩事由(如出票人与票据债务人存在合同纠纷、出票人存入票据债务人的资金不够等),该票据债务人不得以此抗辩事由对抗善意持票人。

(2)票据债务人不得以自己与持票人的前手之间的抗辩事由对抗持票人。例如,票据债务人与持票人的前手(如背书人、保证人等)存在抵销关系,而持票人的前手将票据转让给了持票人,票据债务人就不能以其与持票人的前手存在抗辩事由而拒绝向持票人付款。

但是,如果持票人明知票据债务人与出票人之间存在抗辩事由以及票据债务人与其前债权人之间存在抗辩事由,这表明持票人具有主观恶意,票据债务人可以主张抗辩,拒绝付款。

(3)凡是善意的、已付对价的正当持票人可以向票据上的一切债务人请求付款,不受前手权利瑕疵和前手相互间抗辩的影响。例如,持票人不知道其前手取得票据存在欺诈、偷盗、胁迫、重大过失等情形,并已为取得票据支付了相应的代价,那么票据债务人不能以持票人的前手存在权利瑕疵而对抗持票人。

(4)持票人取得的票据是无对价或不相当对价的,由于其享有的权利不优于其前手的权利,故票据债务人可以对抗持票人前手的抗辩事由对抗该持票人。

(三)票据的伪造和变造

伪造和变造的票据直接影响票据权利,因此,我国《票据法》对票据的伪造和变造的责任和效力作了规定。

1. 票据的伪造

票据的伪造是指假冒他人名义或虚构人的名义而进行的票据行为。一般认为,票据上的伪造包括票据的伪造和票据上签章的伪造两种。前者是指假冒他人名义或虚构人的名义进行出票行为,如在空白票据上伪造出票人的签章或者盗盖出票人的印章而进行出票;后者则是指假冒他人名义而进行出票行为之外的其他票据行为,如伪造背书签章、承兑签章、保证签章等。

票据的伪造行为是一种扰乱社会经济秩序、损害他人利益的行为,在法律上不具有任何票据行为的效力。由于其从一开始就是无效的,故持票人即使是善意取得,对被伪造人也不能行使票据权利。对伪造人而言,由于票据上没有以自己名义所作的签章,因此也不应承担票据责任。但是,如果伪造人的行为给他人造成损害的,必须承担民事责任,构成犯罪的,还应承担刑事责任。

根据《票据法》的规定,票据上有伪造签章的,不影响票据上其他真实签章的效力。这就是说,在票据上真正签章的人,仍应对被伪造的票据的债权人承担票据责任,票据债权人按《票据法》的规定提示承兑、提示付款或行使追索权时,在票据上真正签章的人不能以伪造为由进行抗辩。

2. 票据的变造

票据的变造是指无权更改票据内容的人,对票据上签章以外的记载事项加以变更的行为。例如,变更票据上的到期日、付款日、付款地、金额等。构成票据的变造,须符合以下条件:一是变造的票据是合法成立的有效票据;二是变造的内容是票据上所记载的除签章以外的事项;三是变造人无权变更票据的内容。

有些行为与票据的变造相似,但不属于票据的变造:(1)有变更权限的人依法对票据进行的变更,这属于有效变更,不属于票据的变造;(2)在空白票据上经授权进行补记的,由于该空白票据欠缺有效成立的条件,此等补记只是使票据符合有效票据的条件,不属于票据的变造;(3)变更票据上的签章的,属于票据的伪造,而不属于票据的变造。

根据《票据法》的规定,票据的变造应依照签章是在变造之前还是在之后来承担责任。如果当事人签章在变造之前,应按原记载的内容负责;如果当事人签章在变造之后,则应按变造后的记载内容负责;如果无法辨别是在票据被变造之前还是在之后签章的,视同在变造之前签章。

票据的变造是一种违法行为,故变造人的变造行为给他人造成经济损失的,应对此承担赔偿责任,构成犯罪的,应承担刑事责任。

第二节　汇　票

一、汇票概述

(一)汇票的概念及特征

汇票是出票人签发的、委托付款人在见票时或者在指定日期无条件支付确定的金额给收款人或者持票人的票据。

汇票具有以下法律特征:

(1)汇票有三个基本当事人,即出票人、付款人和收款人。

(2)汇票是由出票人委托他人支付的票据,是一种委付证券。

(3)汇票是在指定到期日付款的票据。指定到期日是指见票即付、定日付款、出票后定期付款、见票后定期付款四种形式。本票和支票一般只有见票即付。

(4)汇票须经承兑,承兑是汇票特有的法律行为,是区别于本票和支票的重要法律特征。

(二)汇票的种类

我国《票据法》根据出票人不同,将汇票分为银行汇票和商业汇票。

1. 银行汇票

银行汇票是指由汇款人将款项交存当地银行,由银行签发给汇款人持往异地办理转账结算或支取现金的票据。

银行汇票的基本当事人为出票人和收款人。出票银行既是出票人，又是付款人。收款人可以是"汇款人"，也可以是其他人。"汇款人"不是汇票上的当事人，而是与出票人有原因关系的人。"汇款人"可以是单位、个体经济户和个人。汇款人与签发行的关系是委托关系。银行汇票的提示付款期限自出票日起1个月。

2. 商业汇票

商业汇票是指由收款人或付款人（或承兑申请人）签发、由承兑人承兑，并于到期日向收款人或被背书人支付款项的票据。商业汇票按承兑人的不同，分为商业承兑汇票和银行承兑汇票。前者指由收款人签发、经付款人承兑，或由付款人签发并承兑的票据；后者指由收款人或承兑申请人签发、由承兑申请人向开户银行申请，并经银行审查同意承兑的票据。商业汇票的收款人、付款人或承兑申请人一般指供货和购货单位。

在商业承兑汇票中，汇票上的当事人是：(1)出票人是交易中的收款人，即卖方；或者是交易中的付款人，即买方。(2)承兑人，出票人如是卖方，承兑人为买方；出票人如是买方，本人为承兑人。(3)付款人是买方的开户银行。(4)收款人是交易中的收款人，即卖方。

在银行承兑汇票中，汇票上的当事人是：(1)出票人是承兑申请人。(2)付款人和承兑人是承兑行，即承兑申请人的开户银行。(3)收款人是与出票人签订购销合同的收款人，即卖方。

根据有关规定，商业汇票的付款期限，最长不得超过6个月；商业汇票的提示付款期限，自汇票到期日起10日。

二、汇票的票据行为

（一）出票

1. 出票的概念

出票是指出票人签发票据并将其交付给收款人的票据行为。依此规定，出票实际包括两个行为：一是出票人依照《票据法》的规定作成票据，即在原始票据上记载法定事项并签章；二是交付票据，即将作成的票据交付给他人占有。这两者相辅相成，缺一不可。

根据《票据法》的规定，汇票的出票人在为出票行为时，必须与付款人具有真实的委托付款关系，并且具有支付汇票金额的可靠资金来源；汇票的出票人不得签发无对价的汇票用以骗取银行或者其他票据当事人的资金。但是，由于票据是一种无因证券，因此，即使出票人签发没有对价的汇票，出票人等债务人仍应按照汇票上记载的事项承担票据责任。

2. 汇票的格式

汇票是一种要式证券，出票行为是一种要式行为，故汇票的作成必须符合法定的格式。汇票的格式就是作成汇票后表现于汇票之上的内容。该内容可分为绝对应记载事项、相对应记载事项和非法定记载事项。

(1)汇票的绝对应记载事项。①表明"汇票"的字样；②无条件支付的委托；③确定的金额；④付款人名称；⑤收款人名称；⑥出票日期；⑦出票人签章。上述汇票七项绝对应记载事项，若欠缺记载或记载有重大瑕疵，则票据无效。

(2)汇票的相对应记载事项。①付款日期；②付款地；③出票地。这也是汇票上必须应记载的内容，但是，相对应记载事项未在汇票上记载，并不影响汇票本身的效力，汇票仍然有效。该等未记载的事项可以通过法律的直接规定来推定。

(3)汇票的非法定记载事项。这是指法律规定以外的记载事项。汇票上可以记载本法规定事项以外的其他票据事项，但是该记载事项不具有汇票上的效力。法律规定以外的事项主要是指与汇票的基础关系有关的事项，如签发票据的原因或用途、该票据项下交易的合同号码等。因此，这些事项尽管有利于当事人清算方便，却与票据关系本身关系不大，故其不具有票据上的效力。

3. 出票的效力

出票是以创设票据权利为目的的票据行为。所以，出票人依照《票据法》的规定完成出票行为之后，即产生票据上的效力。这一效力表现为创设票据权利和引起票据债务的发生，这种权利义务因汇票当事人的地位不同而不相同。

(1)对收款人的效力。收款人取得出票人签发的汇票后，即取得票据权利，一方面，就票据金额享有付款请求权；另一方面，在该请求权不能满足时，即享有追索权。

(2)对付款人的效力。出票行为是单方行为，付款人并不因此而有付款义务，只有付款权限。但基于出票人的付款委托使其具有承兑人的地位，在其对汇票进行承兑后，即成为汇票上的主债务人。

(3)对出票人的效力。出票人委托他人付款，一旦该行为成立，就必须保证该付款能得以实现。如果付款人不予付款，出票人就应该承担票据责任。

(二)背书

1. 汇票转让与背书

汇票的转让是指汇票的持票人以背书或仅凭交付的方式而将票据权利让与他人的一种票据行为。票据权利与票据是不可分的，因而票据的转让也就是票据权利的转让。一般而言，票据转让主要有背书交付和单纯交付两种。单纯交付是指持票人未在票据上作任何转让事项的记载而直接将票据交与他人的一种法律行为；背书交付是指持票人以转让票据权利为目的、按法定的事项和方式记载于票据上的一种票据行为。我国《票据法》规定的汇票转让只能采用背书的方式，而不能仅凭单纯交付方式，否则就不产生票据转让的效力。

2. 背书的形式

背书是一种要式行为，故其必须符合法定的形式，即其必须作成背书并交付，才能有效成立。

(1)关于背书签章和背书日期的记载

根据《票据法》的规定，背书由背书人签章并记载背书日期。背书未记载日期的，视为在汇票到期日前背书。背书人背书时，必须在票据上签章，背书才能成立；否则，背书行为无效。

(2)关于被背书人名称的记载

根据《票据法》的规定，汇票以背书转让或者以背书将一定的汇票权利授予他人行使时，必须记载被背书人名称。我国《票据法》不承认不记名背书。

(3)关于禁止背书的记载

背书人的禁止背书是背书行为的一项任意记载事项，如果背书人不愿意对其后手以后的当事人承担票据责任，即可在背书时记载禁止背书。《票据法》规定，背书人在汇票上记载"不得转让"字样，其后手再背书转让的，原背书人对后手的被背书人不承担保证责任。背书人的后手将记载有禁止背书的汇票转让，原背书人对依此取得汇票的一切当事人，包括以后的被背书人、背书人、最后持票人等，将不承担票据责任，其只对直接的被背书人承担责任。

(4)关于背书不得记载的内容

根据我国《票据法》的规定，背书不得记载的内容有两项：一是附有条件的背书；二是部分背书。附有条件的背书，所附条件不具有汇票上的效力，但不影响背书行为本身的效力，被背书人仍可依该背书取得票据权利。部分背书，是指背书人在背书时，将汇票金额的一部分或者将汇票金额分别转让给两人以上的背书。《票据法》规定部分背书无效。

(5)背书连续

背书连续是指在票据转让中，转让汇票的背书人与受让汇票的被背书人在汇票上的签章依次前后衔接。我国《票据法》规定，以背书转让的汇票，背书应当连续。如果背书不连续的，付款人可以拒绝向持票人付款，否则付款人自行承担责任。

背书连续主要是指背书在形式上连续，如果背书在实质上不连续，如有伪造签章等，付款人仍应对持票人付款。但是，如果付款人明知持票人不是真正票据权利人，则不得向持票人付款，否则应自行承担责任。

3. 委托收款背书和质押背书

委托收款背书和质押背书属非转让背书，具有自己的特殊性。

(1)委托收款背书

这是指持票人以行使票据上的权利为目的，而授予被背书人以代理权的背书。由此可见，该背书方式不以转让票据权利为目的，而是以授予他人一定的代理权为目的，其确立的法律关系不属于票据上的权利转让与被转让关系，而是背书人(原持票人)与被背书人(代理人)之间在民法上的代理关系，该关系形成后，被背书人可以代理行使票据上的一切权利。在此情形下，被背书人只是代理人，而未取得票据权利，背书人仍是票据权利人。

委托收款背书与其他背书一样，持票人依据法律规定的记载事项作成背书并交付，才能生效。按照《票据法》的规定，背书人可以记载"委托收款"字样，但如果记载"因收款"、"因托收"、"因代理"等字样的，也应该认为有效。

(2)质押背书

这是指持票人以票据权利设定质权为目的而在票据上作成的背书。背书人是原持票人，也是出质人，被背书人则是质权人。质押背书确立的是一种担保关系，即在背书人(原持票人)与被背书人之间产生一种质押关系，而不是一种票据权利的转让与被转让关系。因此，质押背书成立后，即背书人作成背书并交付，背书人仍然是票据权利人，被背书人并不因此而取得票据权利。但是，被背书人取得质权人地位后，在背书人不履行其债务的情况下，可以行使票据权利，并从票据金额中按担保债权的数额优先得到偿还。

质押背书与其他背书一样，也必须依照法定的形式作成背书并交付。与此同时，根据《票据法》的规定，质押时应当以背书记载"质押"字样。但如果在票据上记载质押文句表明了质押意思的，如"为担保"、"为设质"等，也应视为其有效。如果记载"质押"文句的，其后手再背书转让或者质押的，原背书人对后手的被背书人不承担票据责任，但不影响出票人、承兑人以及原背书人的前手的票据责任。

4. 法定禁止背书

法定禁止背书是指根据《票据法》的规定而禁止背书转让的情形。由于法律规定在某些情况下，汇票不得背书转让，因此，如果背书人将此类汇票以背书方式转让的，应当承担汇票责任。《票据法》规定，法定禁止背书的情形有三种：一是被拒绝承兑的汇票；二是被拒绝付款的汇票；三是超过付款提示期限的汇票。

(三)承兑

1. 承兑的概念

承兑是指汇票付款人承诺在汇票到期日支付汇票金额的票据行为。承兑是汇票特有的制度。汇票是一种出票人委托他人付款的委付证券。但是，出票人的出票行为完成之后，由于其是一种单方法律行为，故对付款人并不当然产生约束力，只有在付款人表示愿意向收款人或持票人支付汇票金额后，持票人才可于汇票到期日向付款人行使付款请求权，承兑就是这样一种明确付款人的付款责任、确定持票人票据权利的制度。

2. 承兑的程序

(1)提示承兑

提示承兑是指持票人向付款人出示汇票，并要求付款人承诺付款的行为。根据我国《票据法》的规定，定日付款和出票后定期付款的汇票，持票人应当在汇票到期日前向付款人提示承兑。见票后定期付款的汇票，持票人应当自出票日起 1 个月内向付款人提示承兑。汇票未按规定期限提示承兑的，持票人丧失对其前手的追索权。见票即付的汇票无需提示承兑。

(2)承兑成立

我国《票据法》规定，付款人对向其提示承兑的汇票，应当自收到提示承兑的汇票之日起 3 日内承兑或者拒绝承兑。

付款人收到持票人提示承兑的汇票时，应当向持票人签发收到汇票的回单，回单上应当记明汇票提示承兑日期并签章。

付款人承兑汇票的，应当在汇票正面记载“承兑”字样和承兑日期并签章；见票后定期付款的汇票，应当在承兑时记载付款日期。承兑文句和承兑人签章是绝对应记载事项，缺一不可，否则承兑行为无效。承兑日期属于相对应记载事项，如欠缺不影响承兑行为效力，汇票上未记载承兑日期的，推定以付款人收到提示承兑汇票之日起 3 日内的最后一日为承兑日期。

付款人依承兑格式填写完毕应记载事项后，并不意味着承兑生效，只有在其将已承兑的汇票退回持票人才产生承兑的效力。

3. 不单纯承兑

承兑有单纯承兑与不单纯承兑之分。前者是指付款人完全依汇票文义而不附加任何条件的限制或改变原汇票文义所为的承兑；后者是指付款人对原汇票文义或附加限制或予以变更所为的承兑。附有条件的承兑即是指不单纯承兑。我国《票据法》不允许不单纯承兑。付款人作的承兑是无条件的，如果附有条件，则应视为拒绝承兑。持票人可以请求作成拒绝证明，向其前手行使追索权。

4. 承兑的效力

承兑生效后，即对付款人产生相应的效力。我国《票据法》规定，付款人承兑汇票后，应当承担到期付款的责任。到期付款的责任是一种绝对责任，其表现在：第一，承兑人于汇票到期日必须向持票人无条件地支付汇票上的金额；第二，承兑人必须对汇票上的一切权利人承担责任；第三，承兑人不得以其与出票人之间的资金关系来对抗持票人，拒绝支付汇票金额；第四，承兑人的票据责任不因持票人未在法定期限提示付款而解除。

(四)保证

1. 保证的概念

这里所指的保证是票据保证，即票据债务人以外的第三人，以担保特定债务人履行票据债务为目的，而在票据上所为的一种附属票据行为。

2. 保证的当事人

保证的当事人为保证人与被保证人。保证人是指票据债务人以外的、为票据债务的履行提供担保而参与票据关系中的第三人。已成为票据债务人的，不得再充当票据上的保证人。

3. 保证的格式

保证人必须在汇票或粘单上记载下列事项：(1)表明“保证”的字样；(2)保证人名称和住所；(3)被保证人的名称；(4)保证日期；(5)保证人签章。其中，绝对应记载事项包括保证文句和保证人签章两项；相对应记载事项包括被保证人的名称、保证日期和保证人的住所。关于被保证人的名称，如果不记载这一内容，根据《票据法》的规定，已承兑的汇票，承兑人为被保证人；未承兑的汇票，出票人为被保证人。关于保证日期，如果不记载这一内容，根据《票据法》的规定，出票日期为保证日期。关于保证人的住所，如果不记载这一内容，根据《票据法》的规定，可以推定为保证人的营业场所或住所。

4. 保证的记载方法

如果是为出票人、承兑人保证的，则应记载于汇票的正面；如果是为背书人保证的，则应记载于汇票的背面或者粘单。

保证不得附有条件，保证附有条件的，所附条件无效，保证本身仍然具有效力，保证人应向持票人承担保证责任。

5. 保证的效力

保证一旦成立，即在保证人与被保证人之间产生法律效力，保证人必须对保证行为承担相应的责任。

保证行为成立之后，保证人就成为票据上的债务人，必须对被保证人的一切后手承担票据责任，即满足被保证人票据权利的实现。但是，保证人承担保证责任是有一定前提条件的。根据《票据法》的规定，如果被保证人的债务因形式要件欠缺而无效，保证人的债务，即承担的保证责任也将归于无效。

被保证的汇票，保证人应当与被保证人对持票人承担连带责任。保证人为两人以上的，保证人之间承担连带责任。保证人清偿汇票债务后，可以行使持票人对被保证人及其前手的追索权。

三、汇票的付款

(一)付款的概念

付款是指付款人依据票据文义支付票据金额，以消灭票据关系的行为。付款是付款人的行为，这与出票人、背书人等偿还义务的行为不同。前者是支付票据金额的行为，并以消灭票据关系为目的；后者则并不以票据金额为依据而支付，不能引起票据关系的消灭。

(二)付款的程序

付款的程序包括提示与支付，以下分别作些分析。

1. 付款提示

付款提示是指持票人向付款人或承兑人提示票据、请求付款的行为。持票人只有在法定期限内提示付款的，才产生法律效力。关于这种法律效力，主要表现在两个方面：一是付款人一经持票人提示，即应付款；二是持票人得以保全对其前手的追索权，即在付款人拒绝付款的情况下，持票人可以请求付款人作成拒绝证明，向其前手行使追索权。

根据《票据法》第五十三条的规定，持票人提示付款的法定期限如下：第一，见票即付的汇票，自出票日起 1 个月内向付款人提示付款；第二，定日付款、出票后定期付款或者见票后定期付款的汇票，自到期日起 10 日内向承兑人提示付款。如果持票人未在上述法定期限内提示付款的，则丧失对其前手的追索权。但是，持票人丧失的追索权仅限于其前手，而对于承兑人并不发生失权的效果。因为承兑人是汇票的主债务人，所负责任为绝对责任，即使持票人未在法定期限内提示付款，承兑人仍应负责。如果承兑人或者付款人对逾期提示付款的持票人付款的，与按照规定的期限付款具有同等法律效力。

2. 支付票款

这是指持票人向付款人或承兑人进行付款提示后，付款人无条件地在当日按票据金额足额支付给持票人的行为。《票据法》第五十四条规定："持票人依照前条规定提示付款的，付款人必须在当日足额付款。"依此规定，付款人必须在当日向提示人付款，且该支付的款项为票据金额的全部，而非部分。如果付款人或承兑人不能当日足额付款的，依照《票据法》第一百零六条的规定，应承担迟延付款的责任。

在支付票款的过程中，持票人必须向付款人履行一定的手续，根据《票据法》第五十五条的规定，持票人获得付款的，应当在汇票上签收，并将汇票交给付款人。根据《票据管理实施办法》第二十五条的规定，此处所指的"签收"是指持票人在票据的正面签章，表明持票人已经获得付款。

在实践中，持票人和付款人的收款或付款行为往往是通过委托银行代理进行的。该等受托收款或付款的银行不是汇票的当事人，只是代理人，因此，它们只能依照委托按汇票上记载的内容进行资金结算。因此，《票据法》第五十六条规定："持票人委托的收款银行的责任，限于按照汇票上记载事项将汇票金额转入持票人账户。""付款人委托的付款银行的责任，限于按照汇票上记载事项从付款人账户支付汇票金额。"换言之，如果委托付款银行多付或少付，委托收款银行多收或少收，都应自行承担责任。

付款人或者代理付款人在付款时应当尽审查义务。根据《票据法》第五十七条的规定，付款人及其代理付款人付款时，应当审查汇票背书的连续，并审查提示付款人的合法身份证明或者有效证件。但该等审查义务仅限于汇票格式是否合法，即汇票形式上的审查，而不负责实质上的审查，如果付款人及其代理付款人以恶意或者有重大过失付款的，应当自行承担责任。此外，如果付款人对定日付款、出票后定期付款或者见票后定期付款的汇票在到期日前付款，根据《票据法》第五十八条的规定，应由付款人自行承担所产生的责任。

（三）付款的效力

根据《票据法》第六十条的规定，付款人依法足额付款后，全体汇票债务人的责任解除。付款人依照票据文义支付票据金额之后，票据关系随之消灭，汇票上的全体债务人的责任便予以解除。但是，如果付款人付款存在瑕疵，即未尽审查义务而对不符合法定形式的票据付款，或其存在恶意或重大过失而付款的，则不发生上述法律效力，付款人的义务不能免除，其他债务人也不能免除责任。

四、追索权

（一）追索权的概念

追索权是指持票人在票据到期后不获付款或到期前不获承兑或有其他法定原因，并在实施行使或保全票据权利的行为后，可以向其前手请求偿还票据金额、利息及其他法定款项的一种票据权利。

（二）追索权发生的原因

追索权的发生必须具备一定的条件，该条件包括实质条件和形式条件，以下分别加以说明。

1. 追索权发生的实质条件

根据《票据法》第六十一条的规定，追索权发生的实质条件包括以下内容：(1)汇票到期被拒绝付款；(2)汇票在到期日前被拒绝承兑；(3)在汇票到期日前，承兑人或付款人死亡、逃匿的；(4)在汇票到期日前，承兑人或付款人被依法宣告破产或因违法被责令终止业务活动。发生上述情形之一的，持票人可以行使追索权。

2. 追索权发生的形式条件

追索权的发生除了构成前述实质条件之外，还必须具有一定的形式条件。这一形式条件即持票人行使追索权必须履行一定的保全手续而不致使追索权丧失。该等保全手续包括：第一，在法定提示期限内提示承兑或提示付款；第二，在不获承兑或不获付款时，在法定期限内作成拒绝证明。根据《票据法》的有关规定，该等拒绝证明主要有：

(1)拒绝证书。拒绝证书是由国家授权的机关制作的用以证明持票人已依法行使票据权利而被拒绝，或者无法行使票据权利的一种公证书。拒绝证书分为拒绝承兑证书和拒绝付款证书。拒绝承兑证书是指汇票因付款人拒绝承兑或者因付款人死亡等原因而无须提示承兑时，持票人请求作成的证书。拒绝付款证书是指汇票因付款人拒绝付款或者因其他法定原因而无法提示付款致使持票人不获付款所作成的证书。持票人已请求作成拒绝承兑证书的，无须再请求作成拒绝付款证书。

(2)退票理由书。汇票的持票人委托银行办理票据托收，或者向代理付款银行提示付款时，如果付款人或者代理付款银行拒绝付款，可由其出具退票理由书，说明退票理由。该退票理由书可起到拒绝证书的作用，即证明持票人已行使其权利而未获结果，故持票人有退票理由书就无须再请求作成拒绝证书。

(3)承兑人、付款人或者代理付款银行直接在汇票上记载提示日期、拒绝事由、拒绝日期并盖章。这也是拒绝证明的形式之一，可起到证明持票人已行使其权利而无结果的情况，可代替拒绝证书。

(4)持票人因承兑人或者付款人死亡、逃匿或者其他原因，不能取得拒绝证明的，可以依法取得其他有关证明。该等证明包括死亡证明、失踪证明书等。这些证明也具有拒绝证明的作用。

(5)人民法院的有关司法文书。根据《票据法》第六十四条第一款的规定，承兑人或者付款人被人民法院依法宣告破产的，人民法院的有关司法文书具有拒绝证明的效力。这表明持票人在上述情形下无法向承兑人或者付款人提示承兑或者提示付款，故有权向其前手行使追索权。

(6)有关行政主管部门的处罚决定。承兑人或者付款人因违法被责令终止业务活动的，持票人也无法向承兑人或者付款人提示承兑或者提示付款，因而该等处罚决定便具有拒绝证明的作用。

持票人具有上述文书之一的，即构成其行使追索权的形式条件。《票据法》第六十五条规定："持票人不能出示拒绝证明、退票理由书或者未按照规定期限提供其他合法证明的，丧失对其前手的追索权。但是，承兑人或者付款人仍应当对持票人承担责任。"

(三)追索权的行使

持票人按照法定手续保全了追索权之后，就可进入行使追索权的程序。该程序一般包括由持票人发追索通知、确定追索对象、请求偿还、受领清偿金额等，以下分别进行分析。

1. 发追索通知

(1)通知的当事人。通知的当事人分为通知人和被通知人。通知人是指持票人以及收到通知后再为通知的背书人及其保证人。持票人是最初的通知人,但收到持票人发来追索通知的债务人,如果在其前手还存在债务人,其也必须向其前手发该追索通知,因此收到追索通知的债务人也可以成为通知人,这些债务人一般包括背书人及其保证人。被通知人是指向持票人承担担保承兑和付款的票据上的次债务人,他们都是被追索的当事人,因此被通知人可泛指持票人的一切前手,包括出票人、背书人、保证人等。

(2)通知的期限。这是指《票据法》规定的持票人向其前手或者收到通知的被通知人向其前手发追索通知的期间。《票据法》第六十六条第一款规定:"持票人应当自收到被拒绝承兑或者被拒绝付款的有关证明之日起 3 日内,将被拒绝事由书面通知其前手;其前手应当自收到通知之日起 3 日内书面通知其再前手。持票人也可以同时向各汇票债务人发书面通知。"这就是《票据法》有关通知期限的规定。

(3)通知的方式和通知应记载的内容。依照《票据法》第六十六条的规定,通知应当以书面形式发出。书面形式包括书信、电报、电传等。在规定期限内将通知按照法定地址或约定的地址邮寄的,视为已发通知。根据《票据法》第六十七条的规定,书面通知应记明汇票的主要记载事项,并说明该汇票已被退票。该等主要记载事项包括出票人、背书人、保证人以及付款人的名称和地址,汇票金额,出票日期,付款日期等。汇票退票的情况主要是指汇票何以不获承兑或者不获付款。

(4)未在规定期限内发追索通知的后果。如果持票人未按规定期限发追索通知或其前手收到通知未按规定期限再通知其前手,根据《票据法》第六十六条第二款的规定,持票人仍可以行使追索权,因延期通知给其前手或者出票人造成损失的,由没有按照规定期限通知的汇票当事人承担对该损失的赔偿责任,但是所赔偿的金额以汇票金额为限。

2. 确定追索对象

(1)确定追索对象。这里所指的追索对象是指在追索关系中的被追索人,该被追索人为出票人、背书人、承兑人和保证人。根据《票据法》第六十八条第二款的规定,持票人可以不按照汇票债务人的先后顺序,对其中任何一人、数人或者全体行使追索权。这是有关持票人选择追索权的规定。据此规定,持票人在确定追索权行使对象时,可以根据自己的意愿,自由选择其前手债务人或者承兑人,并请求其偿还。

(2)被追索人的责任承担。如前所述,出票人、背书人、承兑人和保证人均为被追索人。依据《票据法》第六十八条的规定,该等被追索人对持票人承担连带责任。这一责任的含义是指各票据债务人在持票人向其行使追索权时,必须承担全部清偿的责任,而不得以持票人未向其他票据债务人请求清偿为由拒绝履行清偿责任;同时,也不得只为部分金额的清偿而要求持票人就其余部分金额,再向其他票据债务人请求清偿。

3. 请求清偿金额

这是指持票人行使追索权,可以请求被追索人支付的金额和费用。根据《票据法》第七十条的规定,该金额和费用包括:(1)被拒绝付款的汇票金额;(2)汇票金额自到期日或者提示付款日起至清偿日止,按照中国人民银行规定的同档次流动资金贷款利率计算的利息;(3)取得有关拒绝证明和发通知书的费用。由此可见,作为追索权标的的追索金额,通常要比作为付款请求权标的的票据金额要大。

根据《票据法》第七十一条的规定,被追索人在依前述内容向持票人支付清偿金额和费用后,可以向其他汇票债务人行使再追索权,请求其他汇票债务人支付相应的金额和费用,其包括:(1)已清偿的全部金额,即为满足其后手(包括持票人或者其他追索权人)的追索权而支付的全部金额;(2)前项金额自清偿日起至再追索清偿日止,按照中国人民银行规定的同档次流动资金贷款利率计算的利息;(3)发通知书的费用,即指被追索人在追索过程中发生的费用。

第三节　本　票

一、本票概述

(一)本票的概念

本票是出票人签发的、承诺自己在见票时无条件支付确定的金额给收款人或者持票人的票据。本票是由出票人约定自己付款的一种自付证券,其基本当事人有两个,即出票人和收款人,在出票人之外不存在独立的付款人。在出票人完成出票行为之后,即承担了到期日无条件支付票据金额的责任,不需要在到期日前进行承兑。因此,本票与汇票是不同的。

(二)本票的种类

依照不同的标准,可以对本票作不同分类,例如记名式本票、指示式本票和不记名式本票,远期本票和即期本票,银行本票和商业本票等。根据我国《票据法》第七十三条第二款和第七十五条的规定,本票仅限于银行本票,且为记名式本票和即期本票。

银行本票是银行签发的、承诺自己在见票时无条件支付确定的金额给收款人或者持票人的票据。单位和个人在同一票据交换区域需要支付各种款项,均可以使用银行本票。银行本票分为定额银行本票和不定额银行本票。根据《支付结算办法》的规定,定额银行本票面额为1 000元、5 000元、1 万元和 5 万元。

二、出票

本票的出票与汇票一样,包括作成票据和交付票据。本票的出票行为是以自己负担支付本票金额的债务为目的的票据行为。因此,《票据法》第七十四条规定:“本票的出票人必须具有支付本票金额的可靠资金来源,并保证支付。”由此可见,本票出票人是票据金额的直接支付人,与汇票的承兑人相同,这与汇票的出票人只承担担保责任是不同的。

本票出票人出票,必须按一定的格式记载相关内容。与汇票一样,本票的记载事项也包括绝对应记载事项和相对应记载事项。

(一)本票的绝对应记载事项

根据《票据法》第七十五条和《支付结算办法》第一百零一条的规定,本票的绝对应记载事项包括以下六个方面的内容:(1)表明“本票”字样。这是本票文句记载事项,无此记载,本票即为无效。(2)无条件支付的承诺。这是有关支付文句,表明出票人无条件支付票据金额,而不附加任何条件;否则,票据即为无效。(3)确定的金额。(4)收款人名称。(5)出票日期。(6)出票人签章。在上述绝对应记载事项中,除第一、第二项以及未规定付款人名称外,其余四项与汇票的规定完全相同。

(二)本票的相对应记载事项

根据《票据法》第七十六条的规定,本票的相对应记载事项包括两项内容:(1)付款地。本票上未记载付款地的,出票人的营业场所为付款地。(2)出票地。本票上未记载出票地的,出票人的营业场所为出票地。此外,根据《票据法》第八十条第二款的规定,本票的出票行为,可适用《票据法》第二十四条关于汇票的规定。

三、见票付款

根据《票据法》的规定，银行本票是见票付款的票据，收款人或持票人在取得银行本票后，随时可以向出票人请求付款。根据《支付结算办法》第一百零八条的规定，跨系统银行本票的兑付，持票人开户银行可根据中国人民银行规定的金融机构同业往来利率向出票银行收取利息。

为了防止收款人或持票人久不提示票据而给出票人造成不利，《票据法》第七十八条规定了本票的付款提示期限，即“本票自出票日起，付款期限最长不得超过两个月”。如果本票的持票人未按照规定期限提示本票的，则丧失对出票人以外的前手的追索权。

四、对汇票有关规定的引用

《票据法》第八十条规定：“本票的背书、保证、付款行为和追索权的行使，除本章规定外，适用本法第二章有关汇票的规定。”“本票的出票行为，除本章规定外，适用本法第二十四条关于汇票的规定。”即本票的出票、背书、保证、付款行为和追索权的行使，除特别规定的外，适用汇票的有关规定。

第四节　支　票

一、支票概述

（一）支票的概念及特点

支票是出票人委托银行或者其他金融机构在见票时无条件支付一定金额给收款人或者持票人的票据。支票的基本当事人有三个：出票人、付款人和收款人。支票是一种委付证券，与汇票相同，与本票不同。

支票与汇票和本票相比，有两个显著的特点：第一，以银行或者其他金融机构作为付款人；第二，见票即付。

（二）支票的种类

依不同的分类标准，可以对支票作不同的分类，例如记名支票、无记名支票、指示支票、对己支票、指己支票、受付支票、普通支票、特殊支票等。我国《票据法》按照支付票款方式，将支票分为普通支票、现金支票和转账支票。

1. 普通支票

该种支票未印有“现金”或“转账”字样，其既可以用来支取现金，也可以用来转账。根据《票据法》第八十三条第一款的规定，普通支票用于转账时，应当在支票正面注明，即在普通支票左上角划两条平行线。有该划线标志的支票，也称为划线支票，划线支票只能用于转账，不得支取现金。

2. 现金支票

《票据法》第八十三条第二款规定，支票中专门用于支取现金的，可以另行制作现金支票，现金支票只能用于支取现金。

3. 转账支票

《票据法》第八十三条第三款规定，支票中专门用于转账的，可以另行制作转账支票，转账支票只能用于转账，不得支取现金。

二、出票

(一)出票的概念

出票人签发支票并交付的行为即为出票。但是，出票人签发支票必须具备一定的条件，即为在经中国人民银行当地分支行批准办理支票业务的银行机构开立可以使用支票的存款账户的单位和个人。《票据法》第八十二条规定："开立支票存款账户，申请人必须使用其本名，并提交证明其身份的合法证件。""开立支票存款账户和领用支票，应当有可靠的资信，并存入一定的资金。""开立支票存款账户，申请人应当预留其本名的签名式样和印鉴。"这些规定主要在于保证支付支票票款的安全，保护支票权利义务各方当事人的合法权益。

(二)支票的格式

与汇票一样，支票出票人作成有效的支票，必须按法定要求记载有关事项。该等事项也可分为绝对应记载事项和相对应记载事项。

1. 绝对应记载事项

根据《票据法》第八十四条的规定，支票的绝对应记载事项共有六项内容：(1)表明"支票"字样。这是支票文句的记载事项，无此内容即为无效。(2)无条件支付的委托。这是支票有关支付文句的记载事项。我国现行使用的支票记载支付的文句，一般是支票上已印好的"上列款项请从我账户内支付"字样。(3)确定的金额。(4)付款人名称。(5)出票日期。(6)出票人签章。

为了发挥支票灵活便利的特点，我国《票据法》规定了两项绝对应记载事项可以通过授权补记的方式记载：一是关于支票金额的授权补记；二是关于收款人名称的授权补记。未补记前的支票，不得使用。

2. 相对应记载事项

《票据法》第八十六条第二款、第三款规定了相对应记载事项，该相对应记载事项包括两项内容：(1)付款地。根据《票据法》第八十六条第二款的规定，支票上未记载付款地的，付款人的营业场所为付款地。(2)出票地。根据《票据法》第八十六条第三款的规定，支票上未记载出票地的，出票人的营业场所、住所或者经常居住地为出票地。

(三)出票的其他法定条件

支票的出票行为取得法律上的效力，必须依法进行，除须按法定格式签发票据外，还须符合其他法定条件。根据《票据法》第八十七条和第八十八条的规定以及有关规定，这些法定条件有：

(1)支票的出票人所签发的支票金额不得超过其付款时在付款人处实有的存款金额。如果出票人签发的支票金额超过其付款时在付款人处实有的存款金额，在法律上，该支票称为空头支票。签发空头支票是一种违法行为，对其责任人要给予严厉的处罚和制裁，构成犯罪的，要依法追究其刑事责任。

根据《票据管理实施办法》第三十一条的规定，签发空头支票或者签发与其预留的签章不符的支票，不以骗取财物为目的的，由中国人民银行处以票面金额5%但不低于1 000元的罚款。

(2)支票的出票人不得签发与其预留本名的签名式样或者印鉴不符的支票，使用支付密码的，出票人不得签发支付密码错误的支票。支票的出票人委托付款人支付票款给收款人或持票人，作为支票付款人的银行并不是支票上的债务人，只是受出票人的委托从其账户支付票款。由于出票人开立支票存款账户时，必须预留其本名的签名式样和印鉴或使用了支付密码，为了保障银行支付的票款确系出票人签发支票的票款，故出票人签发支票时，必须使用与其本名的签名式样和印鉴相一致的签章或使用相应的支付密码，否则，该支票即为无效。

（四）出票的效力

出票人作成支票并交付之后，对出票人产生相应的法律效力。依照《票据法》第八十九条第一款的规定，出票人必须按照签发的支票金额承担保证向该持票人付款的责任。这一责任包括两项：一是出票人必须在付款人处存有足够可处分的资金，以保证支票票款的支付；二是当付款人对支票拒绝付款或者超过支票付款提示期限的，出票人应向持票人承担付款责任。

三、付款

如前所述，支票属见票即付的票据，因而没有到期日的规定。支票的出票日实质上就是到期日。我国《票据法》第九十条规定："支票限于见票即付，不得另行记载付款日期。另行记载付款日期的，该记载无效。"因此，出票人在付款人处的存款足以支付支票金额时，付款人应当在见票当日足额付款。以下对付款的有关问题加以说明。

（一）提示期间

支票为见票即付的票据，但是，为了防止持票人久不提示支票，给出票人在管理上造成不便以及防止空头支票的出现，《票据法》规定了持票人的提示期间。《票据法》第九十一条第一款规定："支票的持票人应当自出票日起10日内提示付款；异地使用的支票，其提示付款的期限由中国人民银行另行规定。"目前，我国支票主要在城市票据交换范围内使用和流通，故在同城范围内，支票的提示期限为10天。随着支票使用和流通范围的扩大，在异地使用时，则需延长提示期间，而这一提示期间最终由中国人民银行另行规定。

超过提示付款期限的，依照《票据法》第九十一条第二款的规定，付款人可以不予付款，但是付款人不予付款的，出票人仍应当对持票人承担票据责任。由于支票不同于汇票、本票，没有主债务人，出票人处在相当于主债务人的地位，所以必须加重出票人的责任。持票人超过提示付款期限的，并不丧失对出票人的追索权，出票人仍应当对持票人承担支付票款的责任。

（二）付款

持票人在提示期间内向付款人提示票据，付款人在对支票进行审查之后，如未发现有不符规定之处，即应向持票人付款。《票据法》第八十九条第二款规定："出票人在付款人处的存款足以支付支票金额时，付款人应当在当日足额付款。"

（三）付款责任的解除

《票据法》第九十二条规定："付款人依法支付支票金额的，对出票人不再承担受委托付款的责任，对持票人不再承担付款的责任。但是，付款人以恶意或者有重大过失付款的除外。"这是有关付款人付款责任解除的规定。

这里所指的恶意或者有重大过失付款，是指付款人在收到持票人提示的支票时，明知持票人不是真正的票据权利人、支票的背书以及其他签章系属伪造，或者付款人不按照正常的操作程序审查票据等情形。在此情况下，付款人不能解除付款责任，由此造成损失的，由付款人承担赔偿责任。

四、支票引用汇票的有关规定

《票据法》第九十三条规定："支票的背书、付款行为和追索权的行使，除本章规定外，适用本法第二章有关汇票的规定。""支票的出票行为，除本章规定外，适用本法第二十四条、第二十六条关于汇票的规定。"

第五节　违反票据法的法律责任

一、票据欺诈行为的法律责任

《票据法》规定了七种票据欺诈行为：(1)伪造、变造票据；(2)故意使用伪造、变造的票据；(3)签发空头支票或者故意签发与其预留的本名签名式样或者印鉴不符的支票，骗取财物；(4)签发无可靠资金来源的汇票、本票，骗取资金；(5)汇票、本票的出票人在出票时作虚假记载，骗取财物；(6)冒用他人的票据，或者故意使用过期或者作废的票据，骗取财物；(7)付款人同出票人、持票人恶意串通，实施前六项所列行为之一的。

凡行为人实施上述行为之一，情节轻微，不构成犯罪的，依照国家有关规定给予行政处罚；构成犯罪的，应依法承担刑事法律责任。行为人实施前述票据欺诈行为，给他人造成损失的，还应当承担民事赔偿责任。

二、金融机构工作人员的法律责任

金融机构工作人员在票据业务中玩忽职守，对违反《票据法》规定的票据予以承兑、付款或者保证的，给予处分；造成重大损失，构成犯罪的，依法追究刑事责任。因上述行为给当事人造成损失的，由该金融机构和直接责任人员依法承担连带赔偿责任。

三、付款人故意压票、拖延支付的法律责任

票据的付款人对见票即付或者到期的票据，故意压票、拖延支付的，由金融行政管理部门处以罚款，对直接责任人员给予处分。票据的付款人故意压票、拖延支付，给持票人造成损失的，依法承担赔偿责任。

复习思考题

1. 简述票据的概念及特点。
2. 简述票据行为的含义及其成立要件。
3. 什么是票据权利？票据权利取得途径有哪些？
4. 简述汇票的概念及特征。
5. 什么是追索权？行使追索权应该具备哪些条件？

案例分析

2016年1月20日，甲公司根据与乙公司签订的货物买卖合同，按照约定签发了金额为10万元的银行承

兑汇票，承兑人为甲银行，到期日为 2016 年 11 月 1 日。汇票在甲公司交给乙公司前被甲公司遗失。甲公司于 2016 年 8 月 1 日登报声明作废，又于 2016 年 9 月 1 日向法院申请公示催告。法院于当天通知甲银行停止支付。公示催告期届满时，甲公司未向法院申请除权判决。甲公司后来交付给乙公司的是遗失的汇票复印件和甲银行于 2016 年 8 月 20 日出具的说明函。在汇票复印件上的持票人签章栏内，加盖了甲银行的汇票专用章，但是没有甲公司的签章。甲银行说明函的内容是：由于汇票被出票人遗失，出票人已登报声明作废，因此同意在复印件上加盖本行汇票专用章，作为收款人向本行收款的有效依据；汇票到期后，收款人必须派员凭此复印件结算票面款项。乙公司按照复印件记载的日期，在到期后持上述复印件向甲银行提示付款时，遭到甲银行拒付。

要求：根据以上资料，回答下列问题：

(1)乙公司是否有权要求甲银行承担票据责任？为什么？

(2)乙公司的权利如何得到保护？

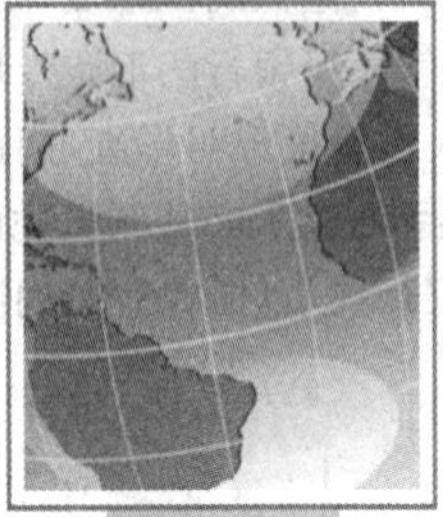

第九章 工业产权法律制度

第一节　知识产权概述

一、知识产权的概念和特征

(一)知识产权的概念

关于知识产权的概念,学术界存在不同的认识和理解,归纳起来,主要有两种观点:一种观点认为,知识产权的客体是人们的智力性创造成果,知识产权是人们基于这种智力的创造成果依法享有的权利;另一种观点认为,知识产权包括创造性成果权与识别性标志权,知识产权是人们基于创造性智力成果依法享有的权利和对生产经营活动中的标记依法享有的权利的总称。

按照第一种观点的含义,生产经营活动中的标记,如商标、商号等也属于智力的创造性成果,故属于知识产权的权利对象。而实际上,固然商标、商号的设计需要智力活动,但一般而言,标记设计本身的创造性成分并不多,还不足以构成通常意义上的智力成果,有些标记如地理标记,更多的是源于地理环境与历史渊源,不能说权利人对其付出了创造性劳动。此外,商业标志的根本价值在于其表达上的可识别性而非其创造性,法律保护商业标志的识别性或者特定性,禁止相同相似的标记混淆视听。因此,我们认为第二种观点比第一种观点更为全面、科学。

基于以上认识,并考虑到知识产权的权利主体并非等同于知识产品的创造者,以及知识产权的权利对象的不同特性,我们对知识产权的概念作如下表述:知识产权是指智力成果的创造人对所创造的智力成果和工商活动的行为人对所拥有的标记依法享有的权利的总称。

(二)知识产权的特征

知识产权是一种与物权、债权并列的独立的民事权利,其具有如下特征:

(1)知识产权的无形性。知识产权的客体是智力成果或具有财产价值的标记,是一种没有形体的财富。知识产权客体的非物质性,是知识产权的本质属性,这是其与其他有形财产所有权最根本的区别。

(2)知识产权的法定性。知识产权的法定性是指知识产权的范围和产生由法律规定。知识产权的法定性是由无形性决定的。由于其没有形体,因此其可以同时为多个主体所共同占有,很难为拥有者所完全控制,因此,知识产权必须通过法律加以确认。

(3)知识产权的专有性。专有性即排他性。知识产权的专有性主要体现在两个方面:一是知识产权为权利人所独占,权利人垄断这种专有权并受到严格保护,没有法律规定或未经权利人许可,任何人不得使用权利人的知识产品;二是对同一项知识产品,不允许有两个或两个以上的主体同时对同一属性的知识产品享有权利。

(4)知识产权的地域性。知识产权作为专有权在空间上的效力并不是无限的,而要受到地域的限制,其效力仅限于本国境内。按照一国法律获得承认和保护的知识产权,只能在该国发生法律效力。

(5)知识产权的时间性。知识产权作为一种民事权利,有时间上的限制。知识产权只在法律规定的期限内受到保护,一旦超过法律规定的有效期限,这一权利就自行消灭,而其客体就会成为整个社会的共同财富,为全人类所共同使用。

二、知识产权的分类

根据不同的划分标准,对知识产权有不同的分类。

(一)按权利发生的领域分类

以权利发生的领域为划分依据,知识产权可分为著作权与工业产权。这种划分方式与《保护工业产权巴黎公约》、《保护文学和艺术作品伯尔尼公约》这两个最早的国际公约有很大关系。《保护文学和艺术作品伯尔尼公约》是最早规范著作权的国际公约。著作权也称版权,是指作者及其他权利人对文学、艺术和科学作品享有的人身权和财产权的总称。著作权分为著作人格权与著作财产权。按照《保护工业产权巴黎公约》的规定,工业产权包括发明、实用新型、外观设计、商标、服务标记、厂商名称、货源标记、原产地名称以及制止不正当竞争的权利。工业产权,是指人们依法对应用于商品生产和流通中的创造发明和显著标记等智力成果,在一定地区和期限内享有的专有权。在我国,工业产权主要是指商标专用权和专利权。在经济法范围,一般只阐述工业产权制度。

(二)按权利价值的来源分类

以权利价值的来源为划分依据,知识产权可分为创造性成果权与识别性标志权。创造性成果权包括发明专利权、实用新型专利权、集成电路布图设计权、植物新品种权、工业品外观设计权、著作权和邻接权、计算机软件权、商业秘密权等。识别性标志权包括商标权、商号权、地理标记权等。

此外,依知识产权的内容是人身性的还是财产性的,可分为人身性知识产权(如著作权中的署名权)与财产性知识产权(如专利权);依知识产权的存续有无期限,可分为有期限的知识产权(如专利权)与无期限的知识产权(如商业秘密权)等。

三、知识产权法的概念和调整对象

(一)知识产权法的概念

知识产权法,是指调整在创造、利用智力成果和商业标记过程中所产生的各种权利义务关系的法律规范的总称。

我国没有专门就知识产权制定统一的法律,而是在《民法通则》规定的总的指导原则下,根据知识产权的不同类型制定了不同的单项法律、法规以及规章,这些法律、法规和规章共同构成了我国知识产权的法律体系。

(二)知识产权法的调整对象

知识产权法的调整对象包括以下四个方面:

(1)因智力成果的创造与知识产权的授予而引起的社会关系。例如,发明人完成一项发明之后,欲取得专利权,就必须向国家有关机构提出申请从而最终获得专利权。知识产权法在这一过程中调整发生在发明人之间、发明人与申请人之间、申请人与审批机构之间的社会关系,主要解决权利的产生与归属问题。

(2)因智力成果的利用和交换而引起的社会关系。这种关系是发生在智力成果的权利人与被许可人、转让人与受让人之间的横向关系,主要表现为智力成果的许可使用与转让等。

(3)因知识产权受到侵害和救济而引起的社会关系。这种关系主要发生在知识产权权利人与侵权人之间,主要表现为损害赔偿关系。

(4)因知识产权的管理而产生的社会关系。设立专门的知识产权管理机构对知识产权进行管理,包括引导权利人正确行使权利、履行义务,对相关纠纷进行行政调解,对违法行为加以处罚。这种知识产权管理关系,可以发生在一切与知识产权有关的民事主体与国家管理知识产权的行政主体之间。

第二节　商标法律制度

一、商标概述

(一)商标的概念和特征

商标是指将文字、图形、字母、数字、三维标志和颜色组合,以及上述要素的组合,使用于一定的商品或者服务项目,用以区别商标使用者与同类商品的生产经营者或者同类服务业经营者的显著标记。商标具有如下特征:

(1)商标主要是由文字、图形或文字与图形结合而组成的标记。商标的构成具有多样性,凡能够将一企业的商品或者服务与另一企业的商品或者服务加以区别的任何标志或者标志的组合,均能构成一项商标。

(2)商标是使用于商品或者服务的显著标记。商标依附于商品或者服务而存在,其使用具有商业意义和商业价值。

(3)商标是代表特定商品生产者、经销者或者服务提供者的专用符号。商标具有识别性和表彰性功能。商标的识别性功能,使消费者能够根据各自的需要认牌购货、认牌消费;商标的表彰性功能,代表着特定经营者的商业信誉、市场竞争能力和地位。

(4)商标是附于商品表面或包装或者标在与所提供的服务相关的物品上的具有显著特征的简洁符号。商标是经过人的设计,人为地、有意识地置于商品外表或包装上的显著标记;同时商标又是一种具有显著特征的简洁符号,便于识别,能够借以指代某一特定的经营者所经营的商品或者服务。

(二)商标的分类

根据不同的划分标准,可以将商标分成不同的种类:

1. 根据商标的结构,分为文字商标、图形商标、数字商标、三维商标以及组合商标

文字商标是以文字为主组成的商标,如“白玉”牙膏等。图形商标是指用图形构成的商标,如上海老城隍庙工艺品商店就是以城隍庙的图形作为商标。数字商标是以阿拉伯数字组成的

商标，如“555”等。三维商标即立体商标，如某酒瓶的包装等。组合商标是以文字、图形、数字等组合起来的商标，它可以是上述要素的组合，也可以是其中两个或几个要素的组合。

2. 根据商标的用途，分为商品商标和服务商标

商品商标是用于生产和销售的商品的标记。服务商标是用于服务行业以便与其他服务行业相区别的标记。

3. 根据商标的作用和功能，分为证明商标、集体商标、防御商标和联合商标

证明商标是指由对某种商品或者服务具有监督能力的组织所控制，而由该组织以外的单位或者个人使用于其商品或者服务，用以证明该商品或者服务的原产地、原料、制造方法、质量或者其他特定品质的标志。集体商标是指以团体、协会或者其他组织名义注册，供该组织成员在商事活动中使用，以表明使用者在该组织中的成员资格的标志。防御商标是将同一商标注册在不同的商品或服务上，构成一个防御体系，以防止他人在不同商品或服务上使用该商标给消费者造成混淆。联合商标是指在相同或类似商品或服务上注册的与已注册商标相近似的商标。

4. 根据商标在相关市场上的知名度，分为驰名商标、著名商标和知名商标

驰名商标是指由商标局认定的、在市场上享有较高声誉并为相关公众所熟知的商标。著名商标是指由省级工商行政管理部门认可的、在该行政区划范围内具有较高声誉和市场知名度的商标。知名商标是指由市一级工商行政管理部门认可的、在该行政区划范围内具有较高声誉和市场知名度的商标。

5. 根据商标的法律形态，分为注册商标和未注册商标

注册商标是指经国家商标主管机关核准注册而使用的商标。注册商标所有人享有商标专用权，当注册商标被他人假冒使用、构成商标侵权，商标权人可以请求非法使用人承担法律责任。未注册商标，又称为非注册商标，是指未经国家商标主管机关核准注册而自行使用的商标。未注册商标不享有商标的专用权，不受国家法律保护。使用的未注册商标不得在相同或类似商品和服务上与他人已注册商标相同或近似。

二、商标法的概念

商标法是指调整商标的组成、注册、使用、管理和商标专用权的保护等的法律规范的总称。商标法有广义和狭义之分。

狭义的商标法仅指全国人民代表大会常务委员会通过的《中华人民共和国商标法》（以下简称《商标法》）。该法于 1982 年 8 月 23 日第五届全国人民代表大会常务委员会第二十四次会议通过，根据 1993 年 2 月 22 日第七届全国人民代表大会常务委员会第三十次会议《关于修改〈中华人民共和国商标法〉的决定》第一次修正，根据 2001 年 10 月 27 日第九届全国人民代表大会常务委员会第二十四次会议《关于修改〈中华人民共和国商标法〉的决定》第二次修正，根据 2013 年 8 月 30 日第十二届全国人民代表大会常务委员会第四次会议《关于修改〈中华人民共和国商标法〉的决定》第三次修正。

广义的商标法除《商标法》外，还包括国家有关法律、行政法规和规章中关于商标的法律规范，如《商标法实施条例》、《驰名商标认定和保护规定》、《商标代理管理办法》、《商标印制管理办法》等。我国参加缔结的有关商标权国际保护方面的条约、协定，经批准公布具有国内法效力的，也属于广义的商标法的范畴。

三、商标权概述

(一)商标权的概念

商标权是指商标所有人对其商标拥有的独占的、排他的权利。由于我国在商标权的取得方面实行的是注册原则,因此,商标权实际上是因商标所有人申请、经政府主管部门确认的专有权利,即因商标注册而产生的权利。从权利的性质上看,商标权与所有权一样,属于绝对权的范围,即权利主体对其注册商标享有完全的使用权和排他的权利。从权利的特征上看,商标权与一般知识产权一样,具有无形性、法定性、专有性、地域性和时间性。

(二)商标权的主体

商标权的主体是指通过法定程序,在自己生产、制造、加工、拣选、经销的商品或者提供的服务上享有商标专用权的人。根据《商标法》的规定,商标权的主体范围包括自然人、法人或者其他组织。

自然人、法人或者其他组织对其生产、制造、加工、拣选或者经销的商品,需要取得商标专用权的,应当向商标局申请商品商标注册;自然人、法人或者其他组织对其提供的服务项目,需要取得商标专用权的,应当向商标局申请服务商标注册。两个以上自然人、法人或者其他组织可以共同向商标局申请注册同一商标,共同享有和行使该商标专用权。

(三)商标权的客体

商标权的客体是指经商标局核准注册的商标,即注册商标。注册商标包括商品商标、服务商标和集体商标、证明商标。

《商标法》规定,任何能够将自然人、法人或者其他组织的商品与他人的商品区别开的标志,包括文字、图形、字母、数字、三维标志、颜色组合和声音等,以及上述要素的组合,均可以作为商标申请注册。由此可见,气味标志不能成为注册商标,但新《商标法》规定声音可作为商标申请注册。依据《商标法》规定,申请注册的商标,应当有显著特征,便于识别,并不得与他人在先取得的合法权利相冲突。商标具备的这种显著性,可以通过两种方式产生:一是商标本身具有显著性;二是通过长期的使用获得商标的显著性。

根据《商标法》的规定,下列标志不得作为商标使用:(1)同中华人民共和国的国家名称、国旗、国徽、军旗、勋章相同或者近似的,以及同中央国家机关所在地特定地点的名称或者标志性建筑物的名称、图形相同的;(2)同外国的国家名称、国旗、国徽、军旗相同或者近似的,但该国政府同意的除外;(3)同政府间国际组织的名称、旗帜、徽记相同或者近似的,但经该组织同意或者不易误导公众的除外;(4)与表明实施控制、予以保证的官方标志、检验印记相同或者近似的,但经授权的除外;(5)同"红十字"、"红新月"的名称、标志相同或者近似的;(6)带有民族歧视性的;(7)带有欺骗性,容易使公众对商品的质量等特点或者产地产生误认的;(8)有害于社会主义道德风尚或者有其他不良影响的;(9)县级以上行政区划的地名或者公众知晓的外国地名,但地名具有其他含义或者作为集体商标、证明商标组成部分的除外,已经注册的使用地名的商标继续有效。

下列标志不得作为商标注册:(1)仅有本商品的通用名称、图形、型号的;(2)仅直接表示商品的质量、主要原料、功能、用途、重量、数量及其他特点的;(3)缺乏显著特征的。上述所列标志经过使用取得显著特征,并便于识别的,可以作为商标注册。

四、商标注册的申请和审查核准

(一)商标注册的申请

1. 商标注册申请的原则

(1)申请在先原则

两个或者两个以上的申请人,先后在同一或类似商品或者服务上,以相同或类似的商标申请注册的,商标权授予申请在先的人。申请先后的确定以申请日为准。两个或者两个以上的申请人,在同一或类似商品或者服务上,以相同或类似的商标在同一天申请注册的,商标权授予使用在先的人。对于使用在先的认定,由申请人自己在接到商标局通知后30日内提交第一次使用该商标的日期的证明,同日使用或均未使用的,由各申请人进行协商,协商不成的,由商标局裁定。

(2)优先权原则

优先权原则是商标权取得程序中的一项重要原则。根据《商标法》的规定,商标注册申请程序中优先权表现在两个方面:

一是商标注册申请人自其商标在外国第一次提出商标注册申请之日起6个月内,又在中国就相同商品以同一商标提出商标注册申请的,依照该外国同中国签订的协议或者共同参加的国际条约,或者按照相互承认优先权原则,可以享有优先权。申请人依照上述情形要求优先权的,应当在提出商标注册申请的时候提出书面声明,并且在3个月内提交第一次提出的商标注册申请文件的副本;未提出书面声明或者逾期未提交商标注册申请文件副本的,视为未要求优先权。

二是商标在中国政府主办的或者承认的国际展览会展出的商品上首次使用的,自该商品展出之日起6个月内,该商标的注册申请人可以享有优先权。申请人依照上述情形要求优先权的,应当在提出商标注册申请的时候提出书面声明,并且在3个月内提交展出其商品的展览会名称、在展出商品上使用该商标的证据、展出日期等证明文件;未提出书面声明或者逾期未提交证明文件的,视为未要求优先权。

(3)申请注册和使用商标,应当遵循诚实信用原则

新《商标法》增加诚实信用原则条款。将民事活动应遵循的基本原则明确写入《商标法》,目的在于倡导市场主体从事有关商标的活动时应诚实守信,同时对当前日益猖獗的商标抢注行为予以规制。可以预见的是,该条款将在日后的商标确权以及维权案件中作为兜底性条款被大量适用。

2. 商标注册申请的方法

(1)按规定的商品分类表填报使用商标的商品类别和商品名称。商品分类表是划分商品或服务类别和进行商标注册管理的重要依据。我国1988年11月1日开始采用《尼斯协定》的商品分类表申请商标注册,1994年加入尼斯同盟。该协定将商品和服务分为45类,其中34类商品、11类服务项目,覆盖了1万多个商品和服务项目。

(2)商标注册申请人可以通过一份申请就多个类别的商品申请注册同一商标。

(3)注册商标需要改变其标志的,应当重新提出注册申请。

(4)注册商标需要变更注册人的名义、地址或者其他注册事项的,应当提出变更申请。

另外,新《商标法》第十五条增加第二款:"就同一种商品或者类似商品申请注册的商标与他人在先使用的未注册商标相同或者近似,申请人与该他人具有前款规定以外的合同、业务往

来关系或者其他关系而明知该他人商标存在，该他人提出异议的，不予注册。”

3. 商标注册申请的期限

商标注册的申请日期，以商标局收到申请文件的日期为准。申请手续齐全并按照规定填写申请文件的，商标局予以受理并书面通知申请人；申请手续不齐全或者未按照规定填写申请文件的，商标局不予受理，书面通知申请人并说明理由。

两个或者两个以上的申请人，在同一种商品或者类似商品上，分别以相同或者近似的商标在同一天申请注册的，各申请人应当自收到商标局通知之日起30日内提交其申请注册前在先使用该商标的证据。同日使用或者均未使用的，各申请人可以自收到商标局通知之日起30日内自行协商，并将书面协议报送商标局；不愿协商或者协商不成的，商标局通知各申请人以抽签的方式确定一个申请人，驳回其他人的注册申请。商标局已经通知但申请人未参加抽签的，视为放弃申请，商标局应当书面通知未参加抽签的申请人。

(二)商标注册的审查核准

商标注册的审查核准，是商标主管机关就申请注册的商标是否符合《商标法》的规定所进行的一系列活动。主要包括形式审查、实质审查、公告核准阶段。对于有争议的商标，还可能发生复审或者裁定。

1. 形式审查

商标局收到商标注册申请文件后，应当首先进行形式审查。形式审查的内容主要包括：申请手续是否齐备；申请人是否具备申请资格；申请文件是否齐全，填写是否正确；是否按规定缴纳了申请注册费；等等。经过形式审查，凡符合规定的，商标局予以受理，编定申请号，发给受理通知书。对于申请手续不齐备或者未按规定填写申请文件的，予以退回，申请日期不予保留。对于申请手续和申请文件基本符合规定，但需要补正的，通知予以补正。在规定期限内补正的，保留申请日期；未在规定期限内补正的，予以退回，申请日期不予保留。

2. 实质审查

商标局对受理的申请，依照《商标法》的规定进行实质审查。实质审查的内容主要包括：申请注册的商标是否具有显著特征，便于识别；申请注册的商标是否与已注册在相同或类似商品或服务上的商标相同或近似；申请注册的商标是否违背《商标法》的禁止规定；等等。

3. 公告核准

申请注册的商标，凡符合《商标法》规定的，由商标局初步审定，予以公告。对于两个或者两个以上的商标注册申请人，在同一种商品或者类似商品上，以相同或者近似的商标申请注册的，初步审定并公告申请在先的商标；同一天申请的，初步审定并公告使用在先的商标，驳回其他人的申请，不予公告。申请注册的商标，凡不符合《商标法》规定的，由商标局驳回申请，不予公告。对初步审定的商标，自公告之日起3个月内，任何人均可以提出异议，公告期满无异议的，予以核准注册，发给商标注册证，并予以公告。此外，商标局认为商标注册申请内容应当修正的，发给审查意见书，限其在收到通知之日起15日内予以修正；未作修正的、超过期限修正或者修正后仍不符合《商标法》规定的，驳回申请，发给申请人驳回通知书。

4. 复审或者裁定

对驳回申请、不予公告的商标，商标局应当书面通知商标注册申请人。商标注册申请人不服的，可以自收到通知之日起15日内向商标评审委员会申请复审，由商标评审委员会作出决定，并书面通知申请人。当事人对商标评审委员会的决定不服的，可以自收到通知之日起30日内向人民法院起诉。

对初步审定予以公告的商标提出异议的，商标局应当听取异议人和被异议人陈述事实和理由，经调查核实后，作出裁定。当事人不服的，可以自收到通知之日起 15 日内向商标评审委员会申请复审，由商标评审委员会作出裁定，并书面通知异议人和被异议人。当事人对商标评审委员会的裁定不服的，可以自收到通知之日起 30 日内向人民法院起诉。人民法院应当通知商标复审程序的对方当事人作为第三人参加诉讼。当事人在法定期限内对商标局作出的裁定不申请复审，或者对商标评审委员会作出的裁定不向人民法院起诉的，裁定生效。经裁定异议不能成立的，予以核准注册，发给商标注册证，并予以公告；经裁定异议成立的，不予核准注册。经裁定异议不能成立而核准注册的，商标注册申请人取得商标专用权的时间自初审公告 3 个月期满之日起计算。

五、注册商标的变更、续展和转让

（一）注册商标的变更

注册商标的变更是指注册商标所有人依法变更注册商标事项的行为。

根据《商标法》及其实施条例的规定，变更商标注册人名义、地址或者其他注册事项的，应当向商标局提交变更申请书。商标局核准后，发给商标注册人相应证明，并予以公告；不予核准的，应当书面通知申请人并说明理由。

（二）注册商标的续展

注册商标的续展是指注册商标所有人在商标注册有效期届满前后的一定时间内，依法办理一定手续延长其注册商标有效期的制度。

根据《商标法》的规定，注册商标的有效期为 10 年，自核准注册之日起计算。注册商标有效期满，需要继续使用的，应当在期满前 12 个月内申请续展注册；在此期间未能提出申请的，可以给予 6 个月的宽展期。宽展期满仍未提出申请的，注销其注册商标。续展注册可以无限制地重复进行，每次续展注册的有效期为 10 年，自该商标上一次有效期满次日起计算。

（三）注册商标的转让

注册商标的转让是指注册商标所有人依法将因注册商标产生的商标权转让给他人的行为。注册商标转让后，原注册商标所有人不再享有该注册商标的专用权，受让人成为该注册商标的所有人，享有商标专用权。

根据《商标法》的规定，转让注册商标的，转让人和受让人应当签订转让协议，并共同向商标局提出申请。受让人应当保证使用该注册商标的商品质量。转让注册商标经商标局核准后，发给受让人相应证明，并予以公告。受让人自公告之日起享有商标专用权。

六、对注册商标使用的管理

（一）对使用注册商标的管理

使用注册商标，有下列行为之一的，由商标局责令限期改正或者撤销其注册商标：(1)自行改变注册商标的；(2)自行改变注册商标的注册人名义、地址或者其他注册事项的；(3)自行转让注册商标的；(4)连续 3 年停止使用的。

对商标局撤销注册商标的决定，当事人不服的，可以自收到通知之日起 15 日内向商标评审委员会申请复审，由商标评审委员会作出决定，并书面通知申请人。当事人对商标评审委员会的决定不服的，可以自收到通知之日起 30 日内向人民法院起诉。

(二)监督使用注册商标的商品质量

使用注册商标,其商品粗制滥造、以次充好、欺骗消费者的,由各级工商行政管理部门分别不同情况,责令限期改正,并可予以通报或者处以罚款,或者由商标局撤销其注册商标。所处罚款的数额为非法经营额20%以下或者非法获利2倍以下。

(三)对必须使用注册商标的商品的管理

对按照国家规定必须使用注册商标的商品,未申请注册而在市场销售的,由地方工商行政管理部门责令限期申请注册,可以并处非法经营额10%以下的罚款。

七、注册商标专用权的保护

(一)注册商标专用权的保护范围

根据《商标法》的规定,注册商标的专用权,以核准注册的商标和核定使用的商品为限。我国《商标法实施条例》规定,注册商标中含有的本商品的通用名称、图形、型号,或者直接表示商品的质量、主要原料、功能、用途、重量、数量及其他特点,或者含有地名,注册商标专用权人无权禁止他人正当使用。

(二)侵犯注册商标专用权的行为及其法律责任

1. 侵犯注册商标专用权的行为

根据《商标法》的规定,有下列行为之一的,均属侵犯注册商标专用权:(1)未经商标注册人的许可,在同一种商品或者类似商品上使用与其注册商标相同或者近似的商标的;(2)销售侵犯注册商标专用权的商品的;(3)伪造、擅自制造他人注册商标标识或者销售伪造、擅自制造的注册商标标识的;(4)未经商标注册人同意,更换其注册商标并将该更换商标的商品又投入市场的;(5)故意为侵犯他人注册商标专用权行为提供便利条件、帮助他人实施侵犯注册商标专用权行为的;(6)给他人的注册商标专用权造成其他损害的。

2. 侵犯注册商标专用权的法律责任

(1)民事责任

民事责任主要包括停止侵害、消除影响、赔偿损失等。其中,根据《商标法》的规定,侵犯商标专用权的赔偿数额,为侵权人在侵权期间因侵权所获得的利益,或者被侵权人在被侵权期间因被侵权所受到的损失,包括被侵权人为制止侵权行为所支付的合理的开支,如权利人或者委托代理人对侵权行为进行调查、取证的费用等。上述所称侵权人因侵权所得利益,或者被侵权人因被侵权所受损失难以确定的,由人民法院根据侵权行为的情节判决给予50万元以下的赔偿。销售不知道是侵犯注册商标专用权的商品,能证明该商品是自己合法取得的并说明提供者的,不承担赔偿责任。

新《商标法》引入了惩罚性赔偿制度,规定对恶意侵犯商标专用权且情节严重的,可以在权利人因被侵权受到的损失、侵权人因侵权获得的利益或者注册商标使用许可费的1～3倍的范围内确定赔偿数额。同时,新《商标法》还将在上述三种依据都无法查清的情况下法院可以酌情决定的法定赔偿额上限从50万元提高到300万元。

(2)行政责任

行政责任主要包括:①责令立即停止侵权行为。②没收、销毁侵权商品和专门用于制造侵权商品、伪造注册商标标识的工具。③罚款。根据规定,工商行政管理部门可以根据情节处以非法经营额20%以下或者非法获利2倍以下的罚款;对侵犯注册商标专用权的单位的直接责任人员,可根据情节处以1万元以下的罚款。

(3)刑事责任

刑事责任主要包括：

①未经注册商标所有人许可，在同一种商品上使用与其注册商标相同的商标，情节严重的，处3年以下有期徒刑或者拘役，并处或者单处罚金；情节特别严重的，处3年以上7年以下有期徒刑，并处罚金。

②销售明知是假冒注册商标的商品，销售金额数额较大的，处3年以下有期徒刑或者拘役，并处或者单处罚金；销售金额数额巨大的，处3年以上7年以下有期徒刑，并处罚金。

③伪造、擅自制造他人注册商标标识或者销售伪造、擅自制造的注册商标标识，情节严重的，处3年以下有期徒刑、拘役或者管制，并处或者单处罚金；情节特别严重的，处3年以上7年以下有期徒刑，并处罚金。

八、驰名商标

(一)驰名商标的概念

驰名商标是指在中国为相关公众所熟知并享有较高声誉的商标。驰名商标能给国家和企业带来巨大的经济效益，驰名商标的多少，在一定程度上表现了一个国家的经济实力和水平。保护驰名商标有利于维护社会经济秩序，保护驰名商标权人的合法权益，保护消费者的利益。

(二)驰名商标的认定

驰名商标由商标局、商标评审委员会、人民法院认定，任何组织和个人不得认定或者采取其他变相方式认定驰名商标。根据《商标法》的规定，认定驰名商标，应当考虑下列因素：(1)相关公众对该商标的知晓程度；(2)该商标使用的持续时间；(3)该商标的任何宣传工作的持续时间、程度和地理范围；(4)该商标作为驰名商标受保护的记录；(5)该商标驰名的其他因素。商标局、商标评审委员会在认定驰名商标时，应当综合考虑上述各项因素，但不以该商标必须满足上述规定的全部因素为前提。

(三)驰名商标的保护

我国《商标法》规定，就相同或者类似商品申请注册的商标是复制、摹仿或者翻译他人未在中国注册的驰名商标，容易导致混淆的，不予注册并禁止使用；就不相同或者不相类似商品申请注册的商标是复制、摹仿或者翻译他人已经在中国注册的驰名商标，误导公众，致使该驰名商标注册人的利益可能受到损害的，不予注册并禁止使用。根据这个规定，驰名商标的保护范围扩大了。

第三节　专利法律制度

一、专利制度的基本理论

(一)专利权的概念

专利权，是指专利权人在法定期限内对其发明创造成果享有的专有权利。它是国家专利行政部门授予发明人或申请人生产经营其发明创造并禁止他人生产经营其发明创造的某种特权，是对发明创造的独占的排他权。作为知识产权之一的专利权，具有知识产权所具有的各项特征。

(二)专利法的概念和调整对象

1. 专利法的概念

专利法是指调整因发明创造的开发、实施及其保护等发生的各种社会关系的法律规范的总称。

专利法有广义和狭义之分。狭义的专利法仅指全国人民代表大会常务委员会通过的《中华人民共和国专利法》(以下简称《专利法》)。该法于1984年3月12日第六届全国人民代表大会常务委员会第四次会议通过,根据1992年9月4日第七届全国人民代表大会常务委员会第二十七次会议《关于修改〈中华人民共和国专利法〉的决定》第一次修正,根据2000年8月25日第九届全国人民代表大会常务委员会第十七次会议《关于修改〈中华人民共和国专利法〉的决定》第二次修正,根据2008年12月27日第十一届全国人民代表大会常务委员会第六次会议《关于修改〈中华人民共和国专利法〉的决定》第三次修正。

广义的专利法除《专利法》外,还包括国家有关法律、行政法规和规章中关于专利的法律规范,如《专利法实施细则》、《专利代理条例》、《专利行政执法办法》等。我国参加缔结的有关专利权国际保护方面的条约、协定,经批准公布具有国内法效力的,也属于广义的专利法的范畴。

2. 专利法的调整对象

专利法的调整对象是指因发明创造的开发、实施及其保护等发生的各种社会关系。具体包括以下内容:

(1)因确认发明创造的归属而发生的社会关系。发明创造专利申请权的归属,直接关系到专利权的归属,因此,对专利申请权的确认是一个重要而复杂的法律问题。一般情况下,只有享有专利申请权的公民、法人或者其他组织,才能就其发明创造申请专利,从而获得专利权。

(2)因授予发明创造专利权而发生的社会关系。一项发明创造能否获得专利权以及如何取得专利权,涉及许多方面的关系,如发明人或设计人与专利申请人之间的关系、专利申请人与专利行政部门之间的关系、专利申请人与公众之间的关系等,都属于专利法的调整范围。

(3)因发明创造专利的实施、转让或者许可实施而发生的社会关系。一项发明创造被批准为专利并产生专利权后,专利权人总希望通过各种途径将其专利付诸实施或者进行转让,使之转化为生产力,并获得利润,由此而产生的社会关系,属于专利法调整的对象。

(4)因发明创造专利权的保护而发生的社会关系。专利权人对其专利依法享有独占权,并有权禁止他人未经许可而以营利为目的实施其专利。一旦发生侵权行为,便在专利权人与侵权行为人之间、专利权人与专利行政部门或者人民法院之间发生各种社会关系,这些社会关系也是专利法的调整对象。

二、专利权的主体

专利权的主体是指具体参加特定的专利权法律关系并享有专利权的人。根据《专利法》的规定,发明人或者设计人、职务发明创造的单位、外国人和外国企业或者外国其他组织都可以成为专利权的主体。

(一)发明人或者设计人

《专利法》所称发明人或者设计人,是指对发明创造的实质性特点作出创造性贡献的人。在完成发明创造过程中,只负责组织工作的人、为物质技术条件的利用提供方便的人,或者从事其他辅助工作的人,不是发明人或者设计人。

与发明人或者设计人相关的一个概念是专利申请人。专利申请人是指有资格就发明创造向专利行政部门申请专利的人,或者是已经向专利行政部门提出专利申请的自然人或法人。专利申请人可以是发明人、设计人,也可以不是发明人、设计人。发明人或者设计人的发明创造属于非职务发明创造，申请专利的权利属于发明人或者设计人，申请被批准后，该发明人或者设计人为专利权人。

发明人或者设计人有权在专利文件中写明自己是发明人或者设计人。专利权人有权在其专利产品或者该产品的包装上标明专利标识。

（二）职务发明创造的单位

职务发明创造是指发明人或者设计人执行本单位的任务，或者主要是利用本单位的物质技术条件所完成的发明创造。凡是不能被证明为职务发明创造的，为非职务发明创造。

根据《专利法》及其实施细则的规定，发明人或者设计人作出的发明创造，凡符合下列条件之一的，均属于职务发明创造：

(1)在本职工作中作出的发明创造。

(2)履行本单位交付的本职工作之外的任务所作出的发明创造。

(3)退休、调离原单位后或者劳动、人事关系终止后1年内作出的，与其在原单位承担的本职工作或者原单位分配的任务有关的发明创造。

(4)主要利用本单位的物质技术条件完成的发明创造。

对于职务发明创造，申请专利的权利属于该单位，申请被批准后，该单位为专利权人。利用本单位的物质技术条件所完成的发明创造，单位与发明人或者设计人订有合同，对申请专利的权利和专利权的归属作出约定的，从其约定。

（三）共同发明人（设计人）

两个以上单位或者个人合作完成的发明创造、一个单位或者个人接受其他单位或者个人委托所完成的发明创造，除另有协议的以外，申请专利的权利属于完成或者共同完成的单位或者个人；申请被批准后，申请的单位或者个人为专利权人。

三、专利权的客体

专利权的客体，也称专利法保护的对象，是指可以获得专利法保护的发明创造。我国《专利法》规定的发明创造是指发明、实用新型和外观设计。

（一）发明

1. 发明的概念和特征

发明是指对产品、方法或者其改进所提出的新的技术方案。

发明具有如下两个特征：

(1)发明是利用自然规律而进行的创造。自然规律是脱离人的思维而独立存在的客观事物，发明则是在利用自然规律的基础上进行的一种创造。发明与发现不同，发现是对自然规律本身的新的认识，并不是利用，因此发现不能称为发明。

(2)发明是具体的技术方案。发明应能够解决特定的技术难题，必须产生一定的技术效果，具有一定的实用性。

2. 发明的分类

(1)产品发明。产品发明是指用发明人所提供的解决特定问题的技术方案直接生产的产品，如电灯、电话、机器、设备、仪器仪表、新的合金物质等发明。没有经过人力的加工、属于自然状态的物质不是产品发明，如天然宝石、矿物质等。产品发明取得专利权后，称为产品专利，产品专利只保护产品本身，不保护该产品的制造方法。

(2)方法发明。方法发明是指为制造产品或者解决某个技术问题而创造的操作方法和技术过程。此处的“方法”,可以是化学方法、机械方法、通信方法以及工艺规定的顺序所描述的方法,比如造纸方法、炼钢方法、印刷方法等。方法发明取得专利权后,称为方法专利。

(3)改进性发明。改进性发明是指在现有技术的基础上,在保持其独特性质的前提下,又改善了其性能并使之具有新的功效的改进技术方案。与首创性发明相比,改进性发明对前人的技术成果的依赖性较强。绝大多数发明都属于改进性发明。

(二)实用新型

实用新型是指对产品的形状、构造或者其结合所提出的适于实用的新的技术方案。实用新型与发明虽然同属于专利法保护的发明创造,但两者也存在许多区别:

(1)两者保护的范围不同。发明专利保护的范围宽于实用新型专利。发明既可以是产品,也可以是方法;实用新型仅限于产品,不包括方法。发明的产品没有任何特殊要求;实用新型的产品要求具有固定的形状或构造。

(2)两者对创造性要求不同。发明专利要求的创造性高于实用新型专利。《专利法》规定,发明专利的创造性是指与现有技术相比,具有突出的实质性特点和显著的进步;实用新型专利的创造性是指与现有技术相比,具有实质性特点和进步。

(3)两者的审查程序不同。发明专利既要对发明专利申请进行形式审查,还要对发明专利的内容进行实质审查;实用新型专利采用形式审查制度,即只审查形式内容而不审查实质内容。

(4)两者的保护期限不同。《专利法》规定,发明专利权的保护期限为20年;而实用新型专利的保护期限为10年。

(三)外观设计

外观设计是指对产品的形状、图案或者其结合以及色彩与形状、图案的结合所作出的富有美感并适于工业应用的新设计。

外观设计具有如下特征:

(1)外观设计必须与产品相结合。外观设计是产品的外观设计,外观设计必须以产品的外表为依托,构成产品与设计的组合。

(2)外观设计必须能在产业上应用。外观设计必须能够用于生产经营目的的制造或生产。如果设计不能用工业的方法复制出来,或者达不到批量生产的要求,就不是专利法意义上的外观设计。

(3)外观设计富有美感。外观设计包含的是美术思想,即解决产品的视觉效果问题,而不是技术思想。这一点与实用新型相区别。

四、专利权人的权利与义务

(一)专利权人的权利

1. 独占实施权

独占实施权包括以下两个方面:

(1)专利权人自己实施其专利的权利,即专利权人对其专利产品依法享有的进行制造、使用、销售、允许销售的专有权利,或者专利权人对其专利方法依法享有的专有使用权以及对依照该专利方法直接获得的产品的专有使用权和销售权。

(2)专利权人禁止他人实施其专利的特权。除《专利法》另有规定的以外,发明和实用新型专利权人有权禁止任何单位或者个人未经其许可实施其专利,即为生产经营目的的制造、使用、销售、允许销售、进口其专利产品，或者使用其专利方法以及使用、销售、允许销售、进口依照该专利方法直接获得的产品；外观设计专利权人有权禁止任何单位或者个人未经其许可实施其专利，即为生产经营目的制造、销售、进口其外观设计专利产品。

2. 转让权

转让权是指专利权人将其获得的专利所有权转让给他人的权利。转让专利权的，当事人应当订立书面合同，并向国务院专利行政部门登记，由国务院专利行政部门予以公告。专利权的转让自登记之日起生效。中国单位或者个人向外国人转让专利权的，必须经国务院有关主管部门批准。

3. 许可实施权

许可实施权是指专利权人通过实施许可合同的方式，许可他人实施其专利并收取专利使用费的权利。

4. 标记权

标记权即专利权人有权自行决定是否在其专利产品或者该产品的包装上标明专利标记和专利号。

5. 请求保护权

请求保护权是专利权人认为其专利权受到侵犯时，有权向人民法院起诉或请求专利管理部门处理以保护其专利权的权利。保护专利权是专利制度的核心，他人未经专利权人许可而实施其专利，侵犯专利权并引起纠纷的，专利权人可以直接向人民法院起诉，也可以请求管理专利工作的部门处理。

6. 放弃权

专利权人可以在专利权保护期限届满前的任何时候，以书面形式声明或以不缴纳年费的方式自动放弃其专利权。《专利法》规定："专利权人以书面声明放弃其专利权的，专利权在期限届满前终止。"专利权人提出放弃专利权声明后，一经国务院专利行政部门登记和公告，其专利权即可终止。

7. 质押权

根据《担保法》的规定，专利权人还享有将其专利权中的财产权进行出质的权利。

(二)专利权人的义务

依据《专利法》和相关国际条约的规定，专利权人应履行的义务包括：

1. 按规定缴纳专利年费的义务

专利年费又叫专利维持费。《专利法》规定，专利权人应当自被授予专利权的当年开始缴纳年费。

2. 不得滥用专利权的义务

不得滥用专利权是指专利权人应当在法律所允许的范围内选择其利用专利权的方式并适度行使自己的权利，不得损害他人的知识产权和其他合法权益。

五、专利权的授予

(一)专利权的授予条件

1. 发明和实用新型专利权的授予条件

《专利法》规定，授予专利权的发明和实用新型，应当具备新颖性、创造性和实用性。

(1)新颖性

新颖性是指该发明或者实用新型不属于现有技术，也没有任何单位或者个人就同样的发明或者实用新型在申请日以前向国务院专利行政部门提出过申请，并记载在申请日以后公布的专利申请文件或者公告的专利文件中。现有技术是指申请日以前在国内外为公众所知的技术。

我国《专利法》规定，申请专利的发明创造在申请日以前 6 个月内，有下列情形之一的，不丧失新颖性：①在中国政府主办或者承认的国际展览会上首次展出的；②在规定的学术会议或者技术会议上首次发表的；③他人未经申请人同意泄露其内容的。这里所称中国政府承认的国际展览会，是指《国际展览公约》规定的在国际展览局注册或者由其认可的国际展览会；所称学术会议或者技术会议，是指国务院有关主管部门或者全国性学术团体组织召开的学术会议或者技术会议。申请专利的发明创造有上述第①项或者第②项所列情形的，申请人应当在提出专利申请时声明，并自申请日起 2 个月内提交有关国际展览会或者学术会议、技术会议的组织单位出具的有关发明创造已经展出或者发表，以及展出或者发表日期的证明文件。

(2)创造性

创造性是指与现有技术相比，该发明具有突出的实质性特点和显著的进步，该实用新型具有实质性特点和进步。

创造性的衡量标准可以从该发明或者实用新型是否存在“实质性特点”和“进步”而得到判断。

所谓实质性特点，是指发明创造具有一个或几个技术特征，与现有技术相比有本质的区别。因此，凡是发明创造所属技术领域的普通技术人员都不能直接从现有技术中得出构成该发明创造的全部必要技术特征的，都应认为具有实质性特点。在评定一项发明创造是否具有实质性特点时，不仅要考虑技术方案本身的内容，还要考虑它的目的和效果，并把它们作为一个整体来理解。

所谓进步，是指与现有技术相比有所发展和前进，如克服了现有技术存在的缺点和不足，或者具有新的优点或效果，或者代表了某种新的技术趋势。

(3)实用性

实用性是指该发明或者实用新型能够制造或者使用，并且能够产生积极效果。

实用性一般具备三个条件：①具有可实施性。即发明创造必须能够解决技术问题，并且能够在产业中应用，能够制造或者使用。②具有再现性。即所属技术领域的技术人员根据公开的技术内容，能够重复实施专利申请中为解决技术问题所采用的技术方案。③具有有益性。即发明创造能够在经济、技术和社会等领域产生积极和有益的效果。

2. 外观设计专利权的授予条件

(1)新颖性

新颖性是指授予专利权的外观设计，应当不属于现有设计，也没有任何单位或者个人就同样的外观设计在申请日以前向国务院专利行政部门提出过申请，并记载在申请日以后公告的专利文件中。现有设计，是指申请日以前在国内外为公众所知的设计。

(2)创造性

授予专利权的外观设计与现有设计或者现有设计特征的组合相比，应当具有明显区别。

(3)合法性

授予专利权的外观设计不得与他人在申请日以前已经取得的合法权利相冲突。

由于外观设计是产品的一种新设计，是产品外在的东西，其本身并不涉及技术上的创造，因此，对于外观设计授予专利权的条件更多地体现在与同类产品相比是否具有新颖性。根据我国法律的规定，外观设计的新颖性在判断标准上与发明、实用新型的新颖性基本相同。

3. 不授予专利权的例外

《专利法》规定，对下列各项，不授予专利权：

(1)科学发现；

(2)智力活动的规则和方法；

(3)疾病的诊断和治疗方法；

(4)动物和植物品种，不包括动物和植物品种的生产方法；

(5)用原子核变换方法获得的物质；

(6)对平面印刷品的图案、色彩或者两者的结合作出的主要起标识作用的设计。

此外，我国《专利法》还规定，对违反法律、社会公德或者妨害公共利益的发明创造，不授予专利权；对违反法律、行政法规的规定获取或者利用遗传资源，并依赖该遗传资源完成的发明创造，不授予专利权；对专用于伪造货币的方法或者工具的发明创造，不授予专利权；等等。若发明创造本身的目的并不违法，但其实施可能破坏社会公德或者妨害公共利益，如万能钥匙等，这样的发明创造也不能被授予专利权。

(二)专利权的授予原则

1. 先申请原则

先申请原则是指在两个以上的申请人分别就同样的发明创造申请专利的情况下，对先提出申请的申请人授予专利权。《专利法》规定，两个以上的申请人分别就同样的发明创造申请专利的，专利权授予最先申请的人。先申请的判断标准是专利申请日。如果两个以上申请人在同一日分别就同样的发明创造申请专利的，应当在收到专利行政管理部门的通知后自行协商确定申请人。

2. 单一性原则

单一性原则是指一份专利申请文件只能就一项发明创造提出专利申请，即“一申请一发明”原则，具体指：一件发明或者实用新型专利申请应当限于一项发明或者实用新型；一件外观设计专利申请应当限于一项外观设计。但属于一个总的发明构思的两项以上的发明或者实用新型，可以作为一件申请提出。同一产品两项以上的相似外观设计，或者用于同一类别并且成套出售或者使用的产品的两项以上外观设计，可以作为一件申请提出。

《专利法》规定，同一申请人在同日(指申请日)对同样的发明创造既申请实用新型专利又申请发明专利的，应当在申请时分别说明对同样的发明创造已申请了另一专利，未作说明的，依照上述《专利法》关于同样的发明创造只能授予一项专利权的规定处理。

3. 优先权原则

优先权原则是指将专利申请人首次提出专利申请的日期，视为后来一定期限内专利申请人就相同主题在他国或本国提出专利申请的日期。专利申请人依法享有的这种权利称为优先权，享有优先权的首次申请日称为优先权日。

优先权包括外国优先权和本国优先权。外国优先权，是指申请人自发明或者实用新型在外国第一次提出专利申请之日起 12 个月内，或者自外观设计在外国第一次提出专利申请之日起 6 个月内，又在中国就相同主题提出专利申请的，依照该外国同中国签订的协议或者共同参加的国际条约，或者依照相互承认优先权的原则，可以享有优先权。本国优先权，是指申请人自发明或者实用新型在中国第一次提出专利申请之日起 12 个月内，又向国务院专利行政部门就相同主题提出专利申请的,可以享有优先权。申请人要求优先权的,应当在申请的时候提出书面声明,并且在3个月内提交第一次提出的专利申请文件的副本;未提出书面声明或者逾期未提交专利申请文件副本的,视为未要求优先权。

(三)专利权的授予程序

1. 专利申请的提出

专利权不能自动取得,申请人必须履行《专利法》规定的专利申请手续,向国务院专利行政部门提交必要的申请文件。以书面形式申请专利的,应当向国务院专利行政部门提交申请文件一式两份。以国务院专利行政部门规定的其他形式申请专利的,应当符合规定的要求。申请人委托专利代理机构向国务院专利行政部门申请专利和办理其他专利事务的,应当同时提交委托书,写明委托权限。申请人有2人以上且未委托专利代理机构的,除请求书中另有声明的外,以请求书中指明的第一申请人为代表人。

根据《专利法》的规定,申请发明或者实用新型专利的,应当提交请求书、说明书及其摘要和权利要求书等文件。请求书应当写明发明或者实用新型的名称,发明人的姓名,申请人姓名或者名称、地址,以及其他事项。说明书应当对发明或者实用新型作出清楚、完整的说明,以所属技术领域的技术人员能够实现为准;必要的时候,应当有附图。摘要应当简要说明发明或者实用新型的技术要点。权利要求书应当以说明书为依据,清楚、简要地限定要求专利保护的范围。依赖遗传资源完成的发明创造,申请人应当在专利申请文件中说明该遗传资源的直接来源和原始来源;申请人无法说明原始来源的,应当陈述理由。这里所称遗传资源,是指取自人体、动物、植物或者微生物等含有遗传功能单位并具有实际或者潜在价值的材料;所称依赖遗传资源完成的发明创造,是指利用遗传资源的遗传功能完成的发明创造。

申请外观设计专利的,应当提交请求书、该外观设计的图片或者照片以及对该外观设计的简要说明等文件。外观设计的简要说明应当写明外观设计产品的名称、用途和外观设计的设计要点,并指定一幅最能表明设计要点的图片或者照片。省略视图或者请求保护色彩的,应当在简要说明中写明。对同一产品的多项相似外观设计提出一件外观设计专利申请的,应当在简要说明中指定其中一项作为基本设计。简要说明不得使用商业性宣传用语,也不能用来说明产品的性能。申请人提交的有关图片或者照片应当清楚地显示要求专利保护的产品的外观设计。

国务院专利行政部门收到专利申请文件之日为申请日。如果申请文件是邮寄的,以寄出的邮戳日为申请日。邮戳日不清晰的,除当事人能够提出证明外,以国务院专利行政部门收到日为申请日。

2. 专利申请的审查批准

(1)发明专利申请的审查批准

①初步审查。国务院专利行政部门收到发明专利申请后,应当进行初步审查。初步审查主要包括以下内容:专利申请是否具备《专利法》规定的申请文件和其他必要的文件,以及这些文件是否符合规定的格式;发明专利申请是否明显属于违反国家法律、社会公德或者妨害公共利益的发明创造;发明专利申请是否明显属于不授予专利权的项目;专利申请人是否符合申请人主体资格;专利申请是否明显不符合申请主题单一性原则;专利申请文件的修改是否符合要求;申请发明专利是否合适;专利申请文件尤其是说明书和权利要求书的撰写是否符合《专利法》规定的格式和内容;等等。

②申请公开。国务院专利行政部门对发明专利申请经初步审查认为符合《专利法》规定要求的,自申请日起满18个月,即行公布。国务院专利行政部门还可以根据申请人的请求早日

公布其申请。自发明专利申请公布之日起至公告授予专利权之日止，任何人均可以对不符合《专利法》规定的专利申请向国务院专利行政部门提出意见，并说明理由。

③实质审查。实质审查是国务院专利行政部门根据申请人的请求，对发明的新颖性、创造性、实用性等实质性条件进行的审查。

发明专利申请人在提出实质审查请求时以及在收到国务院专利行政部门发出的发明专利申请进入实质审查阶段通知书之日起的3个月内，可以对发明专利申请主动提出修改。实用新型或者外观设计专利申请人自申请日起2个月内，可以对实用新型或者外观设计专利申请主动提出修改。申请人在收到国务院专利行政部门发出的审查意见通知书后对专利申请文件进行修改的，应当针对通知书指出的缺陷进行修改。国务院专利行政部门可以自行修改专利申请文件中文字和符号的明显错误。国务院专利行政部门自行修改的，应当通知申请人。

发明专利申请自申请日起3年内，国务院专利行政部门可以根据申请人随时提出的请求，对其申请进行实质审查；申请人无正当理由逾期不请求实质审查的，该申请即被视为撤回。国务院专利行政部门认为必要时，可以自行对发明专利申请进行实质审查。发明专利的申请人请求实质审查的时候，应当提交在申请日前与其发明有关的参考资料。发明专利已经在外国提出过申请的，国务院专利行政部门可以要求申请人在指定的期限内提交该国为审查其申请进行检索的资料或者审查结果的资料；无正当理由逾期不提交的，该申请即被视为撤回。

④授权决定。国务院专利行政部门对发明专利申请进行实质审查后，认为不符合《专利法》规定的，应当通知申请人，要求其在指定的期限内陈述意见，或者对其申请进行修改；无正当理由逾期不答复的，该申请即被视为撤回。发明专利申请经申请人陈述意见或者进行修改后，国务院专利行政部门仍然认为不符合《专利法》规定的，应当予以驳回。发明专利申请经实质审查没有发现驳回理由的，由国务院专利行政部门作出授予发明专利权的决定，发给发明专利证书，同时予以登记和公告。发明专利权自公告之日起生效。

⑤发明专利的复审。国务院专利行政部门设立专利复审委员会。专利申请人对国务院专利行政部门驳回申请的决定不服的，可以自收到通知之日起3个月内向专利复审委员会请求复审。专利复审委员会复审后，作出复审决定，并通知专利申请人。专利申请人对专利复审委员会的复审决定不服的，可以自收到通知之日起3个月内向人民法院起诉。

(2)实用新型和外观设计专利申请的审查批准

国务院专利行政部门受理实用新型和外观设计专利申请后，只进行初步审查，不进行申请公开和实质审查程序。

实用新型和外观设计专利申请经初步审查没有发现驳回理由的，由国务院专利行政部门作出授予实用新型专利权或者外观设计专利权的决定，发给相应的专利证书，同时予以登记和公告。实用新型专利权和外观设计专利权自公告之日起生效。

此外，《专利法》规定，任何单位或者个人将在中国完成的发明或者实用新型向外国申请专利的，应当事先报经国务院专利行政部门进行保密审查。违反规定向外国申请专利的发明或者实用新型，在中国申请专利的，不授予专利权。

六、专利实施的强制许可

专利实施的强制许可，是指国务院专利行政部门依照法定条件和程序颁布的实施专利的一种强制性许可方式。申请人获得这种许可后，不必经专利权人的同意，就可以实施专利。

根据《专利法》的规定，有下列情形之一的，国务院专利行政部门根据具备实施条件的单位或者个人的申请,可以给予实施发明专利或者实用新型专利的强制许可:(1)专利权人自专利权被授予之日起满3年,且自提出专利申请之日起满4年,无正当理由未实施或者未充分实施其专利的;(2)专利权人行使专利权的行为被依法认定为垄断行为,为消除或者减少该行为对竞争产生的不利影响的。依照上述第(1)项规定申请强制许可的单位或者个人应当提供证据,证明其以合理的条件请求专利权人许可其实施专利,但未能在合理的时间内获得许可。

此外,根据《专利法》的规定,可以给予专利实施强制许可的情况还有以下几种:(1)在国家出现紧急状态或者非常情况时,或者为了公共利益的目的,国务院专利行政部门可以给予实施发明专利或者实用新型专利的强制许可。(2)为了公共健康目的,对取得专利权的药品,国务院专利行政部门可以给予制造并将其出口到符合中华人民共和国参加的有关国际条约规定的国家或者地区的强制许可。(3)一项取得专利权的发明或者实用新型比前一已经取得专利权的发明或者实用新型具有显著经济意义的重大技术进步,其实施又有赖于前一发明或者实用新型的实施的,国务院专利行政部门根据后一专利权人的申请,可以给予实施前一发明或者实用新型的强制许可。在依照上述规定给予实施强制许可的情形下,国务院专利行政部门根据前一专利权人的申请,也可以给予实施后一发明或者实用新型的强制许可。依照上述第(3)项规定申请强制许可的单位或者个人应当提供证据,证明其以合理的条件请求专利权人许可其实施专利,但未能在合理的时间内获得许可。

强制许可涉及的发明创造为半导体技术的,其实施限于公共利益的目的和为消除或者减少专利权人行使专利权的垄断行为对竞争产生的不利影响的情形。

请求给予强制许可的,应当向国务院专利行政部门提交强制许可请求书,说明理由并附具有关证明文件。国务院专利行政部门应当将强制许可请求书的副本送交专利权人,专利权人应当在国务院专利行政部门指定的期限内陈述意见;期满未答复的,不影响国务院专利行政部门作出决定。国务院专利行政部门在作出驳回强制许可请求的决定或者给予强制许可的决定前,应当通知请求人和专利权人拟作出的决定及其理由。国务院专利行政部门作出的给予实施强制许可的决定,应当及时通知专利权人,并予以登记和公告。给予实施强制许可的决定,应当根据强制许可的理由规定实施的范围和时间。强制许可的理由消除并不再发生时,国务院专利行政部门应当根据专利权人的请求,经审查后作出终止实施强制许可的决定。

取得实施强制许可的单位或者个人不享有独占的实施权,并且无权允许他人实施。取得实施强制许可的单位或者个人应当付给专利权人合理的使用费,或者依照中华人民共和国参加的有关国际条约的规定处理使用费问题。付给使用费的,其数额由双方协商;双方不能达成协议的,由国务院专利行政部门裁决。

专利权人对国务院专利行政部门关于实施强制许可的决定不服的,专利权人和取得实施强制许可的单位或者个人对国务院专利行政部门关于实施强制许可的使用费的裁决不服的,可以自收到通知之日起3个月内向人民法院起诉。

七、专利权的保护

(一)专利权的保护期限

根据《专利法》的规定,发明专利权的保护期限为20年,实用新型专利权和外观设计专利权的保护期限为10年,均自申请日起计算。

(二)专利权的保护范围

根据《专利法》的规定,发明或者实用新型专利权的保护范围以其权利要求的内容为准,说明书及附图可以用于解释权利要求的内容。外观设计专利权的保护范围以表示在图片或者照片中的该产品的外观设计为准，简要说明可以用于解释图片或者照片所表示的该产品的外观设计。

（三）侵害专利权的行为

根据《专利法》的规定，侵害专利权的行为主要包括以下几种：

（1）未经专利权人许可，实施其专利的行为；

（2）假冒专利的行为；

（3）以非专利产品冒充专利产品、以非专利方法冒充专利方法的行为；

（4）侵夺发明人或者设计人的非职务发明创造专利申请权以及其他权益的行为。

根据《专利法》的规定，有下列情形之一的，不视为侵犯专利权：

（1）专利产品或者依照专利方法直接获得的产品，由专利权人或者经其许可的单位、个人售出后，使用、许诺销售、销售、进口该产品的；

（2）在专利申请日前已经制造相同产品、使用相同方法或者已经做好制造、使用的必要准备，并且仅在原有范围内继续制造、使用的；

（3）临时通过中国领陆、领水、领空的外国运输工具，依照其所属国同中国签订的协议或者共同参加的国际条约，或者依照互惠原则，为运输工具自身需要而在其装置和设备中使用有关专利的；

（4）专为科学研究和实验而使用有关专利的；

（5）为提供行政审批所需要的信息，制造、使用、进口专利药品或者专利医疗器械的，以及专门为其制造、进口专利药品或者专利医疗器械的。

（四）侵害专利权行为的法律责任

侵害专利权行为的法律责任包括民事责任、行政责任和刑事责任。

1. 民事责任

民事责任主要包括停止侵害、赔偿损失、消除影响、恢复名誉等。其中，根据《专利法》的规定，侵犯专利权的赔偿数额按照权利人因被侵权所受到的实际损失确定；实际损失难以确定的，可以按照侵权人因侵权所获得的利益确定。权利人的损失或者侵权人获得的利益难以确定的，参照该专利许可使用费的倍数合理确定。赔偿数额还应当包括权利人为制止侵权行为所支付的合理开支。权利人的损失、侵权人获得的利益和专利许可使用费均难以确定的，人民法院可以根据专利权的类型、侵权行为的性质和情节等因素，确定给予1万元以上100万元以下的赔偿。

为生产经营目的使用、许诺销售或者销售不知道是未经专利权人许可而制造并售出的专利侵权产品，能证明该产品合法来源的，不承担赔偿责任。

2. 行政责任

行政责任主要包括：（1）对未经专利权人许可实施其专利的行为，管理专利工作的部门认定侵权行为成立的，可以责令侵权人立即停止侵权行为。（2）假冒专利的，除依法承担民事责任外，由管理专利工作的部门责令改正并予公告，没收违法所得，可以并处违法所得4倍以下的罚款；没有违法所得的，可以处20万元以下的罚款。（3）管理专利工作的部门根据已经取得的证据，对涉嫌假冒专利行为进行查处时，可以询问有关当事人，调查与涉嫌违法行为有关的情况；对当事人涉嫌违法行为的场所实施现场检查；查阅、复制与涉嫌违法行为有关的合同、发票、账簿以及其他有关资料；检查与涉嫌违法行为有关的产品，对有证据证明是假冒专利的产品，可以查封或者扣押。(4)违反规定向外国申请专利，泄露国家秘密的，由所在单位或者上级主管机关给予行政处分。(5)侵夺发明人或者设计人的非职务发明创造专利申请权和《专利法》规定的其他权益的，由所在单位或者上级主管机关给予行政处分等。

3. 刑事责任

刑事责任只限于假冒他人专利且情节严重的情形。《刑法》第二百一十六条规定，假冒他人专利，情节严重的，处3年以下有期徒刑或者拘役，并处或者单处罚金。根据2004年11月2日最高人民法院审判委员会第1331次会议、2004年11月11日最高人民检察院第十届检察委员会第28次会议通过的《关于办理侵犯知识产权刑事案件具体应用法律若干问题的解释》的规定，假冒他人专利，具有下列情形之一的，属于《刑法》第二百一十六条规定的"情节严重"，应当以假冒专利罪判处3年以下有期徒刑或者拘役，并处或者单处罚金：(1)非法经营数额在20万元以上或者违法所得数额在10万元以上的；(2)给专利权人造成直接经济损失50万元以上的；(3)假冒两项以上他人专利，非法经营数额在10万元以上或者违法所得数额在5万元以上的；(4)其他情节严重的情形。

复习思考题

1. 简述知识产权的概念及特征。
2. 简述商标侵权行为表现。
3. 简述驰名商标的概念和保护。
4. 简述授予专利权的条件。
5. 简述专利权的概念及内容。

案例分析

1. 2003年3月，帅美西服厂以"大科大"三字作为商标文字予以注册，注册号为547742号，用于本厂生产的西服产品。2004年5月，腾达服装有限公司(以下简称腾达公司)以"大哥大"三字作为商标文字予以注册，注册号为586610号，用于本公司生产的25类服装商品。帅美西服厂发觉后，即致函腾达公司，说明自己的商标已经注册，认为这两个商标构成了近似商标，要求对方停止使用。而腾达公司则认为自己的商标也已注册，且与对方的商标并不相同，没有侵害帅美西服厂的商标权，因此置之不理。

要求：根据以上案例资料，回答以下问题：

(1)帅美西服厂是否可以要求撤销腾达公司的注册商标？如果可以，应该向谁提出？

(2)帅美西服厂可否要求腾达公司承担商标侵权的法律责任？

2. 某市A大学研究所李某一直承担着所里关于研制教学仪器——眼球仪——的科研任务。2012年6月，李某退休，但他仍发挥余热，利用积累的技术资料潜心研究，终于在2013年4月设计出了眼球仪。之后，李某与A大学达成协议，由A大学享有专利申请权。同年5月，在我国政府主办的"教学仪器国际展览会"上作为一项重要的科研成果，A大学在展览会上展示了眼球仪，同年10月A大学向国家专利局申请了实用新型专利。2014年3月，国家专利局授予专利权，之后A大学寻找合作伙伴。2014年5月，A大学发现B商场出售的300台眼球仪与自己的专利相同，经商场告知，B商场对该产品专利权并不知情，这批眼球仪的制造商是C公司。后A大学查明C公司根据2013年国际展览会上取得的技术资料擅自仿造了该专利产品，现已出售2 000台，获利40万元，于是A大学向法院起诉要求C公司停止侵权行为，并要求B商场和C公司共同赔偿损失。C公司则辩称A大学的眼球仪在申请专利前就已经通过展览会为公众所知，已经丧失新颖性，要求专利行政部门宣告专利无效。

要求：根据以上案例资料，回答以下问题：

(1)如果李某与A大学没有达成协议，根据《专利法》的规定，眼球仪应该由谁享有专利申请权？如何确定双方的权利？

(2)假如B商场陈述属实，其是否应当承担赔偿责任？

(3)C公司的行为是否构成侵权？假如构成侵权，如何确定赔偿额？

(4)C公司申请专利行政部门宣告A大学的专利权无效的理由是否成立？

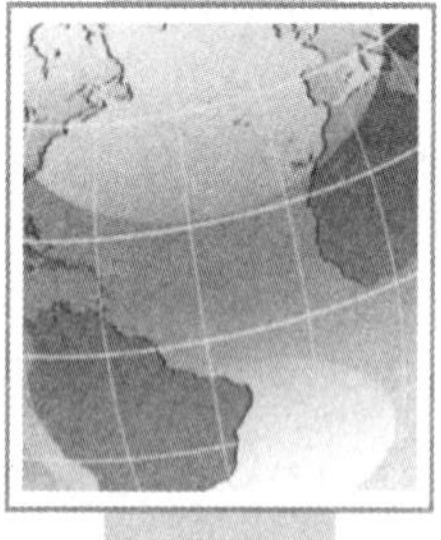

第十章 消费者权益保护法律制度

第一节　消费者权益保护法概述

一、消费者的概念

消费者是指为了生活消费需要购买、使用商品或者接受服务的个体社会成员。这个定义有三层含义：

第一，消费者是以生活消费为目的的个体社会成员。生活消费是指为了满足个人物质和文化生活需要而进行的各种物质和精神产品以及劳动服务的消费行为，包括人们的衣、食、住、行等各个方面。根据《中华人民共和国消费者权益保护法》(以下简称《消费者权益保护法》)第2条的规定，消费者是指“为生活消费需要购买、使用商品或者接受服务”的个体社会成员。因此，如果是为了生产消费的目的，就不属于《消费者权益保护法》保护的范围。但《消费者权益保护法》第62条规定：“农民购买、使用直接用于农业生产的生产资料，参照本法执行。”这说明我国立法者从保护农民切身利益的角度出发，使农民直接用于生产的消费也享有《消费者权益保护法》中消费者的权利。

第二，消费者是购买、使用商品或接受服务的个体社会成员。即消费者获得商品、使用商品或接受服务，可以通过有偿或无偿的形式表现出来。如果商家为了宣传或达到其他商业目的而向个体社会成员免费提供服务和赠送商品，这时的个体社会成员也都属于消费者。

第三，消费者是个体社会成员。这表明消费者是自然人或家庭，这包括一个国家领域内所有的人，不仅包括本国人，也包括外国人和无国籍人。法人和其他社会组织、社会团体均不属于消费者的范畴。

二、消费者权益保护法的概念

消费者权益保护法是调整在保护消费者权益过程中消费者、经营者、保护机构之间所发生的各种社会关系的法律规范的总称。

消费者权益保护法的含义有狭义和广义两种。狭义的消费者权益保护法是指全国人民代表大会常务委员会通过并颁布的《中华人民共和国消费者权益保护法》。该法于1993年10月31日第八届全国人民代表大会常务委员会第四次会议通过，根据2009年8月27日第十一届全国人民代表大会常务委员会第十次会议《关于修改部分法律的决定》第一次修正，根据2013

年10月25日第十二届全国人民代表大会常务委员会第五次会议《关于修改〈中华人民共和国消费者权益保护法〉的决定》第二次修正。广义的消费者权益保护法是指由国家制定并颁布的具有保护消费者合法权益功能的各种法律规范。我们通常以广义的消费者权益保护法来理解它的含义。一切保护消费者合法权益的法律包括1982年颁布的《中华人民共和国食品卫生法(试行)》、1982年颁布的《中华人民共和国商标法》、1984年颁布的《中华人民共和国药品管理法》、1985年颁布的《中华人民共和国计量法》、1988年颁布的《中华人民共和国标准化法》、1989年颁布的《中华人民共和国进出口商品检验法》等。此外,还有国务院1987年颁布的《价格管理条例》、1993年颁布的《中华人民共和国产品质量法》和《中华人民共和国反不正当竞争法》、1994年颁布的《中华人民共和国广告法》等。

三、消费者权益保护法的基本原则

(一)自愿、平等、公平、诚实信用原则

自愿,即消费者与经营者进行交易应当完全出自自己的真实意愿,不受任何地方的干涉或强迫。平等,即消费者与经营者在法律地位上是平等的,同样地受到法律的保护和制裁。公平,即消费者与经营者进行交易时,双方的权利均受到尊重。诚实信用,即经营者在交易过程中,信守承诺,不作虚假或者隐瞒陈述。

(二)对消费者进行特别保护原则

按照法律规定,消费者与经营者、生产者应该是一种平等的民事法律关系。但在实际生活中,他们的关系通常表现为不平等,消费者较之生产者、经营者,经常处于弱势的地位。其一,消费者一般是分散、无组织的个体,而生产经营者大多为有组织的法人。消费者势单力薄,被动地接受商品和服务,可能使自身权益受到损失。其二,现代商品生产的发展和规模的扩大,使商品的花色品种不断增多,这让消费者在面对纷繁的品牌时,很难做出正确选择,致使消费者处于十分不利的地位。其三,现代信息技术的飞速发展,在给消费者带来便利的同时,也带来许多问题,如网上直销、电视购物等,让消费者很容易陷入纠纷。因此,国家制定专门保护消费者权益的法律、法规,就是要给消费者以特别的保护,保障消费者依法行使权利,维护消费者的人身、财产和其他合法权益。

(三)消费者的合法权益是全社会的共同责任原则

《消费者权益保护法》的立法宗旨是运用法律手段协调个体权利和社会整体责任的矛盾。因此,只有保护好消费者的合法权益,才能保护好全社会的整体利益。我国《消费者权益保护法》第6条规定,国家鼓励、支持一切组织和个人对损害消费者合法权益的行为进行社会监督;大众传播媒介应当做好维护消费者合法权益的宣传,对损害消费者合法权益的行为进行舆论监督。

第二节　消费者的权益与经营者的义务

一、消费者的权益

我国《消费者权益保护法》规定了消费者应该享有的九项权利。

(一)安全保障权

安全是人们一种最基本的心理需要,国家和社会有义务为人们提供一个安全的生活环

境。我国《消费者权益保护法》第 7 条规定："消费者在购买、使用商品和接受服务时享有人身、财产安全不受损害的权利。消费者有权要求经营者提供的商品和服务，符合保障人身、财产安全的要求。"所谓安全保障权是消费者最基本的权利，是指消费者在消费商品或接受服务时，该商品或服务必须绝对保证消费者生命和健康不致受到损害，财产不致遭到损失和破坏。由于消费者取得商品和服务是用于生活消费，因此，商品和服务必须绝对安全可靠，必须绝对保证商品和服务的质量不会损害消费者的生命与健康。安全保障权的内容应当包括以下两个方面：

(1)人身安全权。它是指消费者在进行生活消费的过程中，享有保护身体和器官机能的完整性及生命不受危害的权利。

(2)财产安全权。这里的财产安全，不仅指消费者购买、使用商品的安全和接受服务本身的安全，而且包括除购买、使用的商品或接受的服务之外的其他财产的安全。

(二)知悉真情权

在商品经济高度发达的现代社会，商品和服务的种类日渐增多、层次日渐提高，普通消费者已很难仅凭自己的知识和经验对所购买的商品和服务的质量、价格等作出客观准确的判断，消费者对商品和服务的了解，很大程度上依赖于经营者提供的信息，不真实的信息传递，会直接影响消费者的消费选择。为了保障消费者获取真实、准确的消费信息，我国《消费者权益保护法》第 8 条规定："消费者享有知悉其购买、使用的商品或者接受的服务的真实情况的权利。消费者有权根据商品或者服务的不同情况，要求经营者提供商品的价格、产地、生产者、用途、性能、规格、等级、主要成分、生产日期、有效期限、检验合格证明、使用方法说明书、售后服务，或者服务的内容、规格、费用等有关情况。"如果消费者不掌握商品和服务的真实情况，消费者就无法做出正确的判断和选择，也难以正确使用商品和接受服务。任何欺诈、故意隐瞒的行为，都是对消费者知情权的侵害。但是，消费者不可滥用这一权利，如要求经营者提供商业秘密或技术秘密，经营者有权拒绝回答这类问题。

(三)自主选择权

我国《消费者权益保护法》第 9 条规定："消费者享有自主选择商品或者服务的权利。消费者有权自主选择提供商品或者服务的经营者，自主选择商品品种或者服务方式，自主决定购买或者不购买任何一种商品、接受或者不接受任何一项服务。消费者在自主选择商品或者服务时，有权进行比较、鉴别和挑选。"消费者单方所享有的自主权是消费者权利的核心。

(四)公平交易权

公平交易是市场经济的一项准则。在市场交易过程中，相对于经营者而言，受各种因素的影响，消费者明显处于弱者地位，最易受到不公平待遇。因此，我国《消费者权益保护法》第 10 条规定："消费者享有公平交易的权利。"根据这一规定，消费者在购买商品或接受服务时，其公平交易权有如下表现：消费者在购买商品或者接受服务时，有权获得质量保障、价格合理、计量正确等公平交易条件，有权拒绝经营者的强制交易行为。

(五)依法求偿权

我国《消费者权益保护法》第 11 条规定："消费者因购买、使用商品或者接受服务受到人身、财产损害的，享有依法获得赔偿的权利。"这项规定保障了消费者在发生损害后可以得到法律救济的权利。赔偿的范围不仅包括财产损失赔偿，还包括人身损害赔偿。依法求偿权是弥补消费者使用商品或接受服务受到损害的必要的补救性权利。

消费者在依法求偿时不负证明经营者主观上是否存在过错的举证责任，只要存在消费者因购买、使用商品或接受服务而招致的人身、财产损害事实，即可依法求偿。当然，如果损害是由于消费者自身的过错造成的，例如使用不当等，则消费者将无权请求赔偿。

(六)依法结社权

我国《消费者权益保护法》第 12 条规定："消费者享有依法成立维护自身合法权益的社会组织的权利。"我国《宪法》明确规定，中华人民共和国公民享有结社的权利。消费者依法成立维护自身合法利益的社会团体，就属于公民结社权的组成部分，同时也是《宪法》在《消费者权益保护法》中的体现。由于在生活当中，消费者经常处于弱势地位，法律赋予消费者这一权利，能使分散、弱小的消费个体逐步转变为集中、强大的消费群体，以与实力雄厚的经营者相抗衡，从而真正保护消费者的权利。

我国的消费者团体——中国消费者协会——自 1984 年成立以来，它的各级组织在保护消费者权益方面做了大量而有效的工作。为了便于消费者协会更好地开展工作，我国《消费者权益保护法》第一次以立法的形式对其地位和职权进行了确认，不仅赋予消费者依法结社的权利，而且明确规定了消费者协会应履行的八项职能。

(七)获取知识权

获取知识权是从知悉真情权引申出来的一项消费者权利。我国《消费者权益保护法》第 13 条规定："消费者享有获得有关消费和消费者权益保护方面的知识的权利。"该权利又称接受教育权，消费者只有掌握相关的商品或服务的知识和使用性能，正确使用商品，才不会成为在消费领域任人宰割的对象。消费者的这一权利包括两个方面的内容：一方面是指消费者有权获得有关消费观、有关商品和服务、有关市场的知识；另一方面还包括消费者有权获得有关消费者权益保护的法律、法规和政策，以及消费者权益保护机构、消费争议的解决等方面的知识。应当说，接受教育，获取相关知识，提高自我保护能力，既是消费者的权利，也是消费者的义务。

(八)获得尊重权

我国《消费者权益保护法》第 14 条规定："消费者在购买、使用商品和接受服务时，享有其人格尊严、民族风俗习惯得到尊重的权利。"人格尊严是消费者人身权的重要组成部分。我国是一个多民族的国家，各个民族的风俗习惯均有不同，不尊重少数民族的风俗习惯，不仅会损害少数民族消费者的合法权益，还会影响到民族团结和社会稳定。

(九)监督批评权

我国《消费者权益保护法》第 15 条规定："消费者享有对商品和服务以及保护消费者权益工作进行监督的权利。"也就是说，消费者有权检举、控告侵害消费者权益的行为和国家机关及其工作人员在保护消费者权益工作中的违法失职行为，有权对消费者权益保护工作提出批评、建议，消费者的监督对于维护消费者的合法权益有着重要的作用。

二、经营者的义务

我国《消费者权益保护法》规定了经营者应当履行以下主要义务：

(一)根据法律、法规的规定和与消费者的约定履行义务

《消费者权益保护法》第 16 条规定："经营者向消费者提供商品或者服务，应当依照本法和其他有关法律、法规的规定履行义务。经营者和消费者有约定的，应当按照约定履行义务，但双方的约定不得违背法律、法规的规定。"即经营者除了遵守《消费者权益保护法》之外，还要遵守《产品质量法》中生产者和销售者的法定义务。在经营者和消费者的约定中，如果经营者通过格式条款的形式扩大消费者的责任，则该条款无效。

（二）听取意见和接受监督的义务

《消费者权益保护法》第 17 条规定："经营者应当听取消费者对其提供的商品或者服务的意见，接受消费者的监督。"即消费者有权对经营者、对经营者的商品或者服务提出意见和建议，经营者应当认真接受消费者、社会和政府有关部门的监督，通过改进商品或者服务的质量、设置专门机构等途径来履行这项义务。为此，经营者应根据实际情况，采取切实可行的措施，如设立意见箱或意见簿、设立专门的机构等，除了直接接受消费者的监督外，经营者还应该认真对待和接受消费者组织、技术监督和工商行政部门以及物价监督部门等方面的监督。这一规定，不但是保护消费者权益的需要，也是维护市场经济秩序的需要，更是经营者提高自身经营管理能力和增加效益的需要。

（三）保障人身和财产安全的义务

《消费者权益保护法》第 18 条规定："经营者应当保证其提供的商品或者服务符合保障人身、财产安全的要求。对可能危及人身、财产安全的商品和服务，应当向消费者作出真实的说明和明确的警示，并说明和标明正确使用商品或者接受服务的方法以及防止危害发生的方法。"当经营者发现其提供的商品或者服务存在缺陷，有危及人身、财产安全危险的，应当立即向有关行政部门报告和告知消费者，并采取停止销售、警示、召回、无害化处理、销毁、停止生产或者服务等措施。采取召回措施的，经营者应当承担消费者因商品被召回支出的必要费用。

（四）提供商品和服务真实信息的义务

《消费者权益保护法》第 20 条规定："经营者应当向消费者提供有关商品或者服务的真实信息，不得作引人误解的虚假宣传。"这是与消费者的知悉真情权相对应的经营者的义务。经营者对消费者就其提供的商品或者服务的质量和使用方法等问题提出的询问，应当做出真实、明确的答复。如果在交易过程中，经营者对消费者的询问置之不理，或作不明确的答复和虚假的说明，就没有尽到经营者应尽的义务。对由此所造成的后果，应该承担相应的法律责任。而在价格标注方面，商店提供商品应当明码标价。商店所提供的商品价格，是消费者选择购物的重要依据，必须明码标出。这样可以防止经营者随时、随意抬高价格，牟取暴利。

（五）标明经营者真实身份和标记的义务

《消费者权益保护法》第 21 条规定："经营者应当标明其真实名称和标记。租赁他人柜台或者场地的经营者，应当标明其真实名称和标记。"知情权是消费者的重要权利之一，本条与之对应，规定了经营者对企业名称和营业标记的标示真实的义务。

企业名称和标记，是体现商品或者服务质量的重要标志。经营者真实地标明其名称和标记，也是消费者购买商品或接受服务的重要依据。这项义务要求经营者不得使用未经核准登记的企业名称，不得假冒他人的企业名称和特有的企业标记，也不得仿冒、使用与他人企业名称或营业标记相似的和容易造成消费者误会的企业名称和营业标记；在租赁柜台和场地进行交易活动时，经营者不得以柜台和场地出租者的名称和标记从事经营活动。只有这样，才能保证消费者依据企业名称或标记正确地判断商品和服务的来源，从而作出正确的选择。此外，在发生侵害消费者合法权益的行为时，能够确认经营者，以承担法律责任。

（六）出具购货凭证和单据的义务

《消费者权益保护法》第 22 条规定："经营者提供商品或者服务，应当按照国家有关规定或者商业惯例向消费者出具发票等购货凭证或者服务单据；消费者索要发票等购货凭证或者服务单据的，经营者必须出具。"所谓购货凭证和服务单据，是指购销活动完成和提供服务后，或者购销合同和服务合同履行后，商品的销售者和服务的提供者向商品的购买者和服务的接受者出具的证明购销、服务活动存在或合同履行的书面凭证。购货凭证和服务单据的表现形式是多种多样的，如发票、购货证、服务卡、价格单、保修证等。购货凭证和服务单据的内容，一般都包括商品的销售者和服务的提供者名称，商品或服务的名称、数量、规格、质量等级、价格，以及销售商品或提供服务的日期等。为了切实保护消费者的权益，无论消费者是否索要，经营者都应依照国家规定出具凭证和单据。消费者不仅应该增强证据意识，及时行使自己的权利，而且这些书面凭据也正是经营者与消费者发生合同关系的证明。

在现实生活中，消费者在购买商品或接受服务时往往不注意要凭证和单据，或者拿到后不注意妥善保存，结果在事后因产品质量、数量或服务的效果达不到标准而引起纠纷时，无法证明商品或服务的提供者，由此使自己的合法权益得不到有效的保护。当然，在凭证和单据丢失的情况下，消费者如果能以其他证据确定商品或者服务的提供者，其权利主张也可以得到行政执法机关或司法机关的技术支持。再次需要指出的是，经营者在消费者不索要或者忘记索要凭证和单据的情况下，也应积极、主动地出具购货凭证或服务单据。

（七）提供保证质量的商品和服务的义务

《消费者权益保护法》第 23 条规定："经营者应当保证在正常使用商品或者接受服务的情况下其提供的商品或者服务应当具有的质量、性能、用途和有效期限；但消费者在购买该商品或者接受该服务前已经知道其存在瑕疵，且存在该瑕疵不违反法律强制性规定的除外。"经营者以广告、产品说明、实物样品或者其他方式表明商品或者服务的质量状况的，应当保证其提供的商品或者服务的实际质量与表明的质量状况相符。这一规定意味着如果商家向消费者提供的商品或服务与广告、产品说明、实物样品不一致，将被视为欺诈，消费者可以要求退货并索赔。

（八）履行退换货和其他责任的义务

《消费者权益保护法》第 24 条规定："经营者提供的商品或者服务不符合质量要求的，消费者可以依照国家规定、当事人约定退货，或者要求经营者履行更换、修理等义务。没有国家规定和当事人约定的，消费者可以自收到商品之日起七日内退货；七日后符合法定解除合同条件的，消费者可以及时退货，不符合法定解除合同条件的，可以要求经营者履行更换、修理等义务。"同时，依照前款规定进行退货、更换、修理的，经营者应当承担运输等必要费用。

（九）不得以格式合同及其他方式排除或限制消费者权利的义务

《消费者权益保护法》第 26 条规定："经营者在经营活动中使用格式条款的，应当以显著方式提请消费者注意商品或者服务的数量和质量、价款或者费用、履行期限和方式、安全注意事项和风险警示、售后服务、民事责任等与消费者有重大利害关系的内容，并按照消费者的要求予以说明。""经营者不得以格式条款、通知、声明、店堂告示等方式，作出排除或者限制消费者权利、减轻或者免除经营者责任、加重消费者责任等对消费者不公平、不合理的规定，不得利用格式条款并借助技术手段强制交易。""格式条款、通知、声明、店堂告示等含有前款所列内容的，其内容无效。"即经营者在经营活动中不得以单方面意思表示的形式，作出限制和排除消费者权利的表示，或者免除、减轻自己应承担的责任。

（十）不得侵犯消费者人身权的义务

《消费者权益保护法》第 27 条规定："经营者不得对消费者进行侮辱、诽谤，不得搜查消费者的身体及其携带的物品，不得侵犯消费者的人身自由。"这是与消费者的获得尊重权相对应的经营者的义务。消费者作为消费法律关系的主体，同样享有人身权，主要包括以名誉权、肖像权、人身自由权为内容的人格权。

三、国家和社会对消费者合法权益的保护

（一）国家对消费者权益的保护

《消费者权益保护法》是国家为纠正在消费领域传统上完全由私人自治带来的消费者与经营者实质上的不平等，消费者正当权益得不到有效保护，需要国家的干预，对处于弱者地位的消费者进行援助，以实现实质上的公平而确立的法律制度。因此，《消费者权益保护法》规定了国家对消费者权益的保护。

(1)国家制定有关消费者权益的法律、法规、规章和强制性标准，应当听取消费者和消费者协会等组织的意见。

(2)各级人民政府应当加强领导，组织、协调、督促有关行政部门做好保护消费者合法权益的工作，落实保护消费者合法权益的职责。应当加强监督，预防危害消费者人身、财产安全行为的发生，及时制止危害消费者人身、财产安全的行为。

(3)各级人民政府工商行政管理部门和其他有关行政部门应当依照法律、法规的规定，在各自的职责范围内，采取措施，保护消费者的合法权益。有关行政部门应当听取消费者和消费者协会等组织对经营者交易行为、商品和服务质量问题的意见，及时调查处理。有关行政部门在各自的职责范围内，应当定期或者不定期对经营者提供的商品和服务进行抽查检验，并及时向社会公布抽查检验结果。有关行政部门发现并认定经营者提供的商品或者服务存在缺陷，有危及人身、财产安全危险的，应当立即责令经营者采取停止销售、警示、召回、无害化处理、销毁、停止生产或者服务等措施。

(4)有关国家机关应当依照法律、法规的规定，惩处经营者在提供商品和服务中侵害消费者合法权益的违法犯罪行为。人民法院应当采取措施，方便消费者提起诉讼。对符合《中华人民共和国民事诉讼法》起诉条件的消费者权益争议，必须受理，及时审理。

（二）社会对消费者权益的保护

《消费者权益保护法》第 6 条明确规定，保护消费者的合法权益是全社会的共同责任。国家鼓励、支持一切组织和个人对损害消费者合法权益的行为进行社会监督。在消费者权益保护方面，国家干预是必要的但不是万能的，国家对消费者权益的保护在手段、方式、程度等方面都存在一定的局限性，仅仅依靠国家对消费者权益进行保护是不够的。而社会监督可以有效地弥补国家干预的不足，保护消费者的合法权益是全社会的共同责任，一切组织和个人都可以对损害消费者权益的行为进行社会监督。其中，消费者组织的监督对消费者权益的保护尤为引人注目，成效特别明显。消费者协会和其他消费者组织是依法成立的、对商品和服务进行社会监督的、保护消费者合法权益的社会组织。一般具有以下作用：

(1)向消费者提供消费信息和咨询服务，提高消费者维护自身合法权益的能力，引导文明、健康、节约资源和保护环境的消费方式；

(2)参与制定有关消费者权益的法律、法规、规章和强制性标准；

(3)参与有关行政部门对商品和服务的监督、检查；

(4)就有关消费者合法权益的问题，向有关部门反映、查询，提出建议；

(5)受理消费者的投诉，并对投诉事项进行调查、调解；

(6)投诉事项涉及商品和服务质量问题的，可以委托具备资格的鉴定人鉴定，鉴定人应当告知鉴定意见；

(7)就损害消费者合法权益的行为，支持受损害的消费者提起诉讼或者依照本法提起诉讼；

(8)对损害消费者合法权益的行为，通过大众传播媒介予以揭露、批评。

此外，社会保护还包括公众及传媒的舆论监督。

第三节　违反消费者权益保护法的法律责任

一、消费者权益争议的解决

(一)解决争议的途径

根据我国《消费者权益保护法》的规定，消费者的权益受到损害或者已经发生了实际的损害后果，可以通过下列途径解决：

(1)与经营者协商和解。协商和解是指消费者在发生争议后，与经营者在法律地位平等的基础上，遵循自愿、公平和诚实信用的原则，就所发生的争议进行协商，达成和解的活动。经和解达成的协议必须是合法的，并不得损害国家利益、社会利益及他人的合法权益。

(2)请求消费者协会或者依法成立的其他调解组织调解。如果协商交涉无效，消费者可以向当地的消费者协会投诉，当然也可以不经协商直接投诉。消费者协会是依法成立的对商品和服务进行社会监督，以保护消费者合法权益的专门社会团体。消费者协会在接到投诉后，将对当事人说服劝导，进行调解。但要注意的是，消费者协会是社会组织，调解协议不具有法律效力，因此，消费者仍可以提请仲裁或提起诉讼。

(3)向有关行政部门投诉。消费者合法权益受到侵害后，根据商品和服务的性质，还可以向工商、物价、技术监督、标准、计量、商检、卫生等相关行政部门申诉。行政申诉提出后，由受理案件的行政机关，依据有关规定，作出相应的裁决，及时保护消费者的合法权益。

(4)根据与经营者达成的仲裁协议提请仲裁机构仲裁。当事人双方自愿达成的仲裁协议是仲裁机构受理争议案件的依据，仲裁协议可以事前或事后达成。消费争议经仲裁机构仲裁的，当事人必须履行；否则，另一方当事人可依法向人民法院申请强制执行。

(5)向人民法院提起诉讼。消费者在自己的合法权益受到侵害并向消费者协会或有关行政部门投诉、申诉后，对处理结果不满意的，可以向人民法院起诉。起诉是当事人向人民法院请求司法保护的法律行为。司法机关代表国家，对民事侵权行为或刑事犯罪行为的主体，有强制赔偿和予以处罚的法律强制力，可以采取强制措施予以执行。所以，消费者的起诉一旦赢得法律的支持，将获得法律上的保障。

(二)消费者权益争议的损害责任承担者

根据《消费者权益保护法》的规定，消费者因购买、使用商品或接受服务，合法权益受到损害时，有权要求侵害人赔偿。但在现实生活中，常有经营者漠视消费者利益，或采取互相推诿的办法，致使消费者的求偿权不能及时实现。为此，法律规定由以下责任者承担责任。

1. 生产者、销售者

我国《消费者权益保护法》规定，消费者在购买、使用商品时，其合法权益受到损害的，可以向销售者要求赔偿。销售者赔偿后，属于生产者的责任或者属于向销售者提供商品的其他销售者的责任的，销售者有权向生产者或者其他销售者追偿。

消费者或者其他受害人因商品缺陷造成人身、财产损害的，可以向销售者要求赔偿，也可以向生产者要求赔偿。属于生产者责任的，销售者赔偿后，有权向生产者追偿；属于销售者责任的，生产者赔偿后，有权向销售者追偿。

消费者在接受服务时，其合法权益受到损害的，可以向服务者要求赔偿。

2. 展销会举办者、柜台出租者

我国《消费者权益保护法》规定，消费者在展销会、租赁柜台购买商品或者接受服务，其合法权益受到损害的，可以向销售者或者服务者要求赔偿。展销会结束或者柜台租赁期满后，也可以向展销会的举办者、柜台的出租者要求赔偿。展销会的举办者、柜台的出租者赔偿后，有权向销售者或者服务者追偿。

3. 提供服务者

我国《消费者权益保护法》规定，消费者在接受服务时，其合法权益受到损害的，可以向服务者要求赔偿。

4. 承受原企业权利义务的企业

我国《消费者权益保护法》规定，消费者在购买、使用商品或者接受服务时，其合法权益受到损害，因原企业分立、合并的，可以向变更后承受其权利义务的企业要求赔偿。

5. 营业执照的持有人和使用人

我国《消费者权益保护法》规定，使用他人营业执照的违法经营者提供商品或者服务，损害消费者合法权益的，消费者可以向其要求赔偿，也可以向营业执照的持有人要求赔偿。

6. 广告主和广告经营者

我国《消费者权益保护法》规定，消费者因经营者利用虚假广告或者其他虚假宣传方式提供商品或者服务，其合法权益受到损害的，可以向经营者要求赔偿。广告经营者、发布者发布虚假广告的，消费者可以请求行政主管部门予以惩处。广告经营者、发布者不能提供经营者的真实名称、地址和有效联系方式的，应当承担赔偿责任。

二、违反消费者权益保护法应承担的民事责任

（一）违反其他法律、法规应承担的民事责任

《消费者权益保护法》第48条规定，经营者提供商品或者服务有下列情形之一的，除本法另有规定外，应当依照其他有关法律、法规的规定，承担民事责任：

（1）商品或者服务存在缺陷的；

（2）不具备商品应当具备的使用性能而出售时未作说明的；

（3）不符合在商品或者其包装上注明采用的商品标准的；

（4）不符合商品说明、实物样品等方式表明的质量状况的；

（5）生产国家明令淘汰的商品或者销售失效、变质的商品的；

（6）销售的商品数量不足的；

（7）服务的内容和费用违反约定的；

（8）对消费者提出的修理、重作、更换、退货、补足商品数量、退还货款和服务费用或者赔偿损失的要求，故意拖延或者无理拒绝的；

（9）法律、法规规定的其他损害消费者权益的情形。

（二）侵犯人身权应承担的民事责任

1. 致人伤害的民事责任

经营者提供商品或者服务，造成消费者或者其他受害人人身伤害的，应当赔偿医疗费、护

理费、交通费等为治疗和康复支出的合理费用,以及因误工减少的收入。造成残疾的,还应当赔偿残疾生活辅助器具费和残疾赔偿金。造成死亡的,还应当赔偿丧葬费和死亡赔偿金。

2. 侵犯其他人身权的民事责任

经营者侵害消费者的人格尊严、侵犯消费者人身自由或者侵害消费者个人信息依法得到保护的权利的,应当停止侵害、恢复名誉、消除影响、赔礼道歉,并赔偿损失;经营者有侮辱诽谤、搜查身体、侵犯人身自由等侵害消费者或者其他受害人人身权益的行为,造成严重精神损害的,受害人可以要求精神损害赔偿。

(三)侵犯财产权应承担的民事责任

经营者提供商品或者服务,造成消费者财产损害的,应当依照法律规定或者当事人约定承担民事责任。

(1)经营者提供商品或者服务,造成消费者财产损害的,应当依照法律规定或者当事人约定承担修理、重作、更换、退货、补足商品数量、退还货款和服务费用或者赔偿损失等民事责任。

(2)经营者以预收款方式提供商品或者服务的,应当按照约定提供。未按照约定提供的,应当按照消费者的要求履行约定或者退回预付款,并应当承担预付款的利息、消费者必须支付的合理费用。

(3)提供不合格商品的民事责任。依法经有关行政部门认定为不合格的商品,消费者要求退货的,经营者应当负责退货。

(4)欺诈行为的民事责任。经营者提供商品或者服务有欺诈行为的,应当按照消费者的要求增加赔偿其受到的损失,增加赔偿的金额为消费者购买商品的价款或者接受服务的费用的3倍;增加赔偿的金额不足500元的,为500元。法律另有规定的,依照其规定。

(5)提供有缺陷商品的民事责任。经营者明知商品或者服务存在缺陷,仍然向消费者提供,造成消费者或者其他受害人死亡或者健康严重损害的,受害人有权要求经营者依照本法第49条、第51条等法律规定赔偿损失,并有权要求所受损失2倍以下的惩罚性赔偿。

三、违反消费者权益保护法应承担的行政责任

经营者有下列情形之一,除承担相应的民事责任外,其他有关法律、法规对处罚机关和处罚方式有规定的,依照法律、法规的规定执行;法律、法规未作规定的,由工商行政管理部门或者其他有关行政部门责令改正,可以根据情节单处或者并处警告、没收违法所得、处以违法所得1倍以上10倍以下的罚款,没有违法所得的,处以50万元以下的罚款;情节严重的,责令停业整顿、吊销营业执照:

(1)提供的商品或者服务不符合保障人身、财产安全要求的;

(2)在商品中掺杂、掺假,以假充真,以次充好,或者以不合格商品冒充合格商品的;

(3)生产国家明令淘汰的商品或者销售失效、变质的商品的;

(4)伪造商品的产地,伪造或者冒用他人的厂名、厂址,篡改生产日期,伪造或者冒用认证标志等质量标志的;

(5)销售的商品应当检验、检疫而未检验、检疫或者伪造检验、检疫结果的;

(6)对商品或者服务作虚假或者引人误解的宣传的;

(7)拒绝或者拖延有关行政部门责令对缺陷商品或者服务采取停止销售、警示、召回、无害化处理、销毁、停止生产或者服务等措施的;

(8)对消费者提出的修理、重作、更换、退货、补足商品数量、退还货款和服务费用或者赔偿

损失的要求，故意拖延或者无理拒绝的；

(9)侵害消费者人格尊严、侵犯消费者人身自由或者侵害消费者个人信息依法得到保护的权利的；

(10)法律、法规规定的对损害消费者权益应当予以处罚的其他情形。

经营者有前款规定情形的，除依照法律、法规规定予以处罚外，处罚机关应当记入信用档案，向社会公布。

四、违反消费者权益保护法应承担的刑事责任

根据我国《消费者权益保护法》的规定，经营者、国家机关工作人员有下列情形的，依法追究刑事责任：

(1)经营者违反本法规定提供商品或者服务，侵害消费者合法权益，构成犯罪的，依法追究刑事责任。

(2)以暴力、威胁等方法阻碍有关行政部门工作人员依法执行职务的，依法追究刑事责任；拒绝、阻碍有关行政部门工作人员依法执行职务，未使用暴力、威胁方法的，由公安机关依照《中华人民共和国治安管理处罚法》的规定处罚。

(3)国家机关工作人员玩忽职守或者包庇经营者侵害消费者合法权益的行为的，由其所在单位或者上级机关给予行政处分；情节严重，构成犯罪的，依法追究刑事责任。

复习思考题

1. 简述《消费者权益保护法》的适用范围。
2. 简述消费者享有的权益。
3. 简述经营者应承担的义务。

案例分析

2016年3月15日，高某在该市某家电中心购买了一台著名品牌的电冰箱，价格2 800元。试机时发现冷冻室没有挂霜，家电中心经理认为这是因为室外湿度过高所致，并说电冰箱是直接从厂家进的货，质量没有问题，还表示1个月内如有质量问题包退包换，高某在得到保证后遂运走了冰箱。3月20日，高某在家试机，发现冰箱不制冷，同时还发现冰箱上下门中间有一条边发烫，封条变形，冷冻室有流水现象。高某立即找到该中心经理说明情况，经家电中心修理后，冰箱仍不制冷。原来这冰箱是一台有质量问题而被其他客户退回来的次品，但家电中心经理却故意隐瞒了实情。高某提出退还要求，但被拒绝。高某遂向人民法院提起诉讼。

问题：经营者某家电中心应当承担什么责任？

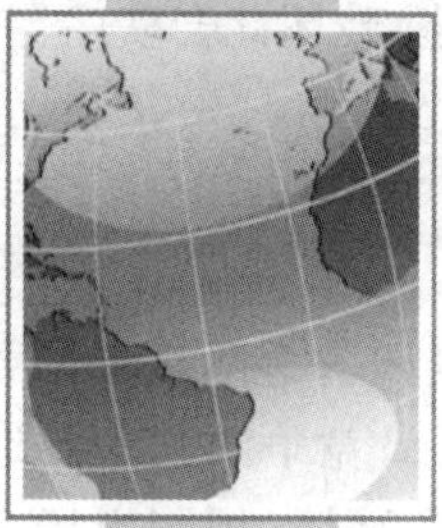

第十一章 竞争法律制度

第一节 竞争法概述

一、竞争及其作用

(一)竞争的概念

竞争是指具有不同经济利益的市场经济主体,以其他竞争者为对手,采用能够争取交易机会的商业策略来占领市场,从而追求利益最大化的行为。具有如下几方面的含义:第一,竞争具有对抗性,它表现为行业相同或者相似但是经济利益相互排斥的经营主体之间的对抗;第二,竞争的本质体现为逐利性,竞争行为表现为经营者推行一系列的商业策略,使用价格策略、广告策略、服务策略等各种手段,目的就是为了争夺市场,实现利益最大化;第三,竞争不仅包括现实的市场状态,也包括潜在竞争;第四,竞争的结果会导致优胜劣汰,只有体现优胜劣汰的竞争,才是完整意义上的竞争。

(二)竞争对市场的作用

根据竞争的定义,市场的参与者为了达成交易做出努力,其他参与者也进行着同样类似的努力。这说明以市场为基础的竞争,各企业之间能否自由竞争、是否处于有效的竞争状态,直接关系到市场结构是否优良。竞争对市场具有如下积极作用:

(1)竞争能够促进生产力的发展,提高社会效益。在市场资源配置过程中,价格起到了传递信息、提供激励及决定利益分配等作用。然而,正是由于竞争调节着资本和经济资源在不同生产部门之间的分配,引起价格上下波动,推动生产技术和经济组织结构的不断革新,从而促进社会生产力的发展和经济效益的提高。

(2)竞争能够优化资源配置。通过优胜劣汰,使资源集中流向处于竞争优胜地位的企业、地区和部门,从而提高资源利用效率。

(3)竞争能够推动技术创新。竞争促使企业不断改进技术,采用新工艺、研发新产品,以在竞争中争取优势地位。

(4)竞争能够促进消费者福利。竞争使市场产品差异化,给消费者增加了更多选择的余地。业内竞争者为了争取消费者的青睐,一般会通过提高产品质量、降低产品价格、改变服务态度等手段来提高产品竞争力。

(5)竞争能够调节社会分配。竞争的结果必然导致利益向优胜者流动,促使竞争者改变竞争策略，最终影响社会分配格局。

竞争是市场机制的灵魂，它赋予市场活力，促进市场经济健康有序运行。不公平的竞争会给市场带来消极作用，如资源浪费、增加社会成本、导致垄断、引起两极分化、破坏社会秩序等。

二、竞争法

（一）竞争法的概念

按照一般理解，竞争法包括反不正当竞争法和反垄断法。不正当竞争和垄断都是市场竞争过程中出现的违反公平竞争规则的行为，都会给市场竞争秩序带来危害。竞争法就是要通过查处这些行为，来规制市场主体的竞争活动。创造一个自由、公平的竞争环境，规制市场主体的竞争行为，维护正常的竞争秩序，是竞争法的本质特征和基本任务。因此，我们可以这样给竞争法下定义：竞争法是指为维护正常的竞争秩序而对市场主体的竞争行为进行规制的法律规范的总称。或者按照传统的以调整对象作为法律部门划分标准的方式来定义：竞争法是调整市场活动中经营者之间的竞争关系以及管理者与经营者之间的竞争管理关系的法律规范的总称。

（二）竞争法的特点

1. 适用对象的多样性

竞争是一种市场行为，是经营者之间所发生的以实现利益最大化为目的而进行的市场行为。竞争关系是作为平等的市场主体的经营者之间基于竞争而形成的权利义务关系，因此，竞争法的适用对象主要是经营者。但同时，竞争法也适用于部分管理机关。经营者之间的竞争行为，是一种自发的行为，需要通过“有形的手”来加以制约，以避免无序的竞争所带来的社会资源的浪费。规定竞争管理机关的权利义务，是竞争法的一项重要内容。

2. 调整方法的复杂性

调整方法是特殊法律部门特殊原则的集中体现。民事法律关系中，民事主体的法律地位是平等的，不允许任何一方享有凌驾于他方之上的特权，因此，民法的调整方法只能是自愿和平等；行政法是规制行政管理活动的法律规范，其调整方法是当事人的命令与服从。竞争法调整的对象包括竞争关系和竞争管理关系两个方面，而这两种关系中，前者属于平等主体之间的关系，后者属于不平等主体之间的关系，如果用简单的一种方法来调整这两种完全不同的关系，显然是不可能的。竞争法既用自愿和平等的方法调整着横向的关系，又用命令和服从的方法调整着纵向的关系，竞争性调整正是这种被动性适应和主动性竞争的混合。

3. 法律内容的交叉性

竞争法有其特定的调整对象，它决定了竞争法的内容有它自身的特点和相对的独立性。然而，竞争关系作为一种经济关系，其涉及面相当广泛，与其他经济关系有着十分密切的联系，这就导致了竞争法在内容上相对独立的同时，又形成了与其他法律的相互交叉与相互渗透。例如，不正当竞争行为典型表现形式之一的假冒他人注册商标行为，既为竞争法所禁止，也为商标法所禁止。又如，竞争法所禁止的虚假广告宣传，它同时也是广告法的重要内容。从世界各国的竞争立法的内容上看，一般都会出现与民法、商标法、专利法、广告法、价格法、产品质量法、公司法等相关法律的交叉性。

4. 法律责任的综合性

建立有效的竞争机制，为竞争主体创造一个公平竞争的环境，是竞争得以发挥其积极作用的前提条件，而通过制定相应的法律，追究违法竞争行为人的法律责任，是保护合法的竞争行为、维护正常的竞争秩序的有效保证。因此,法律责任是竞争法的最重要的组成部分。违反竞争法应承担的法律责任是一种综合性的责任,包括民事责任、行政责任和刑事责任。民事责任是行为人因其违法竞争行为造成特定的竞争对手损失时,对特定竞争对手所承担的责任。由于责任双方当事人的法律地位平等,这种责任所体现的主要是补偿性。行政责任是国家竞争管理机关对违反竞争法的行为人依法采取的制裁措施,是行为人对国家所承担的责任,责任主要表现为惩罚性。刑事责任是国家审判机关对于严重违反竞争法律制度构成犯罪的行为人给予的刑事制裁措施,是行为人所应承担的一种最为严厉的法律责任。

(三)竞争法的作用

1. 鼓励与保护公平竞争

这是竞争法的宗旨和基本任务,它主要通过以下途径来实现这一作用:首先,创造、完善公平竞争的社会条件。市场经济的发展具有不平衡性,不同国家、不同地区以及不同时期的市场经济,由于社会环境、历史文化等不同而各有特点。这些特点可能有利于市场竞争的开展,也可能不利于市场竞争的开展。因此,立法者总是试图通过竞争立法,扬长避短,不断创新,完善市场竞争条件,以此促进和保护公平竞争。其次,确立公平竞争的原则和制度。竞争法建立包括主体地位平等、自愿竞争、公平竞争等原则和制度,为具体竞争行为提供模式,以规范、引导竞争者公平竞争,在制度方面为公平竞争提供保障。最后,保护竞争者的竞争权。一方面,由竞争法明确规定竞争者的正当竞争权,界定竞争权的内容和范围,即予以授权;另一方面,具体规定当竞争者的公平竞争权受到侵犯时的救济措施与制度。

2. 制裁反竞争行为

竞争法在正面鼓励和保护竞争的同时,还从反面对包括非法垄断、限制竞争行为、不正当竞争行为在内的各种反竞争行为予以制裁和打击,净化公平竞争的外部环境,以充分实现其促进竞争的价值与功能。竞争法明确规定各种反竞争行为的性质、特征、表现形式及法律责任,综合运用民事责任、行政责任、刑事责任三种方法对各种反竞争行为予以严厉打击。同时,还建立了反竞争行为的检查监督制度,从检查监督的体制到检查监督的主体,从检查监督的权限分工到检查监督的方法、程序,都有系统的法律规定,以保障对反竞争行为的全方位控制。

3. 保护经营者的合法权益

反竞争行为的客观存在,直接增加了正当经营者的竞争风险和成本。尤其是一些具体的不正当竞争行为,如侵犯商业秘密、商业诽谤、假冒注册商标等,往往是不正当行为人直接针对竞争对手实施的侵权行为,多对竞争对手的合法利益造成严重伤害。因此,竞争法制裁、打击各种反竞争行为,保护经营者的合法利益。

4. 保护消费者的合法利益

许多反竞争行为,在损害其他经营者合法利益的同时,还对消费者的利益造成严重危害。如通过假冒方式盗用他人商业信誉的不正当竞争行为,会引起消费者的误认、误购;通过经营者的联合固定价格的行为,会使消费者承担不合理的高价;通过搭售或附加来排挤竞争对手的不正当行为,严重侵害了消费者的自由选择权;等等。因此,竞争法通过对竞争的调控,为消费者提供最大可能、最优质量、最廉价格的消费实惠,以实现对消费者利益的保护。

5. 保护国家和社会公共利益

反竞争行为在损害经营者、消费者个体利益的同时,还严重破坏市场竞争秩序、弱化竞争功能,抑制生产活力和生产效率,损害国家和社会的整体利益。更严重的是,当垄断和限制竞争行为的破坏达到一定程度时,会导致一国市场结构的严重失衡,甚至会动摇一国的经济基础。竞争法正是通过对竞争的有效保护,维护公平的竞争秩序,构建合理的市场结构,促进技术进步和国民经济的稳定增长,以实现对国家和社会整体利益的保护。

第二节　反垄断法律制度

一、反垄断法律制度概述

(一)垄断概述

1. 垄断的含义

垄断,是指经营者或其利益代表者,滥用已经具备的市场支配地位,或者通过协议、合并或其他方式谋求并滥用市场支配地位,借以排除或限制竞争,牟取超额利益,依法应予规制的行为。简言之,垄断是指经营者或其利益代表者排除或限制竞争的违法行为。

2. 垄断产生的条件

判定某一领域存在垄断,必须同时具备以下两个条件:

(1)某一领域具有市场垄断性,即由于经济、法律、技术和自然的原因导致该领域只有一个(垄断)或若干个(寡头垄断)企业或企业联合体为该领域市场提供不可替代的商品。

(2)具有操纵市场价格行为,即这些不可替代商品的价格主要是由一个或若干个企业或企业联合体决定,或者这些不可替代商品的价格中存在超过社会平均利润率的超额利润空间,即生产者凭借垄断地位把一部分消费者剩余转化为生产者剩余,获取超额利润。

(二)反垄断法概述

1. 反垄断法的概念

反垄断法有广义和狭义之分。广义上的反垄断法,是调整在国家规制垄断过程中所发生的社会关系的法律规范的总称,是由反垄断法律规范构成的系统。狭义上的反垄断法,是作为规范性法律文件的反垄断基本法律。

2. 反垄断法立法概况

1879 年美孚石油公司成立,它是美国石油业第一个托拉斯,标志着美国历史上第一次企业兼并浪潮的开始,在当时的美国成为不受控制的经济势力。过度的经济集中不仅使社会中下层人士饱受垄断组织滥用市场势力之苦,而且使市场失去活力,由此引发了 19 世纪 80 年代美国抵制托拉斯的大规模群众运动。这种反垄断思潮导致了 1890 年《谢尔曼法》的诞生。《谢尔曼法》是世界上最早的反垄断法,被称为世界"反垄断法之母"。美国还在 1914 年颁布了《克莱顿法》和《联邦贸易委员会法》作为对《谢尔曼法》的补充。

尽管美国早在 100 多年前就颁布了反垄断法,但是目前在我国还是一种全新的法律制度。2007 年 8 月 30 日,第十届全国人大常委会第二十九次会议通过了《中华人民共和国反垄断法》(以下简称《反垄断法》),并于 2008 年 8 月 1 日起实施。

3. 我国反垄断法的立法目的和地域效力

(1)我国反垄断法的立法目的

我国反垄断法的立法目的,一是为了预防和制止垄断行为,通过维护竞争机制的正常运行来保护市场公平竞争,即反垄断法保护的是竞争秩序,不是单纯保护经营者,从而提高经济运行效率,实现资源合理配置;二是维护消费者利益和社会公共利益,提高社会的总体福利水平,促进市场经济的健康发展。

(2)我国反垄断法的地域效力

我国《反垄断法》第二条规定:“中华人民共和国境内经济活动中的垄断行为,适用本法;中华人民共和国境外的垄断行为,对境内市场竞争产生排除、限制影响的,适用本法。”因此,我国反垄断法适用的地域效力包括:中国境内经济活动中的垄断行为;中国境外对中国市场竞争产生排除、限制影响的垄断行为。

二、反垄断法规制的对象

(一)滥用市场支配地位

1. 市场支配地位的含义

市场支配地位,是指经营者在相关市场内具有能够控制商品价格、数量或者其他交易条件,或者能够阻碍、影响其他经营者进入相关市场能力的市场地位。

2. 市场支配地位的认定依据

我国《反垄断法》规定,认定经营者具有市场支配地位,应当依据下列因素:

(1)该经营者在相关市场的市场份额,以及相关市场的竞争状况;

(2)该经营者控制产品销售市场或者原材料采购市场的能力;

(3)该经营者的财力和技术条件;

(4)其他经营者对该经营者在交易上的依赖程度;

(5)其他经营者进入相关市场的难易程度;

(6)与认定该经营者市场支配地位有关的其他因素。

3. 滥用市场支配地位的行为表现

滥用市场支配地位行为,是指具有市场支配地位的经营者利用其市场支配地位所实施的妨碍竞争的行为。这是一种重要、常见的垄断行为之一。我国《反垄断法》规定,禁止具有市场支配地位的经营者从事下列滥用市场支配地位的行为:

(1)以不公平的高价销售商品或者以不公平的低价购买商品;

(2)没有正当理由,以低于成本的价格销售商品;

(3)没有正当理由,拒绝与交易相对人进行交易;

(4)没有正当理由,限定交易相对人只能与其进行交易或者只能与其指定的经营者进行交易;

(5)没有正当理由搭售商品,或者在交易时附加其他不合理的交易条件;

(6)没有正当理由,对条件相同的交易相对人在交易价格等交易条件上实行差别待遇;

(7)国务院反垄断执法机构认定的其他滥用市场支配地位的行为。

(二)联合限制竞争

1. 联合限制竞争行为的概念

联合限制竞争行为,是指经营者为限制竞争而达成协议、决定或者其他协同一致的行为。我国《反垄断法》称其为“垄断协议”。

根据参与联合的经营者所处的产业链环节是相同还是相续,可分为横向联合限制竞争行为和纵向联合限制竞争行为。

联合限制竞争行为的主体为经营者、行业协会。

2. 横向联合限制竞争行为

横向联合限制竞争行为,是指处于产业链同一环节的两个或两个以上经营者所为的联合限制竞争行为，比如彩电销售商之间的固定价格、划分市场的行为，主要包括：

(1)固定价格。即处于产业链同一环节的经营者通过协议、决议或其他协同一致的方式确定、维持或者改变价格的行为。比如，2008年，一些方便面厂家通过协议统一上调出厂价的行为。固定价格对竞争的损害至为严重，各国对其处罚也至为严厉。

(2)划分市场。即处于产业链同一环节的经营者通过协议、决议或其他协同一致的方式限定商品的生产数量或者销售数量、分割销售市场或者原材料采购市场的行为。

(3)联合抵制。即处于产业链同一环节的经营者通过协议、决议或其他协同一致的方式拒绝与特定交易相对人交易的行为。

(4)不当技术联合。即经营者以排除或限制竞争为目的，制定技术标准，限制购买新技术、新设备，或者限制开发新技术、新产品的行为。

3. 纵向联合限制竞争行为

纵向联合限制竞争行为，是指处于同一产业链上下环节(即有交易关系或供求关系)的两个或两个以上经营者所为的联合限制竞争行为，比如电脑整机生产商和电脑整机销售商之间所为的联合限制竞争行为。我国《反垄断法》所规定的纵向联合限制竞争行为主要包括：

(1)固定转售价格。即在同一产业链中上一环节经营者，通过协议确定下一环节经营者销售价格的行为。

(2)限定转售最低价格。即在同一产业链中上一环节经营者，利用其市场支配地位，通过协议限定下一环节经营者最低销售价格的行为。

这两种行为也可以统称为限制转售行为。此外，一些国家还将某些不符合豁免条件的独家交易、特许协议列为禁止的行为。

4. 联合限制竞争行为的豁免

在实际生活中，部分联合限制竞争行为有利有弊，并且可能利大于弊，因此，经营者能够证明所达成的协议属于下列情形之一的，可以免于处罚：

(1)为改进技术、研究开发新产品的；

(2)为提高产品质量、降低成本、提高效率，统一产品规格、标准或者实行专业化分工的；

(3)为提高中小经营者经营效率、增强中小经营者竞争力的；

(4)为实现节约能源、保护环境、救灾救助等社会公共利益的；

(5)因经济不景气，为缓解销售量严重下降或者生产明显过剩的；

(6)为保障对外贸易和对外经济合作中的正当利益的；

(7)法律和国务院规定的其他情形。

同时，经营者还应当证明所达成的协议不会严重限制相关市场的竞争，并且能够使消费者分享由此产生的利益。

(三)经营者集中行为

1. 经营者集中的概念

经营者集中，是指经营者通过合并、收购、委托经营、联营或其他方式，集合经营者经济力，提高市场地位的行为，包括经营者合并和经营者控制。经营者集中是获得市场支配地位最常见的途径之一。因此，经营者集中行为的规制制度，也就成为反垄断规制制度中的一项重要内容。

2. 经营者集中的具体情形

(1)经营者合并

经营者合并，是指两个或者两个以上经营者合为一个经营者，从而导致经营者集中的行为。

根据合并后原经营者主体资格存续与否，经营者合并可分为新设合并和吸收合并。新设合并，是指两个或两个以上的经营者合为一个新的经营者，原来几个经营者的主体资格均消失的合并行为；吸收合并，是指两个或两个以上的经营者合为一个经营者，其中一个经营者的主体资格存续下来，其他经营者的主体资格消失的合并行为，也称兼并，如波音公司和麦道公司合并后，波音公司存续下来。

根据参与合并的经营者在产业链上的关系，经营者合并可分为横向合并和纵向合并。横向合并，是指处于同一产业链同一环节的经营者之间的合并；纵向合并，是指处于同一产业链上下环节的经营者之间的合并。

经营者合并规制，涉及反垄断法、公司法、证券法，实务中涉及大量的会计、审计业务。

(2)经营者控制

经营者控制，是指经营者通过收购、委托经营、联营和其他方式控制其他经营者，从而导致经营者集中的行为。

根据获得控制权的途径，可分为股权式控制、联营式控制和债权式控制；根据控制的内容，还可分为财产型控制、业务型控制和人事型控制；根据控制与被控制的经营者所处的产业链关系，又可分为横向控制和纵向控制。由于基于上述控制关系，形成紧密的经济关系，使参与者迅速提高市场支配地位，为实施滥用市场支配地位行为提供了前提。因此，经营者合并和经营者控制都需要进行规制。

3. 经营者集中行为的申报许可

根据我国《反垄断法》的规定，我国经营者集中申报许可制度主要包括下列内容：

(1)实体条件。①参与集中的所有经营者上一会计年度在全球范围内的营业额合计超过100亿元人民币，并且其中至少两个经营者上一会计年度在中国境内的营业额均超过4亿元人民币；②参与集中的所有经营者上一会计年度在中国境内的营业额合计超过20亿元人民币，并且其中至少两个经营者上一会计年度在中国境内的营业额均超过4亿元人民币。营业额的计算，应当考虑银行、保险、证券、期货等特殊行业、领域的实际情况。

(2)申报程序。符合上述条件的经营者应当事先向国务院商务主管部门申报，未申报的不得实施集中。申报书应当按照主管机关的要求提交相应的文件、资料。

(3)审查的程序。①初审。主管机关自收到经营者提交的符合法定条件的文件、资料之日起30日内进行初步审查，作出不实施进一步审查的决定或者逾期未作出决定的，经营者可以实施集中，否则进行进一步审查。②进一步审查。进一步审查自决定之日起90日内审查完毕，作出决定并书面通知经营者。作出禁止决定的，应当说明理由。如有法定特殊情形，可以延长审查期限。逾期未作出决定的，经营者可以实施集中。

(4)审查的内容和结果。①审查的内容。包括：参与集中的经营者在相关市场的市场份额及其对市场的控制力；相关市场的市场集中度；经营者集中对市场进入、技术进步的影响；经营者集中对消费者和其他有关经营者的影响；经营者集中对国民经济发展的影响；主管机关认为应当考虑的影响市场竞争的其他因素。对外资并购境内企业或者以其他方式参与经营者集中，涉及国家安全的，还应当按照国家有关规定进行国家安全审查。②禁止的决定。经营者集中具有或者可能具有排除、限制竞争效果的，主管机关应当作出禁止经营者集中的决定。③许可的决定。经营者能够证明该集中对竞争产生的有利影响明显大于不利影响，或者符合社会公共利益的，主管机关可以作出对经营者集中不予禁止的决定。对不予禁止的经营者集中，主管机关可以决定附加减少集中对竞争产生不利影响的限制性条件。

(5)公布审查结果。

(四)行政性垄断

1. 行政性垄断的概念

行政性垄断，是指行政机关和法律、法规授权的具有管理公共事务职能的组织，滥用行政权力、违反法律规定实施的限制市场竞争的行为。

2. 行政性垄断的表现

(1)行政性强制交易

所谓行政性强制交易，是指行政机关滥用行政权力、违反法律规定，限定或者变相限定经营者、消费者经营、购买、使用其指定的经营者提供的商品。比如，某县政府要求县属所有机关、事业单位购买某啤酒厂质次价高、没有竞争力的啤酒，并且下达具体购买任务。

(2)行政性限制市场准入

所谓行政性限制市场准入，是指行政机关滥用行政权力、违反法律规定，妨碍商品和服务在地区之间的自由流通，排除或限制市场竞争的行为。包括：①对外地商品设定歧视性收费项目、实行歧视性收费标准，或者规定歧视性价格；②对外地商品规定与本地同类商品不同的技术要求、检验标准，或者对外地商品采取重复检验、重复认证等歧视性技术措施，限制外地商品进入本地市场；③采取专门针对外地商品的行政许可，限制外地商品进入本地市场；④设置关卡或者采取其他手段，阻碍外地商品进入或者本地商品运出；⑤滥用行政权力，以设定歧视性资质要求、评审标准或者不依法发布信息等方式，排斥或者限制外地经营者参加本地的招标投标活动；⑥妨碍商品和服务在地区之间自由流通的其他行为。

(3)行政性强制经营者限制竞争

所谓行政性强制经营者限制竞争，是指行政机关滥用行政权力、违反法律规定，强制经营者从事《反垄断法》所禁止的排除或者限制市场竞争的行为。比如，强制本地区、本部门的企业合并，或者通过经营者控制组建企业集团；强制经营者通过协议等方式固定价格、划分市场、联合抵制等。

以上三种行为，可能仅是具体行政行为，有时可能是具体行政行为和抽象行政行为合一。上述行政性垄断行为，都是我国《反垄断法》禁止的垄断行为。

三、反垄断法的实施

(一)反垄断法的适用原则

1. 本身违法原则

本身违法原则是指任何企业只要出现结合或者共谋等垄断状态或者行为视为违法，就应该加以限制或禁止。本身违法原则的优点：(1)警戒行为人，明确行为准则，明文禁止。(2)节约司法资源。本身违法原则极为清楚，无论是反垄断的行政执法机构还是司法机关，在认定是否构成垄断时都不需要花费太多的人力和财力。本身违法原则也存在明显的缺点：难以对复杂的客观情况作出区分，在反垄断认定和实施反垄断措施时缺乏弹性。

2. 合理原则

合理原则是指企业的结合与共谋等垄断状态或行为本身不一定构成违法，而只有当该状态或者行为确实限制了竞争、造成垄断弊害时，才应该加以禁止或限制。合理原则的优点：体现了法律的灵活性、科学性和合理性，弥补了本身违法原则的缺陷，适应经济发展的复杂情况。

合理原则的缺点：一是增加了司法和行政执法成本；二是赋予了司法和行政执法人员较大的自由裁量权，在一定程度上增加了争议解决结果的不可预见性及执法人员滥用执法权的隐患。

从我国的立法及司法实践来看，对横向垄断协议多适用"本身违法原则"，对占据较大市场份额从而构成滥用市场优势地位也适用"本身违法原则"；而对纵向垄断协议较多采用"合理原则"，即基本上是慎用"本身违法原则"，科学运用"合理原则"。

（二）反垄断法的执行主体制度

反垄断法的执行，是指反垄断主管机构实施反垄断法的行为，也称反垄断执法。

1. 反垄断法执行主体

即反垄断法执行职责的承担者和相应权力的享有者。在我国，国务院反垄断委员会和国务院反垄断执法机构共同承担反垄断职责。

2. 反垄断法执行主体的职责

包括：(1)特定行为许可。依法受理、审查和核准依法需要审查、核准的经营者市场竞争行为，如经营者集中行为、市场联合行为等。(2)违法行为查处。依法受理或自行启动对违法垄断行为的调查、审议和制裁。审议，或由主管机构径行作出决定，或组织听证，或运用类似诉讼程序作出裁决，然后由本机构或其他机构执行。对反垄断案件进行裁决，当事人不服的可诉至法院。(3)竞争状况监控。(4)制定行为规则。

3. 反垄断法执行主体的权力

包括：(1)调查权。包括检查权、询问权、资料调阅复制权、查封和扣押证据权、账户查询权。(2)许可权。比如对经营者集中行为、联合行为等的申报行使许可权和许可废止权。(3)制裁权。反垄断执法行主管机构有权对违反反垄断法强行规范的经营者进行制裁，包括劝告权、告诫权、禁止权、经营者集中行为解散权、宣布联合行为无效权、拆分权、命令经济同业团体接纳特定企业的权力、罚款权、强制赔偿权、不当利益没收权等。(4)调研权。(5)规则制定权。(6)起诉权。有的国家规定，反垄断主管机关有就特定经营者垄断行为向法院提起诉讼的权力。

4. 反垄断法执行的一般程序

包括：(1)启动。反垄断案件分为因垄断行为受害人的申请或控告、其他组织或个人报告(举报)和主管机关自行启动三种。(2)调查。调查的启动，调查的方式，调查的程序，调查的中止、终止和恢复都应当遵循《反垄断法》的规定。(3)审议。在调查取证的基础上，主管机构组织审议。(4)决定。主管机构应当作出违法与否的认定、违法处罚和合法许可的决定。(5)执行。经公布后，即进入执行环节。执行环节，可以是自动执行。如果被制裁人不服该决定的，可以向上级机关提起复议或者向法院提起诉讼。被制裁人不服该决定，又不提起复议或者诉讼的，主管机关可以依法强制执行。

5. 反垄断法豁免和适用除外

不适用我国《反垄断法》的例外有：经营者依照有关知识产权的法律、行政法规规定行使知识产权的行为，但是经营者滥用知识产权，排除、限制竞争的行为仍然构成垄断；农业生产者及农村经济组织在农产品生产、加工、销售、运输、储存等经营活动中实施的联合或者协同行为；我国《反垄断法》第十五条列举的协议行为。

四、违反《反垄断法》的法律责任

（一）违法实施联合限制竞争行为的法律责任

经营者违反《反垄断法》规定，达成并实施垄断协议的，由反垄断执法机构责令停止违法行为,没收违法所得,并处上一年度销售额1%以上10%以下的罚款;尚未实施所达成的垄断协议的,可以处50万元以下的罚款。但是,经营者主动向反垄断执法机构报告达成垄断协议的有关情况并提供重要证据的,反垄断执法机构可以酌情减轻或者免除对该经营者的处罚。

行业协会违反《反垄断法》规定,组织本行业的经营者达成垄断协议的,反垄断执法机构可以处50万元以下的罚款;情节严重的,社会团体登记管理机关可以依法撤销登记。

(二)违法实施滥用市场支配地位行为的法律责任

经营者违反《反垄断法》规定,滥用市场支配地位的,由反垄断执法机构责令停止违法行为,没收违法所得,并处上一年度销售额1%以上10%以下的罚款。

(三)违法实施经营者集中的法律责任

经营者违反《反垄断法》规定实施集中的,由国务院反垄断执法机构责令停止实施集中、限期处分股份或者资产、限期转让营业以及采取其他必要措施恢复到集中前的状态,可以处50万元以下的罚款。

(四)违反《反垄断法》的损害赔偿责任

经营者实施垄断行为,给他人造成损失的,依法承担损害赔偿责任。

(五)行政性垄断的法律责任

行政机关和法律、法规授权的具有管理公共事务职能的组织滥用行政权力,实施排除、限制竞争行为的,由上级机关责令改正;对直接负责的主管人员和其他直接责任人员依法给予处分。反垄断执法机构可以向有关上级机关提出依法处理的建议。

法律、行政法规对行政机关和法律、法规授权的具有管理公共事务职能的组织滥用行政权力,实施排除、限制竞争行为的处理另有规定的,依照其规定。

(六)经营者抗拒反垄断审查和调查的法律责任

对反垄断执法机构依法实施的审查和调查,拒绝提供有关材料、信息,或者提供虚假材料、信息,或者隐匿、销毁、转移证据,或者有其他拒绝、阻碍调查行为的,由反垄断执法机构责令改正,对个人可以处2万元以下的罚款,对单位可以处20万元以下的罚款;情节严重的,对个人处2万元以上10万元以下的罚款,对单位处20万元以上100万元以下的罚款;构成犯罪的,依法追究刑事责任。

(七)反垄断执法机构工作人员违反《反垄断法》的法律责任

反垄断执法机构工作人员滥用职权、玩忽职守、徇私舞弊或者泄露执法过程中知悉的商业秘密,构成犯罪的,依法追究刑事责任;尚不构成犯罪的,依法给予处分。

第三节　反不正当竞争法律制度

一、反不正当竞争法律制度概述

(一)不正当竞争行为的概念

1. 不正当竞争行为的含义

不正当竞争行为,是指经营者有悖于商业道德且违反法律规定的市场竞争行为。不正当竞争行为具有很强的危害性,其表现已经从侵犯竞争者和消费者的权利,扩大到损害市场机制、破坏市场秩序、危害信用和社会公德,因此应当立法予以禁止。

2. 不正当竞争行为的构成要件

作为反不正当竞争法规制对象的不正当竞争行为，应该具备如下构成要件：

(1)市场竞争行为的主体是在社会经济生活中从事生产经营的人，即经营者，因而不正当竞争行为的主体也都应该是在商业活动中采用不正当手段竞争的经营者。

(2)不正当竞争行为直接侵害的客体是竞争者的合法权益和消费者的合法权益。不正当竞争行为最终所侵犯的是社会正常的经济秩序，而这种秩序的被破坏是通过损害相关竞争者合法权益或者侵犯消费者合法权益而反映出来的。

(3)不正当竞争行为在主观上要有违反诚实信用、公平竞争等商业道德以及商业习惯的过错(包括故意和过失)，竞争主体不存在主观上的过错，则不应承担不正当竞争行为的法律责任。

(4)不正当竞争行为是在客观上实施了违反诚实信用和自愿、平等、公平原则以及公认的商业道德的竞争行为。不正当竞争行为具有违法性，如果竞争行为违反一国竞争法规定的原则和具体规范，就应当认定为不正当竞争行为。

(二)反不正当竞争法的概念

1. 反不正当竞争法的含义

狭义上的反不正当竞争法，是指有关反不正当竞争法的规范性法律文件，在我国是指全国人大常委会通过的《中华人民共和国反不正当竞争法》。广义上的反不正当竞争法，是调整在国家规制不正当竞争行为过程中发生的社会关系的法律规范的总称。

反不正当竞争法作为经济法的部门法，与反垄断法、知识产权法、合同法、侵权行为法有密切的关系。

2. 我国反不正当竞争法的立法概况

我国 1993 年 9 月 2 日颁布了《中华人民共和国反不正当竞争法》(以下简称《反不正当竞争法》)，于 12 月 1 日起实施。其后国家工商行政管理总局针对几种特殊的不正当竞争行为，1993 年 12 月发布《关于禁止有奖销售活动中不正当竞争行为的若干规定》和《关于禁止公用企业限制竞争行为的若干规定》、1995 年 7 月发布《关于禁止仿冒知名商品特有的名称、包装、装潢的不正当竞争行为的若干规定》、1995 年 11 月发布《关于禁止侵犯商业秘密行为的若干规定》、1996 年 11 月发布《关于禁止商业贿赂行为的暂行规定》。此外，在其他法规中，也有涉及竞争规范的内容，如著作权法、商标法、专利法、产品质量法、招标投标法、价格法、广告法等。

3. 我国反不正当竞争法的立法宗旨

我国《反不正当竞争法》第一条规定："为保障社会主义市场经济健康发展，鼓励和保护公平竞争，制止不正当竞争行为，保护经营者和消费者的合法权益，制定本法。"因此，我国反不正当竞争法的立法宗旨可以分为三个层次：制止不正当竞争行为，是该法的直接目的；保护经营者和消费者的合法权益，是该法直接目的的延伸；鼓励和保护公平竞争，保障市场经济的健康发展，是该法的最终目的。

二、不正当竞争行为的种类

(一)欺骗性标示行为

1. 欺骗性标示的含义

欺骗性标示，是指经营者对其所销售的商品和提供的服务作出不实标记或陈述的行为。比如，将一般白酒装瓶后贴上"茅台"商标的行为，或者在不含有人参成分的保健品外包装上成分一栏写上"含有人参 10%"等。欺骗性标示分为仿冒和虚假陈述两类。

2. 仿冒

(1)仿冒的概念。仿冒,是指经营者使用与他人相近或相同的商业标识和外观的行为。

(2)仿冒行为的表现。我国《反不正当竞争法》禁止以下四种仿冒行为:①假冒他人的注册商标;②擅自使用知名商品特有的名称、包装、装潢,或者使用与知名商品近似的名称、包装、装潢,造成与他人的知名商品相混淆,使购买者误认为是该知名商品;③擅自使用他人的企业名称或者姓名,引人误认为是他人的商品;④在商品上伪造或者冒用认证标志、名优标志等质量标志,伪造产地,对商品质量作引人误解的虚假表示。

(3)仿冒行为的特征。仿冒的对象是市场价值更高的商业性标志;仿冒的方式是使用与其他经营者相同或相近的商业性标志;仿冒的目的是分享市场价值更高的商业性标志的商业利益。

3. 虚假陈述

(1)虚假陈述的概念。虚假陈述,是指经营者对其产品或服务信息所作的不实介绍。

(2)虚假陈述的方式。根据《反不正当竞争法》的规定,虚假陈述的方式包括在包装、装潢或广告中对商品的质量、制作成分、性能、用途、生产者、有效期限、产地等作引人误解的虚假宣传。

(3)虚假陈述的特征。虚假陈述的主体是经营者,包括产品的生产者、销售者和广告经营者;虚假陈述的内容是与商品和服务有关的、除商业性标志以外的其他信息;虚假陈述的方式是对商品、服务或经营者自身所作的任何介绍;虚假陈述的目的是提高市场认知度,增加交易机会。

(4)虚假陈述的认定。一般的虚假陈述可以根据陈述内容与对象的一致性进行判断,相对比较容易。而对引人误解的虚假广告的判断则相对困难。概括立法和实施的经验,对引人误解的虚假广告可以从认知的致误性、受众的一般性、认知的常态性、广告的整体性和致误的可能性进行判断。

(二)侵犯商业秘密行为

1. 商业秘密的概念

商业秘密,是指不为公众所知悉、能为经营者带来经济利益、具有实用性并经权利人采取保密措施的技术信息和经营信息。商业秘密可分为技术型商业秘密和经营型商业秘密两类。

2. 商业秘密的属性与特征

从其本身的属性来看,商业秘密实质上是一种信息。商业秘密是一种无形财产权。

商业秘密的特征包括秘密性、实用性和保密性。这是理解商业秘密的要点。(1)秘密性。商业秘密的特点是“不为公众所知悉”。(2)实用性。商业秘密能够为拥有者带来经济利益,这是与其他秘密的区别所在。(3)保密性。采取保密措施,是商业秘密不同于专利的重要特点。

3. 侵犯商业秘密行为

根据我国《反不正当竞争法》的规定,侵犯商业秘密的行为表现在:(1)以盗窃、利诱、胁迫或者其他不正当手段获取权利人的商业秘密;(2)披露、使用或者允许他人使用以前项手段获取的权利人的商业秘密;(3)违反约定或者违反权利人有关保守商业秘密的要求,披露、使用或者允许他人使用其所掌握的商业秘密。第三人明知或者应知前款所列违法行为,获取、使用或者披露他人的商业秘密,视为侵犯商业秘密。

(三)诋毁商誉行为

1. 商誉和诋毁商誉的概念

商誉是商业声誉的简称,是对经营者综合性的市场评价。

诋毁商誉行为,是指经营者传播有关竞争对手的虚假信息,以破坏竞争对手的商业信誉的不正当竞争行为。

诋毁商誉,侵害竞争对手的商誉权,给竞争者带来精神和物质利益的损失,应予禁止。

2. 诋毁商誉的构成

(1)诋毁商誉行为的主体。作为竞争行为的诋毁商誉,其行为主体是经营者。

(2)诋毁商誉行为的主观方面。诋毁商誉行为可以是故意,也可以是过失,总之存在主观过错。

(3)诋毁商誉行为的客观方面。包括:①诋毁商誉行为是传播信息的行为;②传播的是虚假信息;③该虚假信息与竞争对手有关。

(四)商业贿赂行为

1. 商业贿赂的概念

贿赂行为,包括行贿行为和受贿行为。所谓商业贿赂,是指经营者为了获取交易机会或者竞争优势,向能够影响交易的人秘密给付财物或者其他经济利益的行为。比如,投标人为了中标,向招标人中的决策人员行贿;某医药公司为了推销其药品,向医院负责人或医院药房负责人行贿;等等。这些都是商业贿赂。

2. 商业贿赂的危害

商业贿赂的危害是多方面的:(1)破坏市场机制,妨碍公平竞争,侵害了竞争者的利益;(2)侵犯交易相对人、其他经营者和消费者的利益;(3)危害社会公德,腐蚀社会风气。正是由于商业贿赂侵犯了其他相关主体的权利和利益,危害了公平竞争的市场秩序和社会管理秩序,应当受到《反不正当竞争法》的制裁,情形严重的还会受到刑事制裁。

3. 商业贿赂行为的构成

(1)商业贿赂行为的主体,包括行贿主体和受贿主体。商业贿赂的行贿主体是经营者。商业贿赂的受贿主体是行贿主体交易相对人中能够影响交易决策的个人,如企业的经办人员、业务员、业务主管、经理、董事、监事及其他工作人员,子公司的母公司和控股公司高级管理人员、分公司的总公司管理人员、其他组织的上级主管部门工作人员,有宏观调控权和市场规制权的国家主管机关公职人员以及其他能够影响交易决策的人等。

是否存在"账外暗中",是区分回扣、折扣和佣金是否属于商业贿赂的标准。经营者销售或者购买商品,可以以明示方式给对方折扣,可以给中间人佣金。经营者给对方折扣、给中间人佣金的,必须如实入账。接受折扣、佣金的经营者必须如实入账。何谓如实入账,按《会计法》和相关的会计准则办理。

(2)商业贿赂的主观方面。具有获取交易机会或者相对于竞争对手的优势的目的和故意,是其主观方面要件。

(3)商业贿赂的客观方面。给付或收受金钱、实物和其他利益的行为,是行贿和受贿的客观方面。当前,在给付金钱、实物和其他利益的方式上,花样不断翻新,不胜枚举。

(五)不当附奖赠促销行为

1. 不当附奖赠促销的概念

不当附奖赠促销,是指经营者在销售商品或者提供服务时,违反法律规定,通过附带地向购买者提供物品、金钱或者其他经济利益作为赠予或奖励，以促进销售的行为。不当附奖赠促销分为不当附奖促销和不当附赠促销两种方式。

2. 附奖赠促销的类型

根据附带提供方式的不同，附奖赠促销分为附奖促销和附赠促销。附奖促销，即经营者在销售商品或者提供服务时，向通过抽签、摇号、对号码等方式确定的部分购买者提供物品、金钱或者其他经济利益作为奖励，以促进销售的行为。获奖的或然性、结果的不均等性是其主要特征。附赠促销，是指经营者在销售商品或者提供服务时，对所有购买者或者所有符合其预先设定条件的购买者，附带地提供物品、金钱或者其他经济利益作为赠予，以促进销售的行为。获赠的机会和结果均等是其主要特征。

3. 附奖赠促销行为的特征

附奖赠促销行为的特征有：

(1)附奖赠促销行为的主体是经营者。

(2)其奖励或赠予实质上是购买标的的一部分。"奖励"或"赠予"不过是变相降价促销。其变相之处在于：价格没有变，但所购买的标的增加了，其增加额就是赠予物或者是获奖机会。

(3)附奖赠促销行为利弊互现。它有利于扩大销售、促进竞争，但如果奖赠额度或比例过度或者奖赠虚假，会导致价格虚高，价格信号失真，损害了大多数未获奖的购买者、消费者利益，因此应当予以禁止。

4. 不当附奖赠促销行为表现

我国《反不正当竞争法》禁止的不当附奖赠促销行为有：

(1)附巨额奖赠促销。经营者采用抽奖式的附奖销售的，最高奖的金额不得超过 5 000 元。

(2)欺骗性附奖赠促销。经营者不得采用谎称有奖或者故意让内定人员中奖的欺骗方式进行有奖销售。

(3)所附奖赠品伪劣。经营者不得利用有奖销售的手段推销质次价高的商品。

三、对不正当竞争行为的法律规制

(一)对不正当竞争行为的监督检查

1. 监督部门

《反不正当竞争法》第三条规定："各级人民政府应当采取措施，制止不正当竞争行为，为公平竞争创造良好的环境和条件。县级以上人民政府工商行政管理部门对不正当竞争行为进行监督检查；法律、行政法规规定由其他部门监督检查的依照其规定。"根据该规定可知，在我国负责监督检查反不正当竞争行为的主管部门是各级工商行政管理部门。除法律规定的专门机构对不正当竞争行为进行的监督检查外，国家鼓励、支持和保护一切组织和个人对不正当竞争行为进行社会监督。

2. 监督检查部门的职权

《反不正当竞争法》第十七条规定，监督检查部门在监督检查不正当竞争行为时，有权行使以下职权：

(1)按照规定程序询问被检查的经营者、利害关系人、证明人，并要求提供证明材料或者与不正当竞争行为有关的其他资料。

(2)查询、复制与不正当竞争行为有关的协议、账册、单据、文件、记录、业务函电和其他资料。

(3)检查与本法第五条规定的不正当竞争行为有关的财物,必要时可以责令被检查的经营者说明该商品的来源和数量,暂停销售,听候检查,不得转移、隐匿、销毁该财物。

监督检查部门的工作人员行使职权时,应该出示检查证件。

(二)违反《反不正当竞争法》的法律责任

1. 假冒仿冒的法律责任

经营者假冒他人的注册商标,擅自使用他人的企业名称或者姓名,伪造或者冒用认证标志、名优标志等质量标志,伪造产地,对商品质量作引人误解的虚假表示的,依照《商标法》、《产品质量法》的规定承担责任。

经营者擅自使用知名商品特有的名称、包装、装潢,或者使用与知名商品近似的名称、包装、装潢,造成与他人的知名商品相混淆,使购买者误认为是该知名商品的,监督检查部门应当责令停止违法行为,没收违法所得,可以根据情节处以违法所得1倍以上3倍以下的罚款;情节严重的,可以吊销营业执照;销售伪劣商品,构成犯罪的,依法追究刑事责任。

经营者利用广告或者其他方法,对商品作引人误解的虚假宣传的,监督检查部门应当责令停止违法行为,消除影响,可以根据情节处以1万元以上20万元以下的罚款。

广告的经营者,在明知或者应知的情况下,代理、设计、制作、发布虚假广告的,监督检查部门应当责令停止违法行为,没收违法所得,并依法处以罚款。

2. 侵犯商业秘密的法律责任

经营者侵犯商业秘密的,监督检查部门应当责令停止违法行为,可以根据情节处以1万元以上20万元以下的罚款。

3. 商业贿赂的法律责任

经营者采用财物或者其他手段进行贿赂以销售或者购买商品,构成犯罪的,依法追究刑事责任;不构成犯罪的,监督检查部门可以根据情节处以1万元以上20万元以下的罚款,有违法所得的,予以没收。

4. 不当附奖赠促销的法律责任

经营者违反《反不正当竞争法》第十三条的规定进行有奖销售的,监督检查部门应当责令停止违法行为,可以根据情节处以1万元以上10万元以下的罚款。

5. 违反《反不正当竞争法》的损害赔偿责任

经营者违反《反不正当竞争法》的规定,给被侵害的经营者造成损害的,应当承担损害赔偿责任;被侵害的经营者的损失难以计算的,赔偿额为侵权人在侵权期间因侵权所获得的利润,并应当承担被侵害的经营者因调查该经营者侵害其合法权益的不正当竞争行为所支付的合理费用。被侵害的经营者的合法权益受到不正当竞争行为损害的,可以向人民法院提起诉讼。

6. 监管人员违法的法律责任

监督检查不正当竞争行为的国家机关工作人员滥用职权、玩忽职守,构成犯罪的,依法追究刑事责任;不构成犯罪的,给予行政处分。

监督检查不正当竞争行为的国家机关工作人员徇私舞弊,对明知有违反《反不正当竞争法》规定构成犯罪的经营者故意包庇不使其受追诉的,依法追究刑事责任。

复习思考题

1. 简述竞争的概念及其对市场的作用。
2. 简述我国反垄断法规制的对象及垄断行为的法律责任。
3. 简述不正当竞争行为的构成要件。
4. 简述我国反不正当竞争法规制的不正当竞争行为的种类及其法律责任。

案例分析

2011年5月，上海人间缘餐饮有限公司(以下简称人间缘公司，被告)未经原告许可，在其经营场所内大量使用与原告注册商标相同、近似的“BI FENG TANG”及“避风塘”、“避风塘人间缘”标识。为此，上海避风塘美食有限公司(以下简称避风塘公司，原告)诉至原审法院，请求判令被告赔偿经济损失及律师费等费用共计23万元。经审理，原审法院判决被告赔偿原告经济损失6万元。判决后，被告不服，向上海市第二中级人民法院提起上诉。上海市第二中级人民法院终审驳回人间缘公司的上诉，维持原审法院关于人间缘公司赔偿避风塘公司经济损失6万元的判决。

要求：使用所学知识分析法院的判决依据。

主要参考文献

[1]张建华、徐斌:《经济法》,华东师范大学出版社 2009 年版。

[2]中国注册会计师协会:《经济法》(2013 年度注册会计师全国统一考试辅导教材),中国财政经济出版社 2013 年版。

[3]黎江虹、夏露:《经济法概论》,上海财经大学出版社 2011 年版。

[4]杨紫烜:《经济法》(第四版),北京大学出版社 2010 年版。

[5]中国注册会计师协会:《经济法》(2012 年度注册会计师全国统一考试辅导教材),中国财政经济出版社 2012 年版。

[6]李红梅:《经济法学》,江西人民出版社 1998 年版。

[7]甘培忠:《企业与公司法学》,北京大学出版社 2007 年版。

[8]肖学文:《中国消费者权益保护法律工具书》,工商出版社 2000 年版。

[9]王众孚:《消费者权益保护法律理解与适用》,中国工商出版社 2009 年版。

[10]陈恩才:《经济法》,人民邮电出版社 2012 年版。

[11]安建:《中华人民共和国反垄断法释义》,法律出版社 2007 年版。

[12]孔祥俊:《反不正当竞争法原理》,知识产权出版社 2005 年版。

[13]刘继峰:《竞争法》,对外经济贸易大学出版社 2007 年版。

[14]王晓晔:《竞争法》,社会科学文献出版社 2007 年版。